KB231678

왜 가까운
사이일수록
더 상처받는지

사랑한다면, 지스폿(G-spot)보다
브이스폿(V-spot)을 찾아라

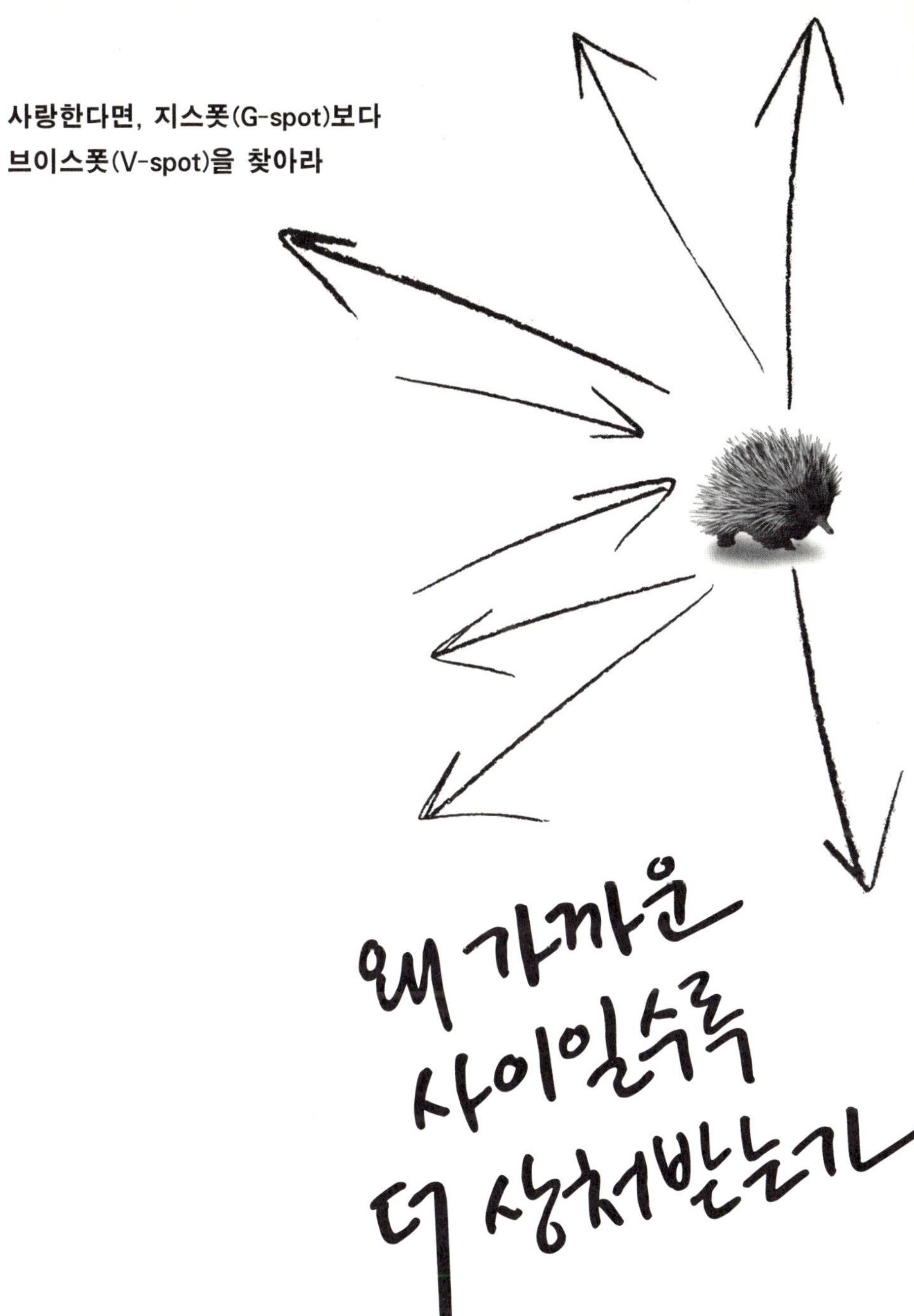

왜 가까운
사이일수록
더 상처받는가

조앤 래커 지음 | 김현정 옮김

전나무숲

우리 모두 아프리카 두더지의 딜레마를 갖고 있다.
가시가 피부를 온통 뒤덮고 있는
아프리카 두더지처럼
다른 사람에게 상처받을까 봐, 상처 줄까 봐
우리는 늘 누군가와 거리를 두며 살아간다.

– 왕가위

사랑하는 사람들에게 상처를 주지 않으려면 브이스폿을 찾아내 화해하라

누군가의 사소한 말에 이유도 없이 불같이 화를 낸 적은 없는가? 또 사랑하는 연인이나 배우자에게 버림받을까 봐 상대방이 바람을 피우거나 폭언을 해도 그냥 눈감아주고 질질 끌려다닌 적은 없는가? 아니면 내가 가장 닮고 싶지 않은 부모님의 어떤 면이 나에게도 있는 것 같아 괴로운 적은 없는가? 혹은 내 배우자나 연인이 그런 부모님의 모습을 닮아 익숙하면서도, 그런 면이 다툼의 원인이 된 적은 없는가?

지금까지 열거한 모든 상황은 당신의 원초적 상처가 자극받아 나타난 현상이다. 나는 이것을 지스폿의 상대어로서 브이스폿이라고 표현한다. 지스폿(G-spot)이 육체적 쾌락을 가장 민감하게 느끼는 부분을 뜻하는 반면, 브이스폿(V-spot, vulnerable spot)은 감정적으로 가장 상처받기 쉬운 부분을 뜻한다.

브이스폿이 자극받으면 우리는 현실 검증 능력, 인식능력, 판단력을 상실해 현실을 왜곡하거나 과장해서 받아들이게 된다. 그리하여 근거 없는 두려움, 분노, 공격성, 수치심, 죄책감 등에 사로잡혀 감정을 통제하지 못하게 된다. 시쳇말로 '멘붕' 상태에 빠지는 것이다. 그리고 그 당연한 귀결로써 가까운 사람들과의 관계를 망가뜨리게 된다.

브이스폿이 시시때때로 자극받는 '브이스폿 중독' 상태에 이르면, 문제가 걷잡을 수 없이 심각해진다. 사랑하는 사람들에게 감당하기 힘든 상처를 주고, 이별을 통보하거나 부모나 자식과 연을 끊거나 우울증을 앓거나 알코올중독에 빠지기도 한다. 극단적인 경우에는 자해를 하거나 자살 충동에 휩싸일 수도 있다.

또한 브이스폿은 대물림될 가능성이 높다. 부모가 브이스폿을 자극받아 감정적으로 격앙된 모습(또는 아주 무기력하고 무관심한 모습)을 자주 노출하면 아이의 일생에서 아주 중요한 원초적 기억으로 남게 되고, 브이스폿은 그것에 대한 방어기제의 하나로서 내면에 뿌리를 내리게 되기 때문이다.

이것이 우리가 자신의 브이스폿을 찾아내야만 하는 이유다. 자신이 사랑하는 사람들에게 상처를 주지 않으려면, 가까운 사람들과 원만한 관계를 유지하려면, 자신의 삶과 아이들을 지키려면 브이스폿을 찾아내 화해해야 한다.

브이스폿은 심리학 용어인 '내면아이'라는 개념과 일정 부분 비슷한 점도 있다. 그렇지만 내면아이가 개인의 심리 내면에서 일어나는 작용에 초점을 맞춘 개념인 데 반해, 브이스폿은 개인과 개인, 집단과 집단 간의 관계 속에서 드러나는 감정적 작용에 초점을 맞춘 개념이라는 차이가 있다.

나는 이 책에서 자기애성, 경계성, 수동공격성, 강박성, 분열성이라는 5가지 성격 유형을 제시할 것이다. 그리고 각각의 성격 유형들이 어떤 특징이 있고, 어떤 원초적 상처를 가지고 있으며, 어떤 감정적 자극에 유난히 취약한지 설명할 것이다.

원래 이 5가지 성격 유형은 정신분석학에서 성격장애의 유형을 가리키는 용어지만, 보통 사람이 자신의 성격을 파악하는 데 이용해도 무리가 없다. 정도의 차이가 있을 뿐 누구나 조금씩은 성격상의 결함과 정신적 상처가 있기 때문이다. 이를테면 지나치게 이기적인 사람, 가까운 사람들에게 배신당하거나 버림받을까 봐 전전긍긍하는 사람, 평소에는 차분하고 이해심이 많은데도 특정 주제(정치든 종교든 스포츠든)와 관련된 이야기만 나오면 흥분해서 목소리를 높이는 사람, 시댁이나 처가 식구 이야기만 나오면 눈에 쌍심지를 켜는 사람 등등 누구나 감정적으로 취약한 부분이 있게 마련이다.

책에 실린 풍부한 사례들이 자신의 성격 유형을 알아내고, 자신의 브이스폿을 발견하는 데 도움을 줄 것이다. 다양한 인물들이 등장하는 사례를 읽어 내려가다 보면 자신과 성격 유형이 비슷한 인물을, 자신과 비슷한 문제로 분노하거나 두려워하거나 수치심을 느끼는 인물을 발견할 수 있을 것이다. 따라서 사례만 읽어도 자신의 브이스폿이 무엇이고, 상대방이 어떤 말, 어떤 행동을 할 때 자신의 브이스폿이 자극받는지를 알 수 있다.

이렇게 자신의 성격 유형과 브이스폿을 아는 것은 실생활에서 여러모로 도움이 된다. 연인 관계나 부부 관계는 물론 직장 내에서 맺는 관계를 비롯해 다양한 인간관계에서 자신이 어떤 자극에 취약한지 알면 갈등을 해결하고 관계를 개선하는 데 큰 도움이 되기 때문이다.

이 책을 읽고 자신의 브이스폿을 찾아보자. 상처받기 쉬운 연약한 부분을 발견했다면 자신이 영문도 모른 채 그토록 멍청한 행동을 왜 자꾸 반복했는지 그 이유를 알게 될 것이다. 그건 아마 자신도 몰랐던 오래된 상처에 붙들려 있었기 때문일 것이다. 그 오래된 상처와 마주앉아 이야기를 나눠보자. 그러면 머지않아 건강한 관계로 돌아갈 수 있을 것이다. 끝으로 연인 관계나 부부 관계에서 겪는 갈등을 해결하는 데 도움을 받고자 이 책을 골랐다면 배우자나 연인과 함께 읽어볼 것을 권한다.

2장 당신의 상처가 나를 아프게 한다

3장 감정적 학대와 브이스폿

감정적 학대란 무엇인가   102

누구나 감정적 학대의 희생자가 될 수 있다   105

잘나가는 여성들도 감정적 학대를 당한다   113

 **4장　관계 개선에 도움이 되는 이론**

나를 자극하는 감정 도화선을 찾아라

브이스폿은 감정 도화선이다.
브이스폿에 불이 붙으면 아주 어린 시절에 겪은
고통스러운 기억과 충격적인 경험이 되살아난다.
그리고 모든 이성과 감각이 마비된다.
마침내 펑 하고 감정이 폭발하면
모든 것이 뒤죽박죽된다.

관계를 망가뜨리는 원초적 상처,
브이스폿

참된 마음과 마음의 결합에

방해물을 허락하지 마라

변화가 왔을 때 변절하거나

변절자가 변절할 때 동요하면

사랑은 사랑이 아닌 것.

…….

사랑은 짧은 시간 안에 변하지 않고

최후의 심판 날까지 견디어간다

– 윌리엄 셰익스피어, 〈소네트 116〉

누군가를 사랑하는 것은 인간의 기본적인 능력이고, 사랑에 빠진 두 사람은 (뇌에서 분비되는 도파민 덕분에) 마법에 빠진 것 같은 느낌이 들 것이다. 두 사람은 서로에게 끌려 항상 보고 싶은 마음에 관계를 시작하지만 그 이면에는 '관계를 일부러 파괴하고 위험에 빠뜨리고 싶은 억제하기 힘든 충동'이 도사리고 있다.

이것은 '제어하기 힘든 원초적인 기억들' 때문에 사랑이 진행되는 것을 방해하는 일종의 '원시적 이상화(primitive idealization)'[1]다. 이러한 '제어하기 힘든 원초적인 기억들'을 정신분석학에서는 원초적 상처(archaic injury)라고 부르고 나는 '취약한 지점(vulnerable spot)' 또는 '브이스폿(V-spot)'이라고 부른다.

브이스폿은 '감정적으로 가장 상처받기 쉬운 부분'을 일컫는 말이다. 브이스폿은 '원초적 상처'보다 사용하기 편하고 그 자체로 모든 것을 설명할 수 있는 말이다. 브이스폿은 지스폿(G-spot)에 상대되는 용어다. 지스폿이 쾌락과 관련 있다면 브이스폿은 고통과 관련 있다는 점이 다를 뿐이다.

브이스폿이 자극받으면 생애 초기에 겪은 고통스럽고 충격적인 경험이 되살아난다. 누군가, 특히 사랑하는 사람이 자신의 급소를 건드리면 브이스폿이라는 방아쇠가 당겨진다. 아주 사소해 보이는 사건만으로도 펑 폭발한다. 말실수 하나, 거짓 행동 하나에 브이스폿은 활활 타오른다!

심리학에서는 이것을 생애 초기의 트라우마로 생긴 이후부터 생이 다할

---

1. 매우 훌륭해 보이거나 혹은 매우 사악해 보이는 어떤 대상이 비현실적일 정도로 많은 능력과 힘을 갖고 있다고 간주하는 방어기제의 하나로, '일차적 이상화'라고도 한다.

때까지 무의식적으로 붙잡고 놓지 않는 원초적 상처라고 설명한다. 브이스 폿이 자극받으면 모든 이성과 감각이 마비된다. 마치 지진이라도 일어난 것처럼 (기억, 인식, 판단, 현실 등) 모든 부분에 지각변동이 일어난다.

브이스폿은 심리학자들이 오랫동안 간과해온 영역이다. 브이스폿은 아주 사소한 것만으로도 자극을 받는다. 잘못된 말 하나 손짓 하나로도 폭발할 수 있다. 그리고 이런 폭발은 감정적으로 상처를 주는 관계나 갈 등을 겪는 관계가 아닌 평범한 부부나 연인들 사이에서도 일어난다. 사 랑으로 엮인 관계는 단순하지 않다. 감정적으로 고조되기 쉬운 수치심, 죄책감, 시기, 질투, 경쟁, 조종, 지배 등이 심하게 뒤얽혀 있어서 매우 복잡하다.

성격 유형에 따라 원초적 상처도 다를까? 나는 그렇다고 생각한다. 자 기애성(narcissist)은 반응을 적절히 받지 못했을 때, 경계성(borderline)은 버림받거나 배신당했다는 생각이 들 때, 강박성(obsessive-compulsive)은 감정을 통제하기 어려울 때, 수동공격성(passive-aggressive)은 버거운 일 을 요구받았을 때 폭발할 것이다(각각의 성격 유형의 특성은 2장 참조).

나는 자기애성과 경계성 커플이 각각 상대방의 브이스폿을 어떻게 자 극하는지, 상대방이 자신에게 투사[2]하는 부정적인 면들(수치심, 비난, 죄 책감)을 어떻게 동일시[3] 내지는 과잉 동일시하는지 추적한 바 있다. 경계

---

2. 스스로 납득할 수 없는 자신의 성격, 감정, 행동, 욕구 따위를 다른 것의 탓으로 돌림으로써 자신은 그렇지 않다고 생각하는 것.

3. 다른 사람이나 집단의 특징을 자신도 똑같이 갖고 있다고 여기는 정신적 조작.

성은 자기애성을 연인이나 배우자로 선택하기 쉽다. 그리고 그와 함께 상대방이 의식적으로 그리고 무의식적으로 원하는 것들을 채워주는 관계(나는 이러한 관계를 '춤dance'이라고 부른다)로 돌입하게 된다. 자기애성끼리 또는 경계성끼리는 그들만의 정신적인 특성과 방어기제 때문에 '춤을 추지' 못한다. 그렇지만 반대되는 성향끼리 만나 짝을 이루면 그러한 관계를 계속 유지할 수 있다.

감정이 점점 고조되다 폭발하면 어떤 일이 벌어질까? 브이스폿은 원자로와 비슷하다. 공격을 받으면 폭발할 만반의 준비가 되어 있는 것이다. 그리고 감정이 폭발하면 생각하고 판단하는 능력은 물론 섬세한 감수성까지 상실한다. 갑자기 지진이 일어난 것처럼 모든 것이 뒤죽박죽되고, 기억력과 현실 인지력과 판단력이 흐릿해진다. 브이스폿이 노출되면, 자아(ego)는 조정하는 능력과 불안을 억누르는 능력 등 본연의 능력과 기능을 상실한다. 처음에는 위협적으로 보이지 않던 불안도 자아가 보내는 신호들이 외면당하면 돌연히 공포가 된다.

이러한 감정적 상처에서 벗어나는 유일한 방법은 자신의 브이스폿을 직접 만나는 것뿐이다. 감정적 상처를 계속 받으면 브이스폿은 반복적으로 자극받아 점화된다. 그러나 브이스폿의 정확한 위치를 찾아내면 자신이 왜 특정한 문제에 지나치게 민감하게 반응하고 큰 상처를 받는지 알아낼 수 있다. 요가나 필라테스, 킥복싱 등이 육체적 건강을 위한 것이라면, 브이스폿을 찾는 일은 정신적 건강을 위한 것이다. 브이스폿을 찾아내 이용하기 시작하면 감정적 자극에 휘둘리지 않고 마음을 안정시킬 수 있다. 브이스폿을 찾아내는 것이 심리 치유의 첫걸음인 것이다. 브이스폿에 접속하는 법을 알아낸 어떤 사람은 그 해방감을 이렇게 표현했다.

예전에는 무언가 결정하는 일이 그렇게 어려울 수 없었어요. 계속 이 사람 저 사람에게 의견을 묻고도 결정을 내릴 수 없었어요. 모든 일이 다 내 탓 같았고, 남편이 비난하고 부당하게 대해도 그런 대우를 받아 마땅하다는 생각이 들었어요. 그러나 이제 그런 일이 생길 때마다 브이스폿의 도움을 받아요. 브이스폿에 접속하는 즉시 명료하게 생각할 수 있어요. '즉각' 해답이 나오는 건 아니지만 최소한 제가 문제를 해결하는 방향으로 가고 있다는 생각은 들어요.

브이스폿은 심리치료 과정에서 엄청난 영향을 미친다. 자신이 맺는 관계에서 브이스폿이 얼마나 중요한 역할을 하는지 파악하려면 음악에서 주된 멜로디가 계속 반복되듯이 자신이 자신만의 주된 소재를 얼마나 자주 반복하는지 계속 확인해야 한다.

치유 과정은 말로 설명하기에는 매우 어렵고 정교하며 복잡하다. 전문적인 교육을 받은 사람들조차 대부분 브이스폿을 초기의 트라우마와 자아와 방어기제와 연결시켜주는 요소들을 완전히 이해하는 데 어려움을 겪는다. 마음을 치유하는 일은 즉각 효과가 생기는 과정이 아니다. 무엇보다 먼저 우리가 어린 시절에 겪은 상처를 '경험'해야만 진정한 치유가 일어날 수 있다.

무엇이 브이스폿을
건드리나?

브이스폿을 자극하는 공격자들은 보통 가까운 배우자이거나 본인에게 중요한 사람 – 특히 이 사람은 큰 상처를 준다 – 이거나 (연인이나 부모, 자녀, 친척, 상사 등과 같이) 감정이 개입된 관계를 맺고 있는 사람들이다. 그렇지만 낯선 사람이나 마트 점원, 외판원, 웨이터도 브이스폿을 자극할 수 있다.

나는 최고의 교육을 받고 지적이며 사회적으로 성공한 사람들이 직장에서는 훌륭히 제 역할을 수행하면서도 가까운 인간관계에서는 어려움에 부딪친다는 사실에 항상 놀랐다. 그래서 마음을 어지럽히고 건강한 대상관계[4]를 유지할 가능성을 차단하는 이 고질적인 부분을 알아내려고 노력했다. 브이스폿을 파악해내기만 하면 현실이라는 렌즈를 통해 세상을 더 명확히 볼 수 있기 때문이다.

브이스폿이라는 개념 덕분에 나는 감정적 상처라는 주제를 전반적으로 다시 생각할 수 있었다. 즉 고통에서 벗어나려면 먼저 고통의 정체를 알아내야 한다는 것을 깨닫게 되었다. 그리고 고통을 제거해야 할 대상이 아니라 자신이 동일시하는 내면의 어떤 부분을 가리키는 것으로 바라보게 되었다. 이것은 요가 강사들이 "몸의 통증에서 벗어나려고 하지 말고 스트레칭과 호흡으로 그 통증을 다스려야 한다"고 말하는 것을 떠올리게 한다.

흔히 치료 현장에서 의사들이 하는 것과는 다르게, 나는 무조건적으로 고통을 없애는 것을 권하지 않는다. 그 대신에 고통을 이용하라고 권한다. 상처받기 쉬운 취약점과 그것을 자극해서 두려움과 공포로 과잉 반응을 하게 만드는 과거의 도화선에 접속할 수 있다면 다른 사람을 공격하거나 비난하거나 수치심을 주면서 고통을 투사하거나 표면화하지 않고 브이스폿을 안내자나 지침서로 활용할 수 있을 것이다. 브이스폿의 정체를 알기만 하면 고질적인 방어기제 때문에 여태껏 모호하고 흐릿하게만 보았던 현실을 수정처럼 맑게 볼 수 있다.

브이스폿을 파악하면 감정적 어려움을 해결할 수 있는데, 아직 그 방법을 터득하지 못한 사람들이 입버릇처럼 되뇌는 주문이 몇 개 있다.

당신은 항상 나보다 친구들이 더 중요한 것처럼 행동하지.
우리 엄마도 항상 그랬어. 늘 언니와 오빠가 먼저였지.

---

4. 자신과 다른 사람 사이의 정서적 유대를 일컫는 심리학 용어.

당신은 착하지도 않고 자격도 없으면서 늘 요구가 많지.

이러한 주문들 이면에는 젊은 나이에 아이를 버리고 떠난 부모, 과잉보호로 아이를 숨 막히게 한 부모, 아기를 안아주지도 달래주지도 않고 방치한 부모, '젖먹이의 화를 품어주거나 풀어주는 일(이를 월프레드 비온Wilfred Bion은 '해독detoxification'이라고 표현했다)'을 할 수 없었던 부모가 있다. 또 걸핏하면 아이에게 무능력하고 자격도 없으면서 요구만 많이 한다고 말하는 보호자도 있다. 이런 주문은 어린아이의 정신과 영혼을 장악하고 있는, 강압적이거나 지배적이거나 고압적이거나 감정의 싹을 잘라버리는 부모와 관련이 있기도 하다.

브이스폿은 우리의 스승이자 훌륭한 의사 전달자다. 우리에게 어떤 길로 가야 할지 일러주고 방향을 제시해주며 안내해주고, 부정적인 영역으로 빠지지 말라고 가르쳐준다. 나는 상담을 받으러 온 사람들에게서 이런 질문을 자주 받는다. "무엇을 해야 하죠? 무엇을 해야 하느냐고요?" 이런 질문을 할 때 브이스폿은 감정(대개 방어기제다)이 아니라 직관을 믿으라고 한다. 감정은 거짓되고 오해의 소지가 있을 수 있기 때문이다.

이러한 사실을 깨닫는다면 직장은 물론 가정에서도 인간관계에 큰 변화가 생길 것이다. 불안하고 우울해질 기미가 보일 때, 그런 감정들이 생기는 과정을 곰곰이 생각해보면 자신을 달래는 법을 배울 수 있다. 그렇지만 이것은 그리 쉬운 일이 아니다. 특히 자기 질타나 책임 전가, 동정, 학대, 희생으로 물든 감정적 학대 관계에 있는 사람이라면 더욱 그렇다.

다음 사례는 교수에게 전화 거는 일로 안절부절못했던 한 여성의 사례다. 그녀는 어린 시절 자신에게 욕설을 일삼은 어머니와의 관계가 자신이 느끼는 불안감에 아직도 영향을 미치고 있다는 사실을 깨닫고 (브이스폿의 반작용으로 일어난) 불안감을 극복할 수 있었다.

교수님께 전화해서 직업 선택과 관련한 질문을 해야 할지 말지 결정하지 못하고 망설이고 있었어요. 그런데 브이스폿에 접속하자마자 엄마 목소리가 들리는 거예요. "사람 성가시게 하지 말거라! 넌 사람을 참 귀찮게 해. 네 문제로 여러 사람 신경 쓰게 만들고 힘들게 해!" 그 목소리를 듣는 순간, 저는 바로 무엇을 해야 할지 깨달았어요. 그래서 전화했죠!

브이스폿이 자극받으면
어떤 일이 벌어지는가?

가학적인 배우자에게 자신이 그럴 권리가 있다고 생각하게끔 하는 것은 무엇일까? 쇼핑에 중독된 사람에게 자신이 물건을 사들일 만한 여유가 있다고 생각하게끔 하는 것은 무엇일까? 그 원인으로 환경 및 생물학적 요인을 포함하여 자아상(self-image), 과장(grandiosity), 망상적 사고(delusional thinking) 그리고 다양한 방어기제들을 제시할 수 있을 것이다. 그렇지만 이런 문제들을 곰곰이 살펴보면 가장 큰 원인은 '브이스폿에서 비롯된 사고', 아니 좀 더 정확히 말하자면 '브이스폿에서 비롯된 사고의 부재'임을 알 수 있다.

브이스폿이 활성화되면 사고, 판단, 인식, 기억, 기능, 현실이 왜곡된다. 나는 이것을 '자아의 기능 부전(ego failure)'이라고 표현한다. 비온은 이것을 '사색가가 없는 사색(thoughts without a thinker)'이라고 표현한다. 자아의 기능 부전이라는 개념은 사람들이 현실을 잊고자 온갖 종류의 가당찮은 이야기들을 지어내면서 그 거짓말을 진실이라고 믿는 이유를 이해할 수 있도록 도와준다.

현실 검증 능력, 인식능력, 판단력을 상실한다

운전하다 사고가 나면 사람들은 순간적으로 온몸이 마비되어 꼼짝도 못한다. 생각도 하지 못하고 차가 어느 회사 것인지도 기억해내지 못하고 지갑과 보험증서가 어디 있는지도 기억나지 않는다. 그 이유는 사고로 인해 인식능력이 손상되어 제대로 대응할 수 없기 때문이다.

누군가 우리의 브이스폿을 건드렸을 때도 똑같은 장애가 생긴다. 우리는 위와 똑같은 방식으로 반응할 것이다. 사고력과 판단력이 흐려지면서 정상적인 대응을 하지 못할 것이다. 갑자기 모든 게 내 탓 같은 생각이 들면서 인식능력이 흐릿해진다. 다음은 브이스폿이 자극받았을 때 그 반작용으로 자아가 제대로 기능하지 못한 또 다른 사례다.

■ 사례 1 _ 기약 없는 약속에 지쳐버린 사샤

다음 사례는 과거에 겪은 경험이 (그 경험을 겪게 한 대상과 연합하여) 브이스폿을 공격했을 때 무슨 일이 벌어지는지 잘 보여준다. 브이스폿에 대한 공격이 그 경험을 겪게 한 대상을 무의식적으로 떠올리게 하고, 개인의 현실 검증 능력과 인식능력과 판단력을 모두 파괴한다. 그러면 브이스폿을 공격당한 사람은 브이스폿을 공격하는 사람의 뻔한 거짓말을 사실로 믿게 된다.

샤샤: 짐을 만난 지 벌써 5년이나 됐어요. 짐은 결혼해서 집도 마련하고 아기도 낳자고 약속했죠. 그런데 제 나이가 벌써 서른아홉이고 내년이면 40대가 되는데 짐은 약속을 하나도 지키지 않았어요.

심리치료사: 미래를 약속한 것을 지키지도 않을뿐더러, 외식을 하자거나 휴일을 같이 보내자는 약속도 지키지 않았다는 말이죠?

샤샤: 심지어 우린 연인 사이도 아닌 것 같아요. 적어도 연인 사이라면 어느 정도는 충실해야 하잖아요. 그런데 그는 이것저것 약속을 해서 잔뜩 기대하게 만들어놓고는 갑자기 사라져버려요. 그러고는 며칠 동안 감감무소식이죠.

심리치료사: 그러면 당신은 황당해서 안절부절못하겠군요. 그렇죠?

샤샤: 그것뿐이겠어요? 완전히 절망하죠. 전화기를 계속 눌러대지만 그는 전화를 받지 않아요. 음성사서함의 안내 메시지만 들릴 뿐이에요.

심리치료사: 그리고 나서 짐은 진득하게 기다리라고, 그러면 모든 일이 잘 될 거라고 말하죠. 이 말은 당신 어머니가 자주 했던 말 아닌가요? 당신을 계속 기다리게 하지 않았나요?

샤샤: 초등학교 4학년 때의 일이에요. 3시가 되어 학교가 파했는데 어머니는 6시에 나를 데리러 왔어요.

심리치료사: 어머니로서 해서는 안 될 일을 하셨군요. 어린아이를 그토록 기다리게 만들다니……. 용납할 수 없는 행동이에요. 그런데 그와 똑같은 일이 지금 짐과의 관계에서 다시 일어나고 있군요.

사샤: 사실이에요. 내가 하는 일이라고는 기다리고 또 기다리는 일뿐이에요. 짐도 우리 어머니처럼 도무지 예측할 수 없는 사람이에요. 갑자기 토요일 밤 8시나 9시쯤에 전화를 걸어와 "오케이, 지금 나갈 준비됐어?" 하고 물어요.

심리치료사는 침묵을 지킨 채 듣기만 했다.

사샤: 지금도 마음이 어지럽지만, 그렇게 오래 기다린 후에는 완전히 절망하게 되더라고요.

심리치료사: 그 말을 들으니 당신 생일날이 떠오르네요. 그때도 외출하자고 약속한 짐이 나타나지 않았잖아요. 그는 너무 피곤해서 잠을 자버렸다고 했죠.

사샤: 제 말을 듣느라 선생님이 좀 지쳐 보이는 것 같네요(사샤는 자신의 절망을 심리치료사에게 투사하고 있다).

심리치료사: 내 생각에, 방금 그 말은 당신이 지쳤다는 말 같은데요(심리치료사는 사샤의 투사를 받아주지 않는다). 당신은 진이 다 빠진 것 같아요.

사샤: 어쨌든 그에게 전화를 걸어서 연락이 닿아도 그는 눈곱만큼도 미안해하지 않아요. 늘 이런 식으로 말하죠. "그래서? 당신이 내게 원하는 게 뭐야? 내가 무엇을 해줘도 그것으로 충분하지 않잖아? 바로 지난주에 같이 외식해놓고 또 뭘 더 바라는 거야? 이봐, 사샤! 알잖아, 내가 당신을 사랑한다는 거."

심리치료사: 아, 이제야 당신이 혼란스러워하는 이유를 알겠어요. 짐은 한편으론 당신을 무시하고 잔인하게 대하면서 다른 한편으로는 당신을 살살 달래면서 꼬드기는군요.

사샤: 그래요. 짐은 나 없이는 살 수 없다면서 나를 얼마나 많이 좋아하고 사랑하는지 말해요. 그러고는 또 많은 약속들을 하죠.

심리치료사: 그래서 또다시 '춤'이 시작되는군요.

사샤: 맞아요. 그건 춤이에요. 그는 끊임없이 약속을 해대면서 나를 애타게 만들고, 우리는 똑같은 자리를 계속 맴돌아요. 그리고 내가 전화를 하면, 그는 자기가 다시 걸겠다고 말해요.

심리치료사: 그런 다음에는요?

사샤: 나는 계속 기다리죠. 그렇지만 전화는 오지 않아요.

심리치료사: 어린 소녀처럼 무력감을 느끼겠군요. 예전에 당신은 어머니에게 의존할 수밖에 없었어요. 당신에게는 차도 없었고, 전화기도 없었고, 할 수 있는 일도 별로 없었어요. 하지만 이제는 다 큰 성인이잖아요. 그런데도 여전히 작고 보잘것없고 희생자인 소녀가 되어 짐과 관계를 맺고 있군요.

사샤: 인정해요. 이제 저는 무얼 해야 할까요? 여전히 짐에게 빠져 있는데 말이에요.

심리치료사: 우리가 할 수 있는 일이 무엇인지는 잘 모르겠어요. 다만 제가 당신에게 말해줄 수 있는 것은, 무정한 엄마와 짐이 당신의 브이스폿을 건드렸을 때, 그들의 무정한 행위가 당신의 명료한 사고력을 공격해 어지럽히기 때문에 무엇을 해야 하는지 알아내기가 쉽지 않다는 거예요.

사샤: 그런 것 같아요. 왜냐하면 요즘 계속 물건들을 잃어버리거든요. 무언가를 까맣게 잊어버리기도 하고, 사고를 당하기도 했어요. 정신이 하나도 없어요.

심리치료사: 게다가 쓸데없이 시간을 낭비하고 있잖아요. 짐이 관심이 있는 건 당신이나 당신의 나이가 아니라 바로 당신을 지배하는 것이에요. 그런데 당신의 감정적 나이도 어린 시절에 그대로 멈춰 있어요. 당신이 그런 식으로 대우받는 것도 나쁜데, 당신 내면의 어린 소녀가 짐이 당신에게 투사하는 온갖 부정적인 것들을 동일시하거나 과도하게 동일시하고 있다는 사실이 더 안 좋은 거예요.

■ 사례 2 _ 가혹한 현실에 갇혀버린 클라라

'도움을 주지 않는 대상'의 본성을 보여주는 또 다른 사례를 들어보자. 클라라와 마이클은 대상 추구(object-seeking)[5] 욕구를 늘 느끼지만 결코 대상을 찾지 못하는 사람들이다. 경계성과 의존성은 거리를 두며 (감정적으로 또는 물리적으로) 뒤로 물러나는 자기애성이나 이기적인 사람들에게 의식적·무의식적으로 애착을 느끼곤 한다.

클라라: 우리는 토요일 밤에 데이트를 하기로 했어요. 약속을 확인하려고 마이클에게 계속 전화했지만 그는 전화를 받지 않았어요.

심리치료사: 그리고요?

클라라: 저는 당황하기 시작했죠.

심리치료사: 마이클은 전에도 이런 적이 있었잖아요. 내 기억에 지난주 토

---

5. 유아의 기본적인 욕구로 아이가 경험하는 첫 대상 추구 욕구는 어머니와 관계를 맺는 것이다. 어머니와 맺는 관계는 자아 형성에 큰 영향을 미치고, 유아는 그 경험을 내면화시켜 다른 관계에 적용한다.

요일 밤이었던 것 같은데.

클라라: 맞아요. 제 말을 끝까지 들어보세요. 마이클에게 계속 전화했지만 연결이 되지 않았어요. 결국 그는 8시 10분 전에 휴대폰으로 전화를 해서, 좀 전에야 친한 친구의 결혼식에 가야 한다는 사실을 기억해냈고, 지금 벨에어 호텔에서 전화를 하고 있다고 말하는 거예요.

심리치료사: 세상에!

클라라: 맞아요. 지난주에도 같은 일이 있었죠. 약속 시간이 다 돼서야 갑자기 사업상 미팅을 해야 한다는 걸 기억해냈죠.

심리치료사: 그 전 주에는 갑자기 다른 도시로 떠나야 했고, 그 전전 주에는 머리가 깨질듯이 아프다면서 그 빌어먹을 '자신만의 공간'이 필요하다고 했죠.

클라라: 아직 최악의 이야기가 남아 있어요.

심리치료사는 주의 깊게 듣는다.

클라라: 마이클이 갑자기 다른 도시로 가야 한다고 말했던 주에 그의 집에 잠시 들렀어요. 그런데 글쎄 마이클의 전 여자 친구의 차가 그곳에 있지 뭐예요.

심리치료사: 누구라고요?

클라라: 잘못 들으신 게 아니에요. 마이클의 전 여자 친구요! 마이클은 이 도시를 떠난 게 아니었어요. 그냥 꼼짝할 수 없었던 거예요. 왜 전 이런 일을 참고만 있는 걸까요?

심리치료사: 그렇지만 당신은 참고 있잖아요?

클라라: 마이클은 내게 사랑한다고, 언젠가는 결혼하자고 항상 말해요.

전 스스로 좀 더 좋은 대우를 받을 자격이 없다고 생각하나 봐요. 그래서 그가 약속을 실행하기를 기다리고만 있나 봐요.

심리치료사: 마이클만 당신을 바람맞히는 게 아니군요. 당신도 자신을 바람맞히고 부정하고 '진짜 모습을 보여주지' 않고 있어요. 마이클이 전화를 걸어줄 때만 자신이 존재한다고 생각하고 있는 것 같군요. 그 밖의 시간에는 스스로 아무것도 아닌 것 같아서 계속 앉아서 기다리기만 하죠.

클라라: 마이클이 함께 있어주면, 그러면 난 더 나은 사람이 될 텐데. 마이클과 함께 있을 때 제 기분이 어떤지 저는 알아요.

심리치료사: 기다리기만 한다면서요?

클라라: 무엇을 말하고 싶은 거예요?

심리치료사: 잘 알고 있을 텐데요.

클라라: 우리 엄마가 병원에 입원했을 때 일을 말하고 싶으신 건가요? 어린 제가 창가에 앉아서 엄마가 집으로 돌아오시길 기다리고 또 기다렸던 때를 말이에요.

심리치료사: 엄마가 병원에서 남동생을 낳고 나서 당신은 안중에도 없고 동생에게만 모든 관심을 쏟았을 때는 어땠나요?

클라라: 그건 다른 사람, 다른 모든 것을 나보다 더 중요한 것으로 만들어버린 마이클의 행동이랑 똑같은 것 같아요. 그럴 때마다 저는 제 자리에서 밀려나죠.

심리치료사: 맞아요. 하지만 나는 당신이 무엇 때문에 혼란스러운지 알아요. 마이클도 당신의 엄마가 그랬듯이 당신에게 쏟았던 사랑과 시간과 관심을 도로 물리면서 끊임없이 당신을 배신하죠.

클라라: 그것이 나의 브이스폿이군요? 선생님이 하시려는 말씀을 알겠어요.

심리치료사: 바로 그거예요. 이 연애 관계가 자극하고 있는 어린 시절의 상처, 그걸 지적하고 싶었어요. 거기에 불이 붙으면, 당신은 자신이 무기력한 어린아이가 아니라는 것을 잊어버려요. 하지만 당신은 선택할 수 있어요.

클라라: 선택이라뇨? 그럴 여지가 없는 것 같은데요. 이러지도 저러지도 못하겠어요. 마이클이 데이트 약속을 잡으면, 전 그대로 얼어버려요. 마비돼버리죠. 그게 저를 미치게 만들어요. 꼼짝없이 저를 계속 기다리게 만들거든요.

심리치료사: 얼어붙어서 마비된 것 같거나 미친 것 같다고 느낄 수도 있겠죠. 하지만 그 느낌들이 바로 당신은 아니잖아요? 게다가 그건 느낌도 아니에요. 방어기제일 뿐이에요.(클라라는 거부와 외로움에 대한 방어로 마이클을 고집스럽게 붙들고 있다.)

클라라의 사례는 버림받을지 모른다는 극심한 불안이 커다란 장벽이 되어 현실을 환하게 비춰줄 빛을 철저하게 차단해버릴 수 있다는 것을 보여준다. 또한 클라라가 마이클의 거짓말을 믿고 자신이 아는 진실과 자신의 마음을 묵살함으로써 스스로를 저버렸음을 보여준다. 어린 시절에 받은 상처가 너무 크고 지금도 여전히 자극받고 있어서 그녀는 현실을 더는 감내할 수 없을 정도로 힘들어했다. '현실'이 견뎌낼 수 없을 정도로 가혹하게 느껴진 클라라는 연인과 헤어질 수 있다는 가능성을 직면하지 못하고 그러한 상황에 '갇혀버린' 것이다. 이러지도 저러지도 못하는 상황을

'느끼는' 대신에 그녀 자신이 그 상황이 '되어버린' 것이다.

초자아가 제 기능을 하지 못한다

내가 상담실에서 만난 사람들은 대개 역전된 초자아를 가지고 있었다. 역전된 초자아는 어린아이가 착한 일을 해도 벌을 받고 나쁜 일을 해도 벌을 받는 쓰라린 역설적 상황에서 생긴다. 이처럼 역설적인 상황은 무질서와 혼동을 야기하는데, 아이가 언제 그리고 어떻게 해야 보상을 받는지 모른 채 성장하기 때문이다. 원래 초자아는 따라야 할 지침과 도덕규범을 제시해야 한다. 프로이트는 초자아란 아이가 옳고 그름을 분별하도록 도와주는 아버지의 목소리라고 말한다. 다음 사례는 초자아가 잘못된 방향으로 기능했을 때 무슨 일이 벌어지는지 보여준다.

심리학 용어, 이런 뜻이에요

초자아

지그문트 프로이트(Sigmund Freud)는 초자아를 도덕적 기준과 연관 짓는다. 초자아란 어떻게 규칙을 따라야 하는지, 만약 그것을 따르지 않으면 무슨 일이 발생하는지 등을 말해주는, 즉 도덕 기준으로 작용하는 부모의 목소리나 이미지처럼 어린아이들이 내면에 받아들인 완전한 인물이라고 말한다. 프로이트의 초자아는 보통 '무엇은 되고 무엇은 안 되며, 무엇을 해야 하고 무엇을 하지 말아야 하는지'를 말해주고, 강한 부모의 이미지에 아이가 순응하는 것에 초점이 맞춰져 있다. 프로이트의 초자아는 아이의 삶 속에 상주하면서 조정하거나 처벌하는 인물이다.

반면에 멜라니 클라인(Melanie Klein)의 초자아는 공격적인 욕구, 생각, 감정 들이 생겼을 때 그것을 수치스러워하면서 모멸감을 느끼는 것에 더 초점이 맞춰져 있다.

로버트는 결혼을 두 번 했는데, 첫 번째 배우자는 포르노 배우였고, 두 번째 배우자는 그의 표현을 빌리자면 '하류층 여성'이었다. 아주 심한 수동공격성인 로버트는 신발이나 소파를 구매하거나 여행을 가려고 계획하거나 새 직장을 찾는 데 일 년이 넘게 걸린다. 그는 상당히 성공한 능력 있는 남자로 증권사에서 일하고 있다. 그런데 요즘 그의 직장이 그가 강박감을 느끼는, 문제가 많은 그의 가정을 재현하는 장소로 변해가고 있다.

로버트: 저는 테드(회사 동료)가 정말 싫어요. 그는 뭐가 잘못된 걸까요? 지금쯤이면 주식시장 보고서를 작성해서 내놓아야 하는데 아직도 안 했어요. 계속 미루기만 하네요.

심리치료사: 혹시 그가 당신의 일면을 떠올리게 하는 거 아니에요? 그러니까 자꾸 일을 뒤로 미뤄서 사람들을 기다리게 하는 면 같은 거요.

로버트: 저도 알아요. 저 자신에게 그런 면이 있다는 걸. 그런 면 때문에 아내가 미치려고 하죠. 미루는 게 습관이 돼서 이제 모든 일을 뒤로 미루죠. 하지만 테드 때문에 정말 열받아 죽겠어요. 우리 사무실에서 회의를 하자고 해도 나타나지 않고, 주식시장 보고서를 요청해도 해주질 않아요. 그래서 부장님께 불평을 좀 했는데, 부서 간에 불협화음이 있다는 것을 용납하기 힘들었는지 크게 화를 내시더라고요. 제가 최고경영자를 찾아갔을 때는 노발대발하셨어요. 그래서 회사 내에 관리상 문제가 있다고, 나와 똑같이 느끼는 사람 없느냐고 회의 시간에 물었죠. 그러자 모두가 나를 이상

한 눈빛으로 쳐다보더군요. 아무도 입도 뻥끗 안 했어요. 회의실 안은 쥐 죽은 듯 조용했어요. 저는 완전히 바보가 됐죠.

심리치료사: 어떤 면에서 이번 일은 당신에게 좋은 기회예요. 이번 일로 당신은 내면의 인정받고자 하는 욕구를 살펴볼 기회를 얻은 것 같은데요. 정말 잘한 일이에요. 어린 시절로 되돌아가볼까요? 로버트, 당신은 나쁜 짓을 저질렀을 때는 물론, 착한 일을 했을 때조차 벌을 받았다고 했잖아요. 지금 일하고 있는 회사에서도 그렇듯이 당신은 한 번도 제대로 보상을 받아본 적이 없어요. 이전에 들려준 당신 어머니가 당신에게 했던 말이 생각나네요. "네가 모든 과목에 A학점을 받아 와도 난 상관 안 해. 가서 네 방 청소나 해!"

로버트: 제가 사람들을 기다리게 하고 화나게 만드는 이유가 바로 그것인가 보군요. 일평생 누군가에게 인정받거나 보상받지 못했기 때문에 제가 사람들에게 무언가를 바로 해주지 않는다는 말씀인거죠?

브이스폿 자극에
중독된 사람들

상담할 때 가장 애를 먹이는 사람들은 강박충동이 있는 사람들이다. 이들을 단순히 '충동을 억제하지 못하는 사람들' 또는 '빠른 해결책을 찾는 사람들'로 설명하기란 역부족이다. 그 심리적 요소들을 확실히 살펴보아야 한다. 혹자는 강박충동을 정신병적으로 자기를 달래는, 자아가 제대로 작동하지 못하는 것에 비유할지도 모른다.

'기분을 달래주는 음식'을 예로 들어보자. 어떤 비만 환자는 "전 위안을 얻으려고 먹어요. 먹는 걸 진짜 좋아해요! 접시에 놓인 음식을 맛보는 일은 가장 기분 좋고 행복한 경험이에요"라고 말한다. 이 말에 브이스폿을 잘 아는 심리치료사라면, "음식이 위안처라고 말하지만 얄궂게도 그 다음 날이 되면 당신은 어젯밤의 과식 탓에 소화도 안 되고 속이 더부룩

해서 미칠 것 같다고 내게 말하죠. 또 과식을 한 자신이 부끄럽다고 말하죠. 그렇다면 음식을 통해 위안을 구하게 만들었던 상황보다 더 나빠진 거 아닌가요?"라고 되물을 것이다.

이처럼 무언가에 중독되는 일도 망상적인 특성을 보인다. 사랑도 중독일 수 있다. 혹자는 "괴로움을 주는 사랑이 동시에 위안을 줄 수도 있지 않나요?"라고 반문할 것이다. 그렇지만 무언가에 중독된 사람들이 '위안을 주는' 것이라고 생각하는 것은 사실 '불편을 주는' 것이다.

사랑에 너무 깊이 빠진 연인들은 대부분 '사랑'을 상대방을 중독되게 만드는 매개체로 이용한다. 러트거스 대학의 인류학자 헬렌 피셔(Helen Fisher)는 사랑에 빠진 수백 쌍을 연구해서 그 놀라운 성과물을 『사랑의 해부학』이라는 책으로 펴냈다. 피셔는 수백 쌍의 연인들에게 '러브머신(love machine)'을 체험하게 한 뒤 그들의 뇌를 검사했다. 그 결과 피셔는 사랑이 중독성이 있으며, 사랑에 빠진 연인들의 도파민[6]과 세로토닌[7] 수치가 매우 높다는 사실을 발견했다. 그녀는 현대인들이 먹는 온갖 항우울제가 수많은 미국인들이 미친 듯이 사랑에 빠지는 것을 막고 있는지도 모른다고, 사랑은 충동이지 감정이 아니라고 말한다.

아침에 우울한 상태로 잠에서 깬 사람은 시간이 흘러 오후가 되면 화가 날 수 있다. 만약 사랑에 빠져 있다면, 사랑에 빠진 상태로 잠에서 깨고 오후가 되어도 여전히 사랑에 빠진 상태일 것이다. 이와 반대로, 누군가에게 거절당하거나 퇴짜를 맞으면 뇌의 편도[8]가 어마어마한 분노를 불

---

6. 흥분을 전달하는 신경전달물질.
7. 주의력과 기억력을 향상시키는 신경전달물질.

러일으키면서 도파민 수치가 올라간다.

사랑에 빠지면 인식능력이 흐려진다. 프로이트도 말했듯이, 타인을 갈구하는 욕구와 사랑을 갈구하는 욕구는 매우 강렬한 감정이어서, 그러한 욕구들이 일어나면 자아 리비도(ego libido)[9]가 대상을 향해 지나치게 많이 흐르게 된다. 자아 리비도가 과도하게 넘쳐흐르면 마치 정신병자처럼 보인다.

> 누군가를 사랑할 때만큼 고통에 무방비 상태일 때가 없고, 사랑이나 사랑하는 사람을 잃었을 때만큼 절망적으로 불행한 때도 없다.

사랑에 빠진 사람들은 현실을 제대로 보지 못한다. 사랑에 애태우며 망상적이고 근시안적 태도로 자신들이 보고 싶은 것만 본다. 어떤 여자는 전화로 약혼자와 다툴 때마다 연인 관계가 끝장나는 상상을 한다고 한다. 그녀는 걱정이 되어 안절부절못하지만, 크게 싸우고 난 후에는 항상 약혼자가 전화를 해왔기 때문에 그가 다시 전화할 것을 안다. 지난 3년 동안 그래왔는데 무슨 이유로 이번에는 안 하겠는가? 이 사례를 통해 우리는 브이스폿에 접속하는 것이 고통스럽지만 또 그만큼 자기를 엄청나게 달래주는 효과가 있음을 알 수 있다.

또 다른 예를 들자면, 어떤 사람은 세입자가 기일이 지났는데도 임대

---

8. 감정적 기억, 무의식적 기억으로 공포나 분노를 담당하는 소기관.

9. 리비도는 프로이트 정신분석학의 기초 개념으로, 이드(id)에서 나오는 정신적 에너지, 특히 성적 에너지를 가리킨다. 성적인 욕구가 내부로 향하느냐 외부의 객체에게로 향하느냐에 따라 '자아 리비도'와 '대상 리비도'로 나눌 수 있다.

료를 내지 않을 때마다 극도로 초조하고 불안하다고 했다. 심리치료사가 "과거에 세입자가 임대료를 내지 않은 적이 있었느냐?"고 물었다. 질문을 받고 그는 자신의 불안이 아주 어린 시절에 약속만 하고 전혀 지키지 않았던 부모와 관련이 있음을 알아챘다. 그러자마자 불안은 사라지고 안정감이 찾아왔다. 또 매우 흥미롭게도, 사랑에 빠진 연인들처럼 중독에 빠진 사람들(흡연가, 과식하는 사람, 도박꾼, 약물중독자, 알코올중독자)도 현실을 비뚤어지게 인식한다.

엄격한 식단에 따라 다이어트를 성실히 한 여성이 떠오른다. 그녀는 어쩌다 식단을 지키지 못할 때면 극심한 우울감에 빠졌다. 과식은 죄가 아니고, 잠시 목표 지점에서 후퇴한 것일 뿐이니 너무 침울해할 필요가 없다는 사실을 쉽사리 인정하지 못했다. 그녀는 와인 한잔 마셨다고 모든 것을 망쳤다고 생각하는 알코올중독자와 별반 다르지 않다.

이렇게 브이스폿 자극에 중독된 사람들은 자아가 제 기능을 못할 수도 있다. 그리고 현실을 왜곡하고, 혼란스러워하고, 착각하면서 현실감각을 잃어버릴 수 있다. 다음은 그 좋은 사례다.

■ 사례 4 _ 브이스폿이 자극받으면 정신 줄을 놓아버리는 레베카

레베카는 브이스폿이 자극받으면 어쩔 줄 몰라 하는 사람들의 전형적인 예다. 처음 상담을 받으러 왔을 때 그녀는 계속해서 이런 말을 했다. "저는 정말 나약한 것 같아요. 하지만 어쩔 수 없어요. 남자 친구가 나를 위해 이 자리에 있는 것이 아니라는 느낌이 들 때마다 감정이 요동쳐요. 어떻게 해볼 도리가 없어요. 그때부터 저 자신은 완전히 사라져버려요!"

레베카: 윔블던 테니스 대회 결승전을 보면서 저녁을 함께 먹으려고 여섯 명이 스티브 집에 모였어요. 남자들은 음식을 사가지고 오고 여자들은 마실 거랑 간식거리, 디저트를 가져왔죠.

심리치료사는 레베카의 긴장과 불안감이 점점 심해지는 것을 보면서 그녀의 말을 주의 깊게 들었다.

레베카: 테니스 경기가 시작됐을 때 전 이성을 잃고 말았어요. 스티브가 나를 까맣게 잊어버린 것처럼 보였기 때문이죠. 내 곁으로 가까이 오라는 신호를 보냈지만 그는 묵살했어요(점점 많은 눈물을 쏟기 시작한다).

심리치료사: 그에게 무시당한 느낌이 어땠을지 알겠네요.

레베카: 무시 정도가 아니에요. 저는 그곳에 있지도 않은 사람 같았어요. 테니스 경기에 홀딱 빠진 스티브를 보니 말할 수 없이 기분이 나빠졌어요. 나중에 다른 남자들은 자기들은 여자 친구를 모른 체하지는 않았다고 스티브를 비난했죠. "프랭크를 봐, 그도 경기에 홀딱 빠져 있었지만 여자 친구 옆에 가까이 앉아 있었잖아!" 라고 말했죠.

심리치료사: 그럼 당신이 자제력을 잃은 때가 바로 그 시점이라는 거죠?

레베카: 네, 그땐 정말 무서웠어요. 과거에 사귀던 남자들과도 모두 나 때문에 깨졌는데 또 그런 일이 벌어질까 봐 두려웠어요. 너무 혼란스러웠어요. '그는 나하고 있고 싶어하지 않아. 다른 사람과 있고 싶을 거야.' 이런 생각들이 머리에서 떠나질 않았어요. 너무 겁이 나서 화장실로 달려가 울어버렸죠. 그 자리를 벗어나는 것밖에 방법이 없었죠. 남자들이 구운 쇠고기와 감자 요리와 배

샐러드로 식탁을 멋지게 차리자 저는 더는 견딜 수 없었어요. 그래서 그냥 자리를 박차고 일어나버렸어요.

심리치료사: 그랬군요. 상처받을 수 있다는 느낌이 들자 더는 어찌해볼 수 없었군요.

레베카: 맞아요!

심리치료사: 그런데 다른 방법이 있었잖아요.

레베카: 다른 방법이라뇨? 무슨 뜻이죠?

심리치료사: 예를 들어, 스티브에게 잠시 곁으로 와 당신이 마음을 가라앉힐 때까지 이런저런 이야기 좀 하자고 말할 수도 있었잖아요.

레베카: 아, 어느 천년에요. 그런 일은 없을 거예요. 제가 아프다는 것을 알리고 싶지 않아요. 그가 알면 엄청난 재앙이 일어날 거예요.

심리치료사: 재앙이요?

레베카: 네, 재앙이요. 한 가지 말씀드리지 않은 게 있어요. 한참 지나서 스티브가 다가와 안아주었어요. 그런데 저는 그냥 밀쳐내면서 아무 일도 아니라고, 잊어버리라고 말했어요. 당시에 저는 엄청 화가 나 있었거든요.

심리치료사: 결국 원하던 걸 가졌는데 그걸 가진 순간 망쳐버렸군요.

레베카: 제 말이 바로 그거예요! 우리 엄마가 항상 하던 일이죠. 엄마는 늘 아빠에게 무언가를 바랐는데, 막상 아빠가 다가와 포옹을 하거나 팔로 어깨를 감싸려고 하면, 엄마는 집이 떠나가라 고래고래 소리를 질러댔어요. 저도 아빠한테 똑같은 짓을 했고요. 아빠와 의견 충돌을 빚고 나서 아빠가 저를 안아주려고 하면 저는 바로 자리를 떠나버리곤 했어요.

심리치료사: 엄마처럼요?

레베카: 네, 엄마처럼요. 하지만 이젠 더는 그러고 싶지 않아요. 제가 제 정신이 아니라는 것을 스티브가 알까 봐 두려워요. 그래서 도망가는 거예요.

심리치료사: 제정신이 아니라고요?

레베카: 네, 저는 며칠간 정신병원에 입원해서 약물 치료를 받은 적이 있어요.

심리치료사: (웃으면서) 만약 당신이 '제정신이 아니다'라고 말하는 이유가 그것 때문이라면, 이곳 로스앤젤레스에 사는 사람들 중에 4분의 3은 제정신이 아닐 거예요.

레베카: (같이 웃으며) 잘 모르겠어요.

심리치료사: 아직도 당신은 자신을 심각한 정신질환자라고 생각하고 있군요.

레베카: 음, 네, 맞아요. 한 번도 선생님처럼 생각해보지 못했어요.

심리치료사: 레베카, 당신의 브이스폿이 공격받으면 맨 먼저 잘못되는 것은 당신의 감정이 아니라 현실이에요. 당신은 현실 판단 능력을 잃어버리죠. 그래서 자신의 정신 상태를 누군가가 겪는 불안발작과 혼동하고, 순간적인 신경쇠약을 심각한 정신질환과 혼동하는 거예요.

레베카: 그런 것 같아요. 당장 그런 식으로 생각이 돌아가지는 않지만요.

심리치료사: 당신이 그런 상태에서 올라오는 감정들은 모두 거짓이에요. 감정이 아니라 방어기제예요.

레베카: 선생님 말씀은 그러니까 제가 느끼는 감정들이 모두 가짜라는

거예요? 제가 그것들을 만들어내고 있다고요?

심리치료사: 레베카, 지금 당신은 나에 대한 감정을 제어하지 못하고 있어요. 내 말은 그것들이 감정이 아니라는 거예요.

레베카: 감정이 아니라면 무엇이죠?

심리치료사: 방어기제들이에요. 누군가 당신을 버리려 한다거나 무시한다는 기분이 들면 편집증적인 불안이 찾아오고, 그러면 당신은 그 자리를 떠나버리죠. 상처받기 쉬운 약자가 된 것 같은 기분을 느끼지 않으려고 뒤로 물러나버리는 거죠.

레베카: 그런 것 같아요.

심리치료사: 그런 뒤 방어기제들이 득세하면 당신의 인식능력은 전체적으로 혼선이 생겨서, 당신이 아니라 다른 여자가 스티브 곁에 있는 게 차라리 더 나을 것이라고 생각하게 되죠.

레베카: 그렇다면 저는 어떻게 해야 하죠?

심리치료사: 당신은 지금 빠른 해결책을 원하고 있어요. 시간을 들여 이 새로운 인식 방법을 터득하려고 하지 않고 손쉽게 얻으려 하고 있어요.

레베카: 야단맞는 느낌이 드네요. 마치 내가 무언가 큰 잘못을 했고, 문제에 휘말리기 전에 그것을 바로잡아야 할 것 같은 느낌 말이에요.

심리치료사: 문제요?

레베카: 아버지는 허리띠로 저를 때리곤 했어요. 그래서 일을 제대로 해야지 그렇지 않으면 맞을 거라는 생각이 머릿속에 항상 있는 것 같아요.

심리치료사: 레베카, 당신은 지금도 그런 것 같아요. 제대로 이해하지 않

으면, 빨리 바로잡지 않으면, 무언가 나쁜 일이 일어날 것이

다, 이렇게 말이죠.

레베카: 음, 알고 있어요. 선생님이 저를 때리는 일은 일어나지 않겠죠.

하지만 저 때문에 화가 나실 거고, 어쩌면 다음엔 만나주지 않을

지도 모르죠.

심리치료사: 스티브와 관계에서 생기는 문제하고 똑같은 문제네요. 실은

그렇지 않은데도 스티브가 만나주지 않을 거라고 생각하면

서, 당신은 내면 깊숙한 곳에서 느끼는 자신이 무가치하다는

느낌을 스티브에게 투사하고 있어요. 내가 당신의 브이스폿

을 건드렸을 때, 당신은 순간적으로 당황했어요. 마치 스티브

가 당신을 버릴 것이고 스티브가 다른 여자랑 있는 것이 더 낫

다고 생각할 때처럼 말이에요.

레베카: 이 순간에 머무르려고 열심히 노력해야 할 것 같아요. 과거가 저

를 괴롭히도록 놔두지 말아야 할 것 같아요.

심리치료사: 바로 그거에요. 과거에 입은 상처를 벗어던질 때 무슨 일이

일어나는지 보세요! 머릿속이 이렇게 깔끔해지잖아요.

브이스폿을 회피하려
해서는 안 된다

심리치료실을 찾는 커플들은 대개 정신질환자는 아니다. 그렇지만 그들은 병적 요소를 일부 가지고 있거나 일시적으로 드러내기도 한다. 정신질환자들은 심리 상태를 '느끼는' 것이 아니라 그 상태가 '되어버림'으로써 정신적으로 혼란스러운 상태가 되기 일쑤다. 이것은 대개 원초적 장애가 있는 사람들이 '어떤 상태로 존재하는 것'과 '어떤 상태를 느끼는 것'을 혼동하는 이유와 관계가 있다.

토마스 오그던(Thomas Ogden)에 따르면, 조현병(정신분열병) 환자는 두 가지 심리적 태도를 취한다고 한다. 한편으로는 의미가 있을 수 있는 심리 상태를 유지하려고 하면서도, 다른 한편으로는 경험을 통해 새 의미를 찾고 배우려는 노력을 방해함으로써 의미를 파괴하려고 한다는 것이다. 그리고 프로이트는 조현병 환자가 외부 세계와의 연결을 모조리 단념하고 내면으로 돌아서버린다고 주장한다. 그렇게 하면서 외적 대상들과 맺은 유대를 잘라버리고 현실과도 괴리된다는 것이다.

정신질환자는 망상적인 내면세계에 빠져 사고 기능과 현실 검증 능력을 잃어버린다. 아무런 의미도 없다고 생각하는 현실 세계에서 의미를 회복하거나 찾으려고 하다 보니 오직 현실의 파편만 남는다. 경계성 성격장애가 있는 사람들은 대부분 '나쁜 내적 대상'을 과도하게 동일시하기 때문에 동일시하는 그 나쁜 대상이 '실제로 된다'(6장 참조). 다음은 그 예들이다.

- 그 때문에 나는 우울해진다(아무것도 아닌 것처럼, 가치 없고 자격 없는 사람처럼 느껴진다).
- 나는 우울해진다. 그래서 나는 우울증이 된다(자기혐오가 내부로 향한다).
- 나는 아무것도 아닌 것처럼 느껴진다. 그래서 나는 아무것도 아닌 게 된다(공허감).
- 나는 두려워한다. 그래서 나는 두려움이 된다(마비).
- 나는 외로워진다. 그래서 나는 외로움이 된다(고립).
- 나는 텅 비어 있음을 느낀다. 그래서 나는 무엇이든 사는 소비자가 된다(음식, 알코올, 마약, 도박).

과거의 고통스런 경험에서 의미를 추려내려면 그것에 대해 생각할 수 있는 능력이 있어야 한다. 이를테면 연인 관계가 끝났을 때처럼 예상하기 힘든 일을 생각해볼 수 있는 사고력이 필요하다.

정신병 환자와 조현병 환자들은 서서히 내면을 향해 등을 돌리면서 지식과 언어에 관련된 모든 것을 지워버리며 의미를 공격한다. 때때로 이런 퇴행이 너무 심해지면 식물인간처럼 무기력해지거나 만사를 묵인하는 상태가 되거나 모든 의미를 똑같은 것으로 받아들이기도 한다. 이를테면 이들에게 밤은 낮과 똑같은 것이 된다. 이들에게 이 둘은 다른 점이 없다. 조현병 환자들은 사람들이 일반적으로 애착을 느끼는 대상에게 아무런 감정도 애정도 느끼지 않으며, 모든 것을 똑같은 것으로 느낀다.

■ 사례 5 _ 어린 시절 받은 상처 때문에 지나치게 냉담해진 맥스

지금까지 브이스폿이 자극받아 사람들이 감정적으로 지나치게 고조되면 어떤 일들이 발생하는지를 이야기했다. 이들은 대단히 예민하고 민감한 사람들로 충격적인 과거와 어린 시절의 상처에 깊이 연루되어 있다. 그러나 과거의 감정적 트라우마에서 벗어나고자 그러한 원초적 상처를 자극하는 일들을 회피하려 하거나 자신의 감정이나 욕구를 무시한다면 무슨 일이 일어날까? 다음은 원초적 상처 때문에 자신의 건전한 욕구와 욕망까지도 무시해버린 사람의 사례다.

맥스: 안녕하세요, 선생님.

심리치료사: 생일날 즐겁게 보내셨어요?

맥스: 네, 아주 좋았어요. 우리는 할리우드의 대로를 돌아다니면서 〈인터프리터〉라는 영화도 봤어요.

심리치료사: (조용히 듣고만 있다.)

맥스: 의사면허증을 갱신하려면 특별 과정을 이수해야 하는데 아무것도 하지 않고 있어서 걱정이에요.

심리치료사: 의사면허증이 취소될 위기에 처한 것 같은데 당신은 그다지 걱정하는 것처럼 보이지 않는데요.

맥스: 저도 위기 상황인 걸 알아요. 그런데 왜 저는 그 상황을 해결하려고 하지 않을까요? 그 일만 있는 게 아니에요. 소득세 신고도 하지 않았어요. 무슨 이유인지, 그 일들을 처리해야 한다는 것을 알면서도 그것들을 그리 중요하게 생각하지 않아요.

심리치료사: 맥스, 이 일들 말고 다른 일들도 있지 않아요? 한쪽으로 밀쳐두면서 애써 의미를 부여하지 않으려는 일들 말이에요.

맥스: 그래요. 있어요.

심리치료사: 당신은 자신을 위태롭게 만들고 있어요. 당신은 지금 의사면허증을 잃을지도 모르는 상황, 무언가 열심히 노력해야 하는 상황에 있어요.

맥스: 선생님, 그런데도 저는 그게 그렇게 중요한 일로 느껴지지 않아요.

심리치료사: 그 말을 들으니, 당신의 어린 시절이 보이네요. 당신의 부모님들은 당신이 했던 모든 일들을 그렇게 중요하게 여기지 않았나 보군요.

맥스: 그런 말씀을 하시다니 깜짝 놀랐어요. 맞아요. 돈을 모아서 처음으로 포드 머스탱이라는 차를 산 적이 있어요. 그런데 얼마 지나지 않아 그 차가 브레이크 고장을 일으켰어요. 그때 아버지가 미국산 차를 샀다고 저를 얼마나 나무라셨는지. 아버지는 제가 의사면허증을 받을 때도 그 자리에 오지 않으셨어요. 제 결혼식에도

늦게 오셨고요.

심리치료사: 그래요. 당신이 장난감이나 게임기를 새로 갖고 싶어할 때마다 부모님들은 진지하게 들어주지 않고 당신을 놀렸죠. 그럴 때마다 당신은 자신이 무시당하는 느낌을 받았고요.

맥스: 그거예요! 바로 그거! 착한 일을 했을 때나 학교에서 좋은 점수를 받았을 때도 부모님은 제게 칭찬을 해주지 않았어요. 늘 안 좋은 다른 말씀을 하셨어요. "네 동생 숙제나 도와줘라!"라는 말들이요.

심리치료사: 착한 일을 하고도 칭찬이나 인정과 같이 적절한 반응을 얻지 못했을 때 어린아이들에게 일어나는 일이 바로 당신에게 일어나고 있어요. 시간이 흐른 뒤 아이들은 자신들이 했던 일에서 멀찍이 물러나고, 그러면 그들의 성과물은 의미 없는, 가치 없는 것이 돼버리죠.

맥스: 정말 그래요!

심리치료사: 이제 왜 당신이 의사 면허증, 세금고지서, 청구서 같은 것들에 의미를 부여하지 않는지 알겠어요. 그것들은 당신에게 별 의미가 없어요. 그것들은 모두 교환 가능한 종이에 불과한 것들이죠. 별 가치가 없어요.

맥스: 한 번도 그런 식으로 생각해보지 못했어요. 새 차를 살 때도 엄청 문제가 많았는데, 이것도 그것 때문일까요? 아무 여자나 사귀는 일도? 차는 차일 뿐이고 여자 친구도 그냥 여자 친구일 뿐이라고 생각해서요?

심리치료사: 그래요. 차는 차일 뿐이고 여자 친구도 그냥 여자 친구일 뿐

이기 때문이에요. 종잇조각이 단지 종잇조각에 불과할 뿐인 것처럼 말이에요. 이것들은 아무 의미도, 가치도 없는 대상들이죠. 맥스, 세상에는 자신에게 일어났던 모든 나쁜 일을 생각할 때마다 심하게 고통받는 사람들이 있어요. 그런데 당신은 그런 사람은 아닌 것 같네요. 대신에 당신 자신과 당신이 이룬 것들을 깎아내리는 것으로 고통과 멀찍이 떨어져 있으려 하고 또 그렇게 함으로써 자신을 위태로울 정도로 냉담하게 만들고 있어요.

정신질환자는 '자신이 실제 경험이 되었을 때'만 인식에 의미를 둔다. 예를 들어, 정신질환자는 차갑다는 느낌을 받으면 긴장증에 가까운 상태가 되면서 차가움 그 자체가 될지도 모른다. 이런 면에서 이들은 마비되는 것을 느끼면 마비 그 자체가 되는 경계성 성격장애자들과 별반 다르지 않다.

이들이 의미를 찾는 또 다른 방법은 자해다. 경계성 성격장애가 있는 사람은 자신을 해칠 때 외적 대상과 자신이 연결되어 있음(존재감)을 느낀다. 고통을 유발하는 행위를 통해 자극을 받고 의미 있음을 느낀다. 일종의 살아 있음을 느끼는 것이다. 이와 달리 정신질환자는 더는 고통을 느끼지 않을 만큼 애착 대상에게서 멀찍이 떨어질 것이다.

지금까지 브이스폿이란 무엇인지, 무엇이 브이스폿을 자극하는지, 그리고 브이스폿이 자극받으면 어떤 일이 일어나는지 살펴보았다.

많은 사람들이 어린 시절에 받은 상처를 자극받으면 현실 인식능력을 상실하고 순간적으로 정신병적 증상을 보이곤 한다. 여러 형태의 병적인 연인 관계를 폭넓게 연구하면서 나는 매우 다양한 유형의 사람들이 반복적으로 보이는 병적인 행동과 상호작용과 방어기제들을 경험했다. 수치, 비난, 시기, 질투, 경쟁, 조종, 지배와 같은 것들이 사랑과 친밀함을 밀어내고 그 자리를 대신 차지한다.

그러한 경험을 통해 나는 자신이 어떤 상황에서 불안감을 느끼는지, 자신이 어떤 식으로 상처받기 쉬운 상태를 경험하는지를 이해해야만 자신의 특성을 훨씬 더 정확하게 파악할 수 있음을 깨달았다.

브이스폿은 악기로 연주하거나 노래를 부르기 위해 작곡한 음악과 같다. 주된 주제가 계속 반복된다. 가끔 가락이 바뀌지만 음악이 끝날 때까지 주제는 계속 반복된다.

다음 장에서는 5가지 유형의 가해자들(자기애성, 경계성, 수동공격성, 강박성, 분열성)과 이들을 떠나지 않고 관계를 계속 유지하는 배우자들의 유형을 살펴본다. 간결하고 명료한 설명을 위해 그들을 각각 '가해자'와 '조장자'로 부를 것이다. 주로 남성대명사를 써서 가해자를 표현했지만 여성이 가해자가 될 수도 있음을 염두에 두길 바란다.

2장

당신의 상처가 나를 아프게 한다

브이스폿을 자극하는 가해자들과
이들을 떠나지 않고 관계를 계속 유지하는
조장자들 사이에서는 기이한 일이 일어난다.
이들은 막상 바라던 것이 현실이 되면
그것을 일부러 망치고 심지어는 파괴하거나 거부한다.
사랑이 이들 관계에서 지배적인 감정이지만
증오, 질투, 시기, 경쟁, 통제, 조종 같은 방어기제가
사랑을 변질시킨다

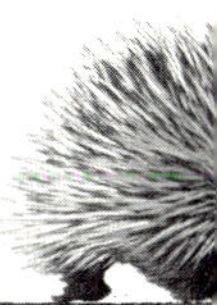

자기애성,
'천상천하 유아독존'

나는 남편에게 그가 전 세계를 돌아다니는 동안 혼자 집에 있는 것
에 이제 지쳤고, 같이 휴가 좀 가자고 조르곤 했어요. 그럴 때마다 남
편은 자신은 영화를 찍으러 여러 곳을 다니는 거라고, 영화감독이라는
직업의 특성을 이해해야 한다고 말하죠. 남편은 집에 돌아오면 오성
호텔에서 찍은 근사한 사진과 리비에라 해변에서 일광욕하는 사진, 최
고급 레스토랑의 메뉴판을 보여줘요. 나도 그런 호텔에 가보고 싶다고
말하면 남편은 내가 늘 마음이 가난한 사람처럼 자신에게 집착한다고,
자신에게는 자기만의 공간이 필요하다는 것을 알아줘야 한다고 비난
해요. 이 모든 일 가운데 최악은 남편이 내 감정은 전혀 배려하지 않은
채 자신을 위해 내가 항상 행복해야 한다고 생각하는 점이에요.

자기애성 정의하기

자기애성은 거창하고 과장된 자아감의 소유자다. 이들은 자신이 엄청나게 전능한 권한이 있으며 무언가를 받을 권리가 있다고 생각한다. 신에게 총애를 받고 연인에게 무엇이든 요구할 자격이 있다고 생각하는 이들은, 만족을 모르는 자기에게 적절히 반응해줄 완벽한 자기대상(self object)[10]을 끊임없이 찾아다닌다.

주변에 자기애성이 있으면 금방 알아챌 수 있다. 자기애성은 자기 이야기만 하고 타인에 대한 동정심과 공감 능력이 부족하기 때문이다. 겉으로는 자부심이 보통 사람들보다 높은 것처럼 보이지만 오히려 그들은 자부심이 매우 낮으며 손상받기도 쉽다.

자기애성의 또 다른 특징은 공감 능력(타인의 감정을 예민하게 알아차리는 능력) 부족이다. 자기애성은 대상관계가 좋지 못하기 때문에, 이들과 소통하기란 무척 곤혹스런 일이다. 게다가 모든 것을 자기중심적으로 생각한다. 사람들이 무슨 말을 하든, 자기애성은 모든 관심을 그들 자신에게 집중한다.

상대방: 난 알래스카에 갈 거야.

자기애성: 그래? 난 좀 전에 알래스카에서 돌아왔는데.

---

10. 한 사람이 다른 사람을 자신의 한 부분으로 체험하는 현상을 설명하려고 고안해낸 말이다. 코헛에 따르면, 개인은 신체가 산소를 필요로 하듯이 자기대상을 필요로 한다고 한다. 자신의 경험을 반영해주는 것은 물론 동일시까지 할 수 있는 사람이 있을 때만 자신을 응집력 있는 단위로 체험할 수 있기 때문이다.

상대방: 두통이 있어.

자기애성: 아, 난 두통을 달고 사는데.

상대방: 가슴이 무척 설레. 곧 결혼하거든.

자기애성: 음, 난 얼마 전에 이혼했어!

자기애성은 자기에게 지나치게 몰두하는 사람이어서, 적절한 찬사나 인정을 받지 못하거나 관심을 충분히 받지 못하면 뒤로 한발 물러나 자신을 고립시킨다. 그리고 자존심에 타격을 받으면 자기애적 분노(narcissistic rage)[11]로 대응한다. 예를 들어 양육권 분쟁에서 자기애성은 방문권과 집과 돈과 가구들까지 모조리 자신이 갖겠다고 고집을 부린다.

이들은 본인의 명예와 육체적 아름다움, 부유함, 물질적 소유물, 권력을 중요하게 생각한다. 보통 자기애성은 동생이 태어나 유아용 탁자라는 권좌를 빼앗기 전까지 어머니의 특별한 아이였다. 권좌를 빼앗긴 이 사건은 자기애성에게 정신적 충격을 안겨준 원초적 상처다. 어머니의 귀한 자식으로 살았던 생애 초기의 잊지 못할 경험을 재현하려고 노력하며 자기애성은 여생을 엄마와 아기가 지극한 행복과 조화로움 속에서 온전히 하나였던 때로 돌아가기를 열망하는 '자기애적 향수(narcissistic nostalgia)'를 느끼며 보낸다.

자기애성은 자신의 의존 욕구를 용인할 수 없어서 자신도 모르게 이 용인할 수 없는 욕구를 상대방에게 투사한다(그 상대는 대개 경계성 배우

---

11. 자신은 소중하고 특별하며 선하고 정직한 사람이라는 내면 이미지가 침해당했을 때 일어나는 분노.

자다). "필요로 하는 사람은 바로 당신이야! 나는 엄마가 항상 원하던 대로 완벽한 사람이란 말이야. 당신 따윈 필요 없어. 그리고 이따위 관계, 이따위 치료도 필요 없어!"

자기애성은 자신이 '특별한' 또는 완벽한 존재임을 입증하려고 엄청난 노력을 기울인다. 반면에 그들의 경계성 배우자는 자신이 존재한다는 것을 증명하려고 애쓰면서도 자신이 특별한 사람임을 증명하는 일에는 조금도 관심을 기울이지 않는다(뒤에 나오는 '경계성' 참조).

자기애성을 선택해 곁에 머무는 배우자 유형

자기애성은 보통 친밀한 관계의 배우자들이 열망하는 의존을 스스로 용납하지 못하기 때문에, 대부분 '내적인 빈곤(neediness)'을 무의식적으로 투사할 수 있는 사람인 경계성을 배우자로 고른다. 자아감이 부족하고 특권의식이 없는 경계성은 자기애성의 투사 대상이 되기 쉽다. 그리고 발달 감각이 왜곡된 경계성은 자기애성의 투사 때문에 자신이 무시당하고 있고, 피해자고, 무가치한 사람이라는 느낌을 받는다.

자기애성을 배우자로 선택하는 사람들은 대개 경계성이다. 이들은 누군가 자신을 공격하지 않을까 혹은 버리지 않을까 하는 불안감에 사로잡혀 사는 자존감이 낮으며 자아감이 결여된 사람들이다. 자신은 사랑을 받을 만한 자격이 없다고 생각하기 때문에 자기애성의 만능감과 거대성에 쉽사리 넘어간다. 경계성은 자기애성을 세상의 '전부'로 이상화하고 자신은 '아무것도 아닌' 사람이라고 착각하면서 자기애성에게 홀딱 빠진다. 이들은 손에 넣을 수 없는 남자에게 애착을 느낀다. 자기애성과 경계성 부부는 찰떡궁합이라고 해도 과언이 아니다. 자기애성이 주로 사용하는 과장된 자아감, 철회, 고립 같은 방어기제들은 그를 감정적으로 혹은 물리적으로 도움을 주지 않는 사람으로 만들기 때문이다.

자신의 배우자에게 동정심이나 연민을 느끼지 않는 자기애성이 가하는 가장 잔인한 공격은 타인들에게 자신들이 매우 귀하고 중요한 사람이라고 느끼게 만드는 것이다. 이상화할 수 있고 자신들의 자기대상 욕구에 부응하는 사람들을 만났을 때 자기애성이 얼마나 빨리 사랑과 관심과 열정을 보이는지 배우자와 주변 사람들은 상상도 할 수 없을 것이다. “어떻게 당신은 나와 우리 아이들에게는 그렇지 않으면서 다른 사람들에게는 그렇게 관대하고, 사랑스럽고, 친절할 수 있어?”

이 여성들은 자신들이 힘 있는 자기애성 배우자를 필요로 하는 이유가 아주 어린 시절에 부재했거나 돌아가신 아버지의 빈자리를 메우기 위해서라고 생각한다. 하지만 이들이 ‘힘 있는’ 남자들에게 의지하는 진짜 이유는 생애 초기의 결손을 메우고 버림받을지 모른다는 두려움을 느끼지 않기 위해서다.

경계성의 특징을 가장 두드러지게 보여주는 인물로 메릴린 먼로를 들 수 있다. 먼로는 자신에게 권력과 지위가 있는 것처럼 느끼게 만들고 동시에 어린 시절부터 끈질기게 따라다닌 버림받을지 모른다는 공포를 느끼지 않으려고 조 디마지오, 아서 밀러, 존 F. 케네디와 같은 ‘힘 있는’ 남자들을 선택했다. 얄궂게도 그녀는 이들을 이용할 만한 상황이 되면 즉시 그들 곁을 떠났다. 케네디와의 만남을 기점으로 먼로는 더는 그 ‘춤’을 추지 못했다. 그녀를 죽음에 이르게 한 이유를 놓고 여전히 논란이 많지만, 사람들은 버림받는 것에 대한 두려움(브이스폿)이 어찌해볼 수 없을 정도로 커져서 그녀가 자신의 성적 매력과 명성을 더는 유혹의 미끼로 사용할 수 없게 되자 죽음을 택한 것이라고 짐작하기도 한다.

경계성은 무의식적으로 고통과 긴밀한 관계를 맺는데, 그 고통과 맺는 관계가 긴밀할수록 그들은 도움을 주지 않는 남자들이나 버림받을지 모른다는 두려움에 둘러싸여 고통 속에서 사는 시나리오를 계속 재생산할 것이다. 보통 희생자들/조장자들은 자신도 모르게 "그래, 내가 그 고통을 견뎌냈어"라고 말하고 싶은 사람들처럼, 그러니까 일종의 순교자처럼 고통을 추구한다. 무슨 일이 됐든 내면의 공허함을 마주하는 일보다는 더 낫다고 생각한다.

경계성은 생애 초기에 부모에게 정서적으로 버림받은 사람들이다. 부모가 집을 나가거나 술에 중독되거나 학대를 일삼아서 물리적으로 또는 정서적으로 보살핌을 받지 못했다. 경계성이 지위가 높거나 사회적으로 성공한 자기애성의 유혹에 쉽게 넘어가는 것은 바로 이 때문이다. 경계성은 버림받지 않으려고 연인이나 배우자에게 그가 세상에서 가장 완벽하고 특별한 사람인 것처럼 대하며 그의 자기애적 욕망을 충족시켜주는 법을 배운다. 친밀한 유대 관계를 맺는 것이 너무 절실한 이들은 자기애성에게 완벽한 반응을 해주는 법을 배운다. 하지만 그 거짓 자기(false self)는 충동 조절의 실패로 오래가지 못한다.

이렇게 배우자를 덮어놓고 좋게만 보는 환상의 밑바닥에는 어린 시절 부재했던 또는 자신을 보살펴주지 않았던 부모가 있다. 자기애성은 경계성 배우자가 '나는 아무것도 받을 가치도, 자격도, 권리도 없는 사람이므로 무언가를 요구하거나 필요로 하거나 원해서는 안 된다'라고 느끼게 만든다. 자기애성 남편은 "당신은 늘 잔소리, 잔소리뿐이야"라고 불평한다. 자신이 '진정으로' 필요로 하는 것이 무엇인지 모르는 경계성 아내는 계속 잔소리를 하면서 더욱더 많은 것을 요구한다. 아내가 잔소리를 하면 자기애성 남편은 뒤로 물러날 것이고, 남편이 뒤로 물러나면 경계성 아내는 더욱더 많은 것을 요구할 것이다.

이러한 상황은 어두운 구석에 숨어 있던 나쁜 엄마의 목소리, "넌 아무짝에도 쓸모없는 사람이어서 앞으로도 사람 되기는 글렀어"라고 말하는 냉정한 목소리를 부활시켜서 스스로 가치 없는 존재라고 여기는 경계성 아내의 생각을 더욱 부채질한다. 그러나 이 힘든 상황에서 아내가 할 수 있는 일이라고는 잔소리하며 꾀병 부리거나 공격하며 요구하는 일뿐이다. 브이스폿이 무대의 중앙에 등장해 해묵은 주문이 되풀이되고 과거의 학대 관계가 재연되면, 누구나 자아의 긍정적인 측면을 오래 붙잡고 있을 수 없을 것이다.

경계성,
'아프니까 사랑이다'

남편을 처음 만났을 때는 그 사람 덕분에 내가 세상에서 제일 아름다운 여자인 것처럼 느껴졌어요. 그 사람은 날 위해서라면 무엇이든 할 사람처럼 보였어요. 부드럽고 따뜻하고 친절했으며 사랑이 참 많은 사람이었어요. 어느 날엔가는 캠프장에 갈 버스를 놓친 우리 아이들을 말리부까지 차로 태워다주기도 했어요. 그런데 남편에게 무슨 일이 일어났는지 모르겠어요. 그는 갑자기 잔인하고 이기적이고 가학적인 사람으로 변했어요. 그 사람은 이전에 결혼했던 두 전처들이 얼마나 트집 잡기 좋아하고 비난하기 좋아하는 사람들이었는지 말하면서 끔찍한 이야기들을 했어요. 이제 와 생각해보니, 그 이야기의 주인공은 그의 두 전처들이 아니라 바로 그 사람이었어요. 요즘 남편은 욕설을 하면서 내게 언어폭력을 행사하고 있어요. 아이들에게도 소리를 지르고 말도 안 되는 것들을 애들과 내게 요구하고 있어요.

경계성 정의하기

경계성은 파괴적이고 어딘가 문제가 있는 관계에 얽히지 않는 한 살아 있다는 느낌을 받지 못한다. 경계성 가해자는 심각한 박해불안(Persecutory Anxiety)[12]과 버림받을지 모른다는 불안의 결과로 생기는 수치심을 느끼고 비난과 공격적 행동을 일삼는 특징이 있다. 경계성은 과거에 맺은 불안전한 유대 관계의 경험 때문에 충동을 잘 조절하지 못하고 현실을 제대로 파악하지 못하여 사고와 판단 기능이 제 역할을 하지 못해 고통받는다.

이러한 경계성은 역설적이게도 즐거움이나 만족감을 주는 것은 무엇이든지 파괴하면서 병과 고통과 희생을 매개로 배우자와 유대 관계를 형성하곤 한다. 자기애성과 달리 자존감이 낮고 그 무엇에도 자격이 없다고 느끼는 경계성은 버림받지 않으려고 상대와의 결속이나 관계를 공고히 하는 데 필요하다면 어떤 일이든 할 것이다. 관계를 유지함으로써 참을 수 없는 고통을 겪을지라도, 그들의 삶 전반에 흐르고 있는 공허함과 무의미함을 직면하는 일보다는 낫다고 생각한다.

경계성은 사랑이 넘치는 관계를 맺을 때도 언제나 그것을 파괴할 궁리

---

12. 외부의 악의에 찬 힘이 자신을 해칠 것이라는 두려움을 느끼는 것. 이 피해망상적 불안은 죽음 본능과 관련이 있어서 한번 이 상태에 들면 말할 수 없이 힘들다. 원시적 초자아에서 기인한 이런 종류의 불안은 좀 더 발달한 초자아에서 기인한 불안보다 훨씬 더 폭발적이고 변덕스럽다.

를 한다. 어린 시절 부재했던 부모와 자신에게 소홀했던 보호자에게 신의를 지키면서 끊임없이 공포에 떨며 살아간다. 경계성은 조장자 역할을 하면서 마음과 몸을 상하게 하는 학대의 순환을 영구화하기도 한다. 자신과 배우자 둘 모두를 괴롭히는 고통을 매개로 배우자를 묶어두려고 애쓴다. 자신의 결점을 직면하지 못하는 경향과 자신의 싫어하는 면을 배우자 탓으로 돌리는 경향 때문에, 경계성은 경험을 통해 배우지 못한다.

경계성은 대개 취약성에 대한 부당한 평가들 때문에 (내면의 욕구를 더러운 것, 혐오스러운 것으로 보는 강박증과는 달리) 욕구를 위험한 것으로 생각한다. 어느 경계성 남편은 심리치료사에게 "아내 앞에서 포르노 사이트에 들어간다고 고백하는 건 참으로 수치스러운 일이에요"라고 털어놓았다. 중독을 치료하고 방지책을 마련해야 한다는 것을 아는 심리치료사는 환자를 안심시키면서 "그렇군요. 당신이 필요로 하는 것을 아내에게 요구하기란 참 어려운 일이죠. 그래서 당신은 아내나 다른 사람의 도움 없이도 자신을 흥분시키는 방법을 찾았겠죠. 그건 혼자서도 할 수 있는 일이니까요. 그건 마우스만 클릭하면 되는 일이죠" 하고 대답했다.

경계성은 또 현실을 있는 그대로 보지 않고 왜곡하고 조작하고 오해하는 특징이 있다. 이들은 자신이 나쁜 일을 저질러놓고는 다른 사람들이 자신에게 나쁜 일을 했다고 주장한다. 거짓말을 하고서는 다른 사람들이 자신에게 거짓말을 했다고 한다. 다른 사람들을 배신하고 난 뒤 그들이 자신을 배신했다고 주장한다. 경계성은 지킬 가망이 없는 거짓 약속들을 진실로 믿기에 희생자 자리에서 꽁꽁 얼어붙은 채 나올 생각을 하지 않고 늘 자신은 배신만 당하는 사람이라고 생각한다. 정도가 심한 경계성은 대상과 결속을 맺는 수단으로 고통에 더욱 심하게 집착하기도 한다.

정도가 심한 경계성은 조현병의 특징들을 보이기도 하지만 조현병으로 발전하지는 않는다. 제임스 그로스테인(James Grostein) 박사에 따르면, 경계성은 박탈이 아니라 결핍과 경계 혼란과 외부 세계의 정보를 정확히 평가할 수 있는 능력의 부재 때문에 고통받는다. 억제할 수 없는 정동(affects)[13]을 타인에게 투사하는 경향과 분리기제(splitting mechanism)[14] 때문에 자신을 부끄러운 희생자의 자리에 영원히 붙들어놓는다.

경계성은 자신의 존재를 증명하기 위해서라면 무슨 일이든지 할 것이다. 위기에 처했을 때는 자해를 하거나 자기를 희생하는 방법을 통해 자기를 의심하거나 배신하는 사람들을 몰아세운다. 이들은 유혹, 조종, 희생, 고통을 매개로, 또 자신에게 일어난 모든 나쁜 일들을 끊임없이 재현함으로써 기생적인 애착 관계를 맺는다. 이런 종류의 고통에 대한 집착은 희생자가 된 자기를 다른 사람들에게 투사해 연민과 동정심을 유발하기 때문에 건강한 애착 관계가 아니라 기생적인 애착 관계를 맺게 만든다.

다리미에 데거나 미친 사람처럼 차를 몰거나 심지어 칼로 자해를 할 때, 나는 살아 있음을 느껴요. 이 세상에 내가 존재한다는 것을 느껴요! 어떤 것이라도 버림받는 것보다는 나아요. 그것이 마약이든 술이든 중독적인 관계든 버림받는 것보다는 나아요.

경계성을 지배하는 방어기제들은 박해와 버림받음과 소멸에 대한 불

안감, 수치심[15]/비난, 우울함, 전능한 부정(omnipotent denial),[16] 마술적 사고[17]다. "내게 물어보지 않고도 내가 무엇을 필요로 하는지 알아야 해!"

경계성은 주로 결속과 애착 관계에 관심을 보인다. 경계성은 생애 초기에 어머니와 맺은 결속 관계가 약했기 때문에 편집증이 많다. 결속을 위협하는 일과 같은 분리를 상기시키는 일들은 경계성을 끊임없이 분노하게 만들고 앙갚음을 하게 만들고 자기박탈과 자기파괴적인 행동을 하도록 몰아댄다. 이들에게는 파괴(중독적인 관계, 문란한 성관계, 일탈적인 강박행동/중독, 자살 충동, 알 수 없는 두려움을 없애줄 다른 행위들)가 점점 생명보다 더욱 중요한 것이 된다. 어쩌면 이 때문에 경계성이 심신질환[18]을 앓거나 강박충동을 느끼거나 무엇에 중독되거나 자살 충동을 느끼거나 가학적 혹은 피학적 애착 관계를 맺는 경향을 보이는지도 모른다. 경계성은 소외감과 외로움을 달래거나 회피하기 위해서라면 무슨 일이든 할 것이다.

헬렌 도이치(Helene Deutsch)는 경계성을 'as if 성격'[19]이라고 부른다. 또 도널드 위니콧(Donald Winnicott)은 경계성을 참자기와 반대되거나 참

---

15. 죄책감이 개인과 그의 의식 사이에서 일어나는 문제라면, 수치심은 개인과 집단 또는 개인과 사회 사이에서 생기는 문제다. 수치심은 위험하고 불안한 상황에서 욕구가 생겼을 때 느끼는 굴욕감을 느끼지 않기 위해 작동하는 방어기제다. 이것은 앞일을 미리 걱정해서 그 걱정을 없애버리려는 환상과 관련이 있다.

16. 박해하는 대상에게서 힘을 빼앗거나 그를 물리치려고 '나를 해치려는 사람은 이 세상에 없어'라고 부정하는 것.

17. 특수한 생각이나 연상들을 어떤 초자연적인 방법으로 성취할 수 있다고 믿거나 특정한 몸짓이나 태도로 악을 쫓을 수 있다고 믿는 것.

18. 심리적인 문제가 신체적 증상으로 나타나는 질환.

19. 이 성격의 소유자는 자신이 이상적으로 여기는 대상을 흉내 내는 것에 익숙하고, 동일시하는 대상의 행동이나 생활, 가치관을 모방한다.

자기를 가려버리는 '거짓 자기 성격'이라고 부른다. 경계성은 '진정한 자기(real self)'가 없기 때문에 공허함을 느끼지 않으려면 그 자리에 가상의 자기를 끼워 넣어야 한다. 이들은 대개 자신의 유혹적인 매력과 카리스마를 이용해 작업을 거는 바람둥이들이다. 경계성은 약속을 하고서 상대를 실망시킨다. 경계성이 즐겨 사용하는 과장된 미사여구들은 감정적으로 가장 안정된 사람들조차 처음에는 그를 신뢰하게 만들 수 있다.

이렇게 바보 같을 수가 있다니! 어떻게 그런 남자에게 빠져들 수 있죠? 처음 만난 자리에서 그 사람은 무척 매력적으로 보였어요. 성실해 보이기도 했고요. 그 사람은 이런 말을 해서 내가 이 세상에서 가장 아름다운 여자처럼 느끼게 해요. "내가 만난 여자들 가운데 당신이 제일 섹시해." 오직 사랑한다는 말을 하려고 그 사람은 하루에도 대여섯 번씩 전화를 했어요. 그러던 차에 점심을 하러 들른 식당에서 그 사람을 봤어요. 어떤 여자와 함께 와인을 마시면서 끊임없이 키스를 하더라고요. 내 눈을 믿을 수 없었어요.

경계성은 보통 정교하게 거짓 자기를 만들어낸다. "당신이 원하는 어떤 모습으로든 될 수 있어." 어떤 남자에게 구스타프 말러의 음악을 좋아한다고 말한 여자가 있었다. 그 여자는 남자의 초대로 말러의 교향곡 연주회에 여러 차례 다녀온 후, 편두통으로 죽을 것 같았다. 그녀의 가식이 얼마나 진짜 같았는지 그 남자는 그녀가 말러의 불협화음을 질색한다는 사실을 지금도 모른다.

경계성은 매우 유혹적이고 설득을 잘하는데, 특히 구호의 손길을 필요로 하는 '희생자'일 경우에는 더 유혹적이다. 자신들이 동정의 대상이 되면 사람들이 자신들을 좋아해줄 것이라고 착각한다. 실제로는 그 반대인데도 말이다. 일반적으로 사람들은 대부분 실망해서 진절머리를 내기 일쑤다.

경계성의 하위 범주가 몇 가지 있는데, 이것들을 〈표 2-1〉에 요약했다.

표 2-1 ⋮ 경계성의 다른 유형들

경계성 (Borderline)	경계성은 결핍이 아니라 박탈 때문에, 망상이나 환각이 아니라 착각 때문에 고통을 당한다. 그들 내면에서 일어나는 갈등은 주로 수치심이나 애착에서 비롯된다. 이들은 대개 'as if 성격'을 이용하고, 정교하게 만들어낸 '거짓 자기'로 상대방을 유혹한다. 상실과 내면의 결손에 직면할 능력이 없을 뿐만 아니라 비난/수치심을 주된 방어기제로 쓰기 때문에 계속 결핍 상태로 지낼 수밖에 없다. 이들은 수치심을 느끼지 않으려고 약물남용, 중독적인 관계, 문란한 성관계, 일탈적/강박적 행동, 자살 충동, 희생자화, 자기희생에 기댄다.
히스테리성 (Histrionic Borderline)	과장되고 쉽사리 울음을 터트리는 히스테리성은 기생적 의존 욕구가 아주 강하고 감정 표출과 과시 행위가 지나친 것이 특징이다. 이들은 이성을 유혹할 때 성적 매력을 자주 이용한다. 어떤 때(사람들의 주목을 끌고자 할 때)는 자기애성과 매우 비슷해 보인다. 그렇지만 이들의 들러붙는 행동과 유혹적·도발적 성적 매력은 경계성의 특성을 강하게 보여준다.
수동공격성 (Passive-Aggressive Borderline)	수동공격성은 정신분석학에서는 더 이상 독립된 범주로 분류하지 않지만, 나는 커플치료에 이 유형을 활용하고 있다. 이들은 소파에 누워 뒹굴면서 텔레비전만 보는 남편들, 건망증이 심한 아내들이다. "그건 나중에 할게." "내일 할게." "오늘 하려고 했는데 그만 차가 고장나버렸지 뭐야." 이들은 할 일을 잊어먹고, 뒤로 미루고, 회피하고, 회유하고, 변명만 쭉 늘어놓는다. 요컨대 소리를 질러대는 엄마에게서 '착한 어린아이(자신의 어린 시절 모습)'를 구하는 일이라면 무슨 일이든지 한다. 이들이 이렇게 행동하는 근본적인 목적은 배우자를 살살 구슬려 부부 관계를 부모와 자녀의 관계처럼 만드는 것이다.

강박성 (Obsessive-Compulsive Borderline)	강박성은 다른 유형의 경계성보다 더욱 발달되고 통합된 인격과 자아를 가지고 있다. 불안을 견뎌내는 내성이 강하고 충동을 잘 조절할 뿐만 아니라 이들의 초자아도 매우 엄격하지만 잘 통합된 편이다. 모든 것을 가지런히 정돈하고, 청결을 유지하며, 완벽하게 해내는 것에 집착한다. 그리고 아무것도 버리지 못하고 온갖 잡동사니를 모아놓는다. 일중독자인 이들은 감정이 거의 없어서 정서적 욕구나 욕망이 있는 배우자가 늘 수치심을 느끼게 한다. 이들은 배우자에게 쓸 시간이 없어서 언제나 배우자를 기다리게 한다. 욕구와 욕망을 혐오스럽고 더러운 것이라 여기기 때문에, 자신들이 죽도록 일하는 명분을 효율성 또는 '대의'에서 찾으려고 한다. 또한 이들은 친밀한 관계를 회피하려고 무엇이든지 할 것이다.
분열성 (Schizoid Borderline)	분열성이 주로 사용하는 방어기제는 분리[20]다. 이들은 가까운 친구가 거의 없고, 주위에서 해주는 칭찬이나 비난에 무관심한 것처럼 행동한다. 상대방에게서 완전히 물러나는 자기애성과 달리, 분열성은 외적 대상에게서 물러난 뒤 내면의 대상들과 무의식적 애착 관계를 발전시킨다. 내면세계에 대한 애착이 점점 강해지면 현실은 빛을 완전히 잃고 외부 세계와 맺은 연결은 끊어지고 새로운 경험을 해볼 기회도 차단된다. 이런 식으로 계속 진행된다면, 옴짝달싹못하게 궁지에 몰리고 공허해진 분열성은 조현병을 앓기도 하고 자아와의 연결을 상실하기도 한다.
편집성 (Paranoid Borderline)	편집성은 의심과 신뢰 부족 그리고 자신이 사랑받을 수 있다는 것을 믿지 못하기 때문에 괴로워한다. "당신은 나를 진정으로 사랑하지 않아! 단지 이용할 뿐이지." 무언가를 망치려고 시도할 때는 매우 충동적이고 갑작스럽게 한다. 이들은 자아가 경험에서 얻은 정보를 처리하기도 전에 바로 결론으로 건너뛴다. "당신, 지금 바람피우고 있지. 요즘 계속 늦게 들어오잖아."
문화성 (Cultural Borderline)	문화성은 모국에 대한 자부심을 지키고 새로운 나라에 적응하는 것을 반대하는 일이라면 무슨 일이든지 할 것이다. 국제적 차원에서 보자면, 이들 가운데 어떤 사람들은 반란을 일으키거나 보복을 할 것이다. 더 극단적으로 발전하면 자유 투사나 테러리스트, 자살 폭탄 테러범이 되거나, 광신적 사고방식이나 집단 정체성을 유지하기 위해 무슨 일이든 할 것이다.

---

20. 상반된 생각이나 감정을 동시에 마음속에 품고 있지 못해 그 감정을 분리시켜서 한 종류의 감정에만 집중하는 것.

경계성을 선택해 곁에 머무는 배우자 유형

어떤 사람들이 경계성을 배우자로 고를까? 대개 자기애성들인데, 이들은 끊임없는 찬사와 엄청난 반응을 필요로 한다. 이러한 특성 때문에 자기애성은 경계성의 유혹적이고 도발적인 매력에 끌린다. 경계성은 세상을 다 줄 것 같은 약속을 남발하지만 결과적으로 실망과 감정적 상처만을 안겨준다. 자기애성은 욕구를 모멸적이고 하찮은 것으로 여기기 때문에 애정에 굶주린 자기를 경계성에게 투사한다. 그리고 동시에 경계성의 브이스폿, 즉 보답받지 못한 사랑이 축적된 저장소를 영리하게 이용한다.

경계성은 이 부정적 투사에 동일시하도록 짜인 프로그램이 이미 내면에 깔려 있기 때문에 어떤 방식으로 반응하고 행동해야 하는지 안다. 먼저 이들은 희생자가 된 순종적인 자기에게 길을 내주면서 어떤 요구에 따르고 순종하고 절망한 다음 사과한다. 어떤 경우에는 반격하고 보복을 꾀한 다음 배신을 하기도 한다. 어떤 경우이든, 자기애성의 과장된 자아와 과대자기[21]는 해묵은 상처들을 들쑤신다. "당신은 최고이고 저는 아무것도 아니에요!" 다음은 이와 같은 투사를 보여주는 사례다.

그 사람은 너무 쉽게 상처받아요. 행동 하나만 잘못해도 이성을 잃어버려요. 어느 날 그의 급한 요구에 제가 바로 대응하지 않자, 그 사

---

21. 하인즈 코헛(Heinz Kohut)이 사용한 용어로 자기를 이상화하는 것이다. 유아는 리비도를 자신에게 투사함으로써 이상화한다. 자기를 완벽하고 이상적인 존재로 느낀다. 그 결과 유아의 마음속에는 자기애적이며 과시적인 욕구로 가득 찬 과대자기가 형성된다.

람은 문을 박차고 나가 다음 날까지 돌아오지 않았어요. 섹스를 하고 싶어한 그에게 제가 요구한 것은 1분만 기다려달라는 것이었어요. 먼저 화장실 좀 다녀오겠다고요.

연애 초기에 자기애성 배우자는 경계성이 쓴 가면에 자주 속아 넘어간다. 처음에는 자기 잇속만 차리는 경계성의 거짓된 의도를 보지 못하고 경계성의 순종적으로 보이는 자기에 속아 넘어간다. 자기애성은 이런 매혹에 넘어가기 쉬운 먹잇감인데, 그 이유는 찬사와 감탄과 인정을 지나치게 갈구하고 자신의 특별함을 입증하려고 끈질기게 노력하기 때문이다.

경계성은 자기애성의 주목을 받고 싶은 허기진 마음과 완벽한 자기대상을 찾고 싶어하는 욕구를 정확하게 잡아내는 레이더 시스템을 내면에 장착하고 있는 것처럼 보인다. 다른 한편, 경계성 여성은 자기애가 강하고 자신에게 몰두하며 힘이 강한 남성들과 애착 관계를 맺는 경향이 있다. 나중에 이 남자들이 이기적이고 가학적이며 오만하다는 사실을 알아채지만 말이다. 어떤 경우에는 진정으로 사랑을 느끼면서도 따분해하면서 다른 상대를 찾아 떠나기도 한다. 여기서도 먼로가 좋은 예다. 그녀는 그동안 찾아다닌 사랑을 밀러에게서 발견하자마자, 더 흥미로운 대상인 케네디에게로 가버렸다.

경계성은 일터에서도 많은 사람들에게 이와 똑같은 좌절감을 안겨준다. 처음에 입사했을 때는 협조를 잘하는 고분고분한 사람이라는 인상을 주려고 모든 일에 동의한다. 그러다 나중에는 태도를 완전히 바꿔 원래 했던 약속과 정반대로 행동하고 자신이 잘못하는 것이 아니라 다른 사람이 자신에게 못된 짓을 하고 있다고 주장하면서 일을 엉망으로 만들고 일부러 그르치고 거짓말을 일삼는다. 이들은 규율을 어기는 사람이고, 계약을 지키지 않는 사람들이다.

특히 심리치료사와 변호사들은 이들을 조심해야 한다. 계약이나 개인의 재산권, 양육권 합의, 정상적인 절차, 일련의 규칙 같은 것들은 왜곡된 렌즈를 통해 세상을 보는 경계성에게는 아무런 의미가 없다. 오히려 경계성은 자신이 저질러서 죄책감을 느끼는 일을 다른 사람이 했다고 비난한다. "우리가 합의한 내용을 지키지 않은 사람은 당신이에요. 바로 당신이 나를 배반하고 내게 거짓말을 했잖아요. 당신의 변호사, 그 빌어먹을 당신의 신탁금, 유언장, 재산에는 관심 없다고요!"

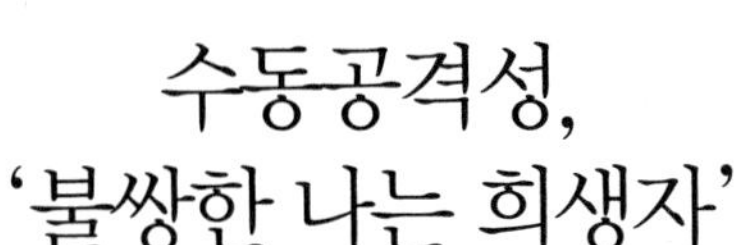

수동공격성,
'불쌍한 나는 희생자'

남편은 늘 잠만 자요. 제가 왜 그러느냐고 물으면 피곤하다고 대답합니다. 가게 좀 다녀오라고 부탁하면 빈손으로 돌아오죠. 가게가 문을 안 열었다고 하면서요. 그러면 화가 나고 속이 타는 내가 직접 가죠. 정말 분통 터지는 일이에요. 그 사람은 자기처럼 '좋은 남자'에게 제가 늘 화만 낸다고 비난합니다. 가게에서 돌아와 보면 또 잠을 자고 있어요. 전 남편에게 차를 고쳤는지 물어요. 그러면 차 키가 어디 있는지 모르겠다고, 그래서 내일 손보겠다고 말합니다. 그 내일은 절대 오지 않죠.

수동공격성 정의하기

　수동공격성은 책임을 지지 않으려 한다. 그리고 그러한 감정을 드러내 놓고 표현하는 대신에 행동으로 보여준다. 이들의 지배적인 행동 양식은 뒤로 미루기와 비효율성, 잊어버리기, 회피하기다. 가장 짜증나게 하는 특성은 그들이 해야 할 일을 누군가가 상기시켜주어야 한다는 것이다. 수동공격성은 시키는 일을 잘하겠다고 천진난만한 표정으로 말하지만 막상 때가 되면 요구한 일을 하지 않아 사람들을 실망시키고 좌절하게 만든다. 일을 하더라도 지지부진하게 하거나 상대방에게 분노와 좌절감을 불러일으키는 방식으로 한다.

　수동공격성은 언제나 부모와 자녀 관계를 재현하려고 애쓰기 때문에 치료하기 쉬운 대상은 아니다. 소파에 늘어져 있는 남편 혹은 아내이자 잊어먹기 일쑤인 사람들, 변명을 늘어놓는 사람들이다. 가장 비굴하고 속을 알 수 없는 방식으로 똑같은 행동을 되풀이하는 사람들이다. "아, 그건 나중에 할게." "내일 한다고." "차가 고장 나서 못했어." "깜빡 잊어버렸어." "열쇠/지갑을 잃어버렸어." "시장을 보지 못했어. 가 보니 벌써 문이 닫혔더라고." "고지서를 찾을 수 없어서 세금을 못 냈어." "상담 약속을 잡으려고 했는데 심리치료사의 주소를 찾을 수 없었어."

　수동공격성은 해야 할 일을 잊어버리고, 뒤로 미루고, 회피하고, 사람을 회유하면서 변명만 잔뜩 늘어놓는다. 이들은 배우자에게 가혹하고 나쁜 부모 역할을 강요한다. "난 정말 착하고 불쌍한 남편이고, 당신은 늘 내 잘못만 꼬집는 나쁘고 학대하는 엄마야."

　일반적으로 수동공격성은 수동성을 영원히 유지할 수 있게 해주는 보호자 유형과 관계를 맺어서 그의 브이스폿을 건드려 분노를 불러일으킨다. 이처럼 수동공격성의 배우자는 보호자 역할을 하게 하는 프로그램이 내면에 설정된 사람들로서, 수동공격성에게 무슨 일이든지 다 해주는 가장 중요한 사람이 된다.

뒤에 나오는 3장에서는 감정적으로 학대를 당한 여성들이 보호자 역할에 빠져드는 사례를 살펴볼 예정이다. 이 여성들은 부모나 형제자매의 보호자로 살아야 했기에 너무 일찍 성장해버린 사람들로, 부모 혹은 보호자의 역할을 대신하며 평생을 보낸 사람들이다. 이들은 수동공격성이 회피하는 역할과 의무를 넘겨받아 황망히 그 일들을 하곤 한다.

수동공격성을 선택해 곁에 머무는 배우자 유형

보통 수동공격성이 배우자로 선택하는 대상은 강박성이거나 보호자 유형의 사람이다. 강박성은 완벽함을 강박적으로 추구하는 사람들이다. 책임을 지고자 하는 욕구를 강렬하게 느끼고 '정돈되지 않은 상태'를 두고 보지 못하기 때문에, 이들은 수동공격성이 져야 할 책임을 덥석 떠맡는 경향이 있다.

다음 사례는 수동공격성이 자신의 내면에 쌓아둔 원망과 분노를 어떤 방식으로 배우자에게 교묘하게 표현하는지, 자신도 모르게 분리된 원망과 분노를 어떤 식으로 배우자가 받아들이게 만드는지 보여준다. 나는 이들을 '말이 거의 없는 가해자(silent abuser)'라고 부른다. 수동공격성과 그들의 배우자가 추는 춤, 다시 말해 그들의 쌍방향 투사적 동일시(5장 '쌍방형 투사적 동일시' 참조)를 연구해보면, 수동공격성의 건망증과 게

으름이 어떻게 배우자(보호자)로 하여금 지나치게 많은 책임을 떠맡게 만드는지 알 수 있다. "당신은 빈둥빈둥 노는데, 내가 아이들을 학교에 데려다주고 세금과 영수증을 처리하는 일을 하지 않으면, 누가 하겠어? 누가 하겠느냐고?"

■ **사례 6 _ 잠만 자는 잠보와 잔소리쟁이**

앨리스: 이 사람은 제 말을 도무지 듣지 않아요.

심리치료사: 어떻게 말을 들을 수 있겠어요? 남편은 잠만 자고 있는데.

빌: 질투하는 것뿐이에요. 저는 잠자는 걸 즐기는데 아내는 그렇지 못하니까.

심리치료사: 혹시 지금도 자고 있나요?

앨리스: 남편이 이런 말을 하면 화가 머리끝까지 나요!

빌: 선생님, 보셨죠? 아내가 얼마나 화를 잘 내는지.

심리치료사: 빌, 당신은 잘못한 게 없다고 생각하는 것 같은데요.

빌: 잘못이라뇨? 전혀. 저는 제 일을 잘하고 있어요.

앨리스: 하지만 우리 집과 가족을 돌보는 것도 당신 일이잖아. 당신은 모든 일을 내가 하길 바라고 있어!

빌: 난 그냥 빈둥거리는 게 아니야. 생각해야 할 프로젝트도 있고 해야 할 일들이 많아. 왜 날 그냥 내버려두지 않는 거야.

심리치료사: 빌, 당신은 이제 깨어 있는 것 같군요. 자극받고 연루되고 포함되는 느낌을 느끼는 것 같으니 말이에요.

빌: 아내나 아내의 가족과 함께 있을 때면 그런 느낌을 느낄 수 없어요.

심리치료사: 그럼 어떤 느낌이 들죠?

빌: 늘 저를 소외시키죠.

심리치료사: 그런 느낌을 겉으로 표현하거나 해결책을 찾지 않고, 잠을 자는군요. 그러면 소외당하는 느낌을 표현할 필요가 없으니까요.

빌: 제가 왜 그래야 하죠? 아무도 제 말을 들으려 하지 않는데요.

심리치료사: 그렇죠. 당신 말을 들으려 하지 않아요. 사람들과 어울리지 않고 안으로만 파고드니 누가 당신 이야기를 진지하게 받아들이겠어요?

앨리스: 맞아요. 아무도 그를 존경하지 않아요. 그래서 그는 늘 그렇게 행동해요. 그는 잠만 자요!

빌: 하지만 그건 제가 하고 싶다고 느끼는 일이에요.

심리치료사: 빌, 그건 느낌이 아니에요.

빌: 느낌이 아니라면 무엇이란 말씀인가요?

심리치료사: 그건 방어예요. 당신이 상처받는다고 느끼거나 가족에게 소외당한다고 느끼면, 분노나 좌절감을 표현하는 대신에 잠을 자버리는 거죠.

빌: 어쩌면 아내가 계속 잔소리를 해대서 제가 그럴 수도 있잖아요.

앨리스: 남편이 제 말을 듣지 않으니 제가 잔소리를 하는 거예요.

빌: 그럴 땐 소파에 누워 잠을 자버리는 게 속이 편해요.

심리치료사: 당신에게 잠을 청하도록 만드는 다른 원인도 있어요.

빌: 그게 뭐죠?

심리치료사: 포기요. 당신이 직접적으로 표현하기 어려워하는 감정과 문제들을 직면하기보다는 잠을 자버리는 것이 훨씬 편하죠.

앨리스: 선생님 말이 맞는 것 같아요.

빌: 아, 점점 짜증이 나기 시작하네요. 선생님도 당신도 모두 내 말을 듣지 않고 있어요. 내가 무얼 느끼는지 관심도 없는 것 같아요.

심리치료사: 와우! 큰 진전이에요. 우리가 당신을 화나게 만들었어요. 지금 자고 있지 않다는 걸 알겠어요. 빌, 당신은 적어도 그걸 직접 말로 표현했어요.

■ **사례 7 _ 서로 비난을 퍼부어대는 부부**

다이애나: 우리 부부가 디너파티에 참석했을 때, 우리 고객이 될 수도 있는 분이 부탁을 했어요. 며칠 동안 집을 비워야 하는데 개를 좋아하는 우리 부부가 자기 집에 들러서 개들에게 밥을 주고 산책도 시켜주면 좋겠다는 거였어요. 그 요청에 제가 대답하려고 하자, 남편이 나서서 기꺼이 해드리겠다고 말하더라고요. 그래서 나중에 남편에게 물었죠. "당신, 그분 집이 어디인지는 알아?"

애덤: 물론 그 집은 알고 있고, 점심시간에 들러 개들에게 밥을 주겠다고 말했죠.

다이애나: 그런데 어쨌는지 아세요? 정오에 한 번, 1시에 한 번, 또 3시에 한 번 애덤에게 전화를 했어요. 애덤은 전화를 받을 때마다 구실을 대면서 나중에 가겠다고 하더라고요. 그가 그 집에 가지 않았다는 걸 전 알았어요. 그 집 열쇠를 가지러 집에 들르지도 않았거든요.

애덤: 당신이 나를 귀찮게만 하지 않았으면 내가 했을 거라고 말했잖아.

다이애나: 남편 대신 나라도 그 집에 가야 한다는 생각을 꾹 눌러 참아야

만 했어요. 그렇게 해버리면 내 불안을 없애려고 애덤의 일거리를 덜어주는 셈이 된다는 것을 알고 있었거든요. 그러면 저는 그가 일을 망칠 때마다 해온 보호자 역할을 다시 하게 되겠죠.

심리치료사: 그러고 나서 어떻게 되었나요?

다이애나: 그 뒤가 하이라이트예요. 다 늦은 밤이 되어서야 그 집에 갔는데, 그 집이 아니라 엉뚱한 집으로 찾아갔대요. "세상에, 애덤. 당신 어떻게 그럴 수 있어?" 하고 제가 물었죠.

애덤: 정말 캄캄했어요. 아무것도 보이지 않았어요.

다이애나: 내가 당신에게 낮에 가야 한다고 했던 이유가 바로 그 때문이야.

애덤: 이봐, 난 최선을 다했다고. 게다가 열쇠는 깜빡 잊고 있었다고.

다이애나: 당신은 개들이 불쌍하지도 않아? 열쇠를 가지러 집에 들르지도 않았잖아! 그래, 당연히 내가 그 일을 할 거라고 생각했겠지. 굉장히 피곤했지만 나는 차를 몰고 그 집으로 가 개들에게 먹이를 줬어. 너무 피곤해서 산책은 못 시켰지만 말이야.

심리치료사: 다이애나, 당신은 참을성 있게 남편의 약속과 책임을 덜어주지 않으려고 애썼잖아요. 잘한 일이에요. 고객은 물론 개까지 내버려둘 수는 없는 일이에요.

다이애나: 애초에 할 수 없다고 그분께 말했어야 했는지도 몰라요.

심리치료사: 하지만 보호자로서 모든 것에 책임감을 느끼는 당신에게는 무언가를 거절하는 일이 무척 힘든 일이죠.

다이애나: 더는 아니에요. 이젠 정말 완전히 지쳤어요.

애덤: 저는 어떻고요. 제가 받은 스트레스는요?

심리치료사: 애덤, 당신은 책임을 떠맡았고, 어린아이처럼 그 책임을 아내

에게 전가했어요.

애덤: 정말 열받는군요. 선생님과 아내는 제가 얼마나 최선을 다했는지 이해하지 못하고 있어요.

다이애나: 그래, 당신은 최선을 다했지!

심리치료사: 애덤, 당신이 화를 내고 있지만 적어도 이 자리에서 화가 났다는 것을 솔직하게 표현하고 있어요. 그 '화'를 다이애나에게 몽땅 전가하지 않고요. 하지만 근래 몇 년 동안 당신은 다이애나에게 모든 화를 전가해왔어요. 그리고 이제야 왜 자신이 압박감을 느끼는지 궁금해하고 있잖아요! 최소한 지금은 직접적으로 표현하고 있고 이것은 에둘러 표현하는 것보다 훨씬 나은 거예요.

애덤: 정말 억울해요!

심리치료사: 당신이 속으로 느끼는 것은 화가 아니라, 실재하는 진짜 감정이에요. 어쩌면 제 말에 억울할 수도 있겠지만 적어도 당신은 솔직하게 내게 말하고 있어요. 당신은 화가 나거나 분할 때 그것을 표현하면 사람들이 '어디서 개가 짖나?' 하고 여기지 않을까 염려하는 것 같아요.

애덤: 흐음.

심리치료사: 다이애나에게도 해당되는 말이에요. 거절이 곧 화를 의미하지는 않아요. 그것은 당신이 현실적으로 할 수 있는 것과 할 수 없는 것을 점검하는 것이죠.

다이애나: 흥미로운 말씀이군요!

심리치료사: 자, 오늘 우리가 어느 정도 진전을 본 것 같아 기분이 좋네요.

첫 사례의 앨리스는 의료기사로 매우 꼼꼼하고 정리를 잘하는 사람이다. 그녀는 무언가를 연기하거나 기다리는 것을 참지 못한다. 무슨 일이든 곧바로 처리해야 하고 빠른 해결책을 선호하기 때문에, 더는 배우자의 책임을 떠맡지 않을 것이라는 메시지를 배우자에게 전달하고 그러한 태도를 고수하는 것을 매우 불안해한다. 앨리스의 수동공격성 남편인 빌은 앨리스의 브이스폿을 자극하는 법을 무의식적으로 알고 있다. 자기가 책임을 지지 않으면 앨리스가 그 혼란을 견디지 못하고 뒤처리를 할 수밖에 없다는 사실을 안다.

다이애나와 애덤의 사례도 똑같다. 다이애나가 어떻게 해야 했을까? 개들에게 먹이를 주러 가야 했을까? 아니면 개들을 굶겨서 고객을 화나게 만들어야 했을까? 수동공격성과 관계를 맺다 보면, 이런 갈등은 다반사로 일어나고 뾰족한 해결책을 찾기도 쉽지 않다. 무언가가 브이스폿을 건드려 자아가 과도한 죄책감에 휩싸이면, 적당한 해결 방안을 모색하기란 불가능하다. 그렇지만 정신분석은 해결책을 찾을 수 있도록 도와준다.

강박성,
'당신에게 신경 쓸 겨를이 없다고!'

우리 가족은 동부로 돌아가 크리스마스 휴가를 보내기로 했어요. 그런데 늘 그렇듯이 공항에 늦게 도착하고 말았어요. 제프가 컴퓨터를 껐는지, 업무 지침서를 쓴 메일을 확실히 보냈는지 확인하러 집에 다시 들어가는 게 좋을지 망설이는 동안 우리는 모두 차 안에서 기다려야 했거든요. 남편은 집 안을 서너 번 들락날락하면서 문단속을 제대로 했는지 일거리를 다 챙겼는지 확인하고 또 확인했어요. 내 손에는 비행기 표도 없었는데, 제프가 자기 책상 물건들을 손도 대지 못하게 했거든요. 그가 차에 시동을 걸었을 때는 이미 시간이 많이 늦어버렸고 아이들도 지치고 화가 난 상태였어요. 게다가 남편이 비행기 표를 가져오지 않아서 결국 우리는 비행기를 타지 못했어요.

강박성 정의하기

강박성은 모든 것을 조종하고 통제하려고 끊임없이 애쓴다. 청결함과 완벽함에 지나치게 집착하는 강박성은 감정이 결여되어 있고 일중독에 빠져 있으며, 욕구나 욕망을 느낀다는 이유로 언제나 배우자를 깔아뭉갠다. 배우자에게 주었던 애정과 지원을 물러버리게 하는 프로그램이 이미 내장된 이들은 일을 항상 첫 번째로 둔다. 늘 배우자를 기다리게 하는데 그들에게는 배우자를 위해 쓸 시간이 거의 없기 때문이다. 직장 일, 청소, 수선 등 사로잡혀 있는 일이 무엇이든 그것을 '끝내고' 나서야 이야기를 할 수 있는 사람들이다.

다른 이의 욕구를 알아보고 충족시켜주지 못한 죄의식을 누그러뜨리고자 이들은 일, 일, 일할 정당성을 찾고 효율성을 명분으로 내세울 것이다. 이들의 좌우명은 '나는 대의를 위해서 이것을 하고 있다'는 것이다. 감정적 자기 또는 상처받기 쉬운 자기를 외면하는 일이라면 무슨 일이든 하면서 사람들을 속이고 학대하고 부정행위를 하고 책략을 꾸미기도 한다.

강박성 곁에 머무는 배우자에게 이러한 일들은 매우 익숙한 일이다. 이것은 보살펴주지 않았던 아버지, 아니면 끊임없이 기다리게 만들면서 정서적으로 따뜻하게 보호해주지 않았던 과거의 어떤 사람을 종종 떠올리게 만드는 일이다. 이 발화된 원망과 무가치함이라는 오래 묵은 감정들은 그렇지 않아도 자존감이 부족한 배우자의 브이스폿에 불을 지핀다.

강박성이 연루된 갈등 관계를 보면, 그 상대방은 대개 히스테리성의 특징을 보여주는 여성, 더 정확하게 말해서 경계성과 의존성 경향이 있는 히스테리성 여성이다. (브이스폿의 갑작스런 점화로) 마음을 쉽게 다치고 곧잘 우는 이 여성들은 기대고 싶은 의존 욕구가 강하고, 감정을 과하게 표출하며, 과시욕이 지나친 특징이 있다. 이런 모습에 가장 어울리는 인물로 먼로가 다시 한 번 떠오른다.

강박성을 선택해 곁에 머무는 배우자 유형

히스테리성 여성들은 대개 강박성 가해자들과 애착 관계를 맺는다. 그리고 자존감을 잃기 시작하면서 강박성의 좋은 먹잇감이 되어간다. 1959년에 마틴 버드(Martin Bird)는 히스테리성과 강박성 부부를 처음으로 설명한, '상사병(love-sick)'을 앓는 아내와 '냉담병(cold-sick)'을 앓는 남편에 관한 글을 썼다. 이 부부는 공모한 결속 관계를 형성했거나 둘 다 감응성 망상장애(folie a deux, 167쪽 참조)를 앓고 있는 사람들이다.

강박성은 냉정하고 쌀쌀맞으며 배우자의 욕망에 관심을 기울이지 않는다. 오랫동안 무시해온 자신의 일부분을(더럽고 혐오스러운 것이라고 여겨 억눌러온 욕구들을) 배우자에게 투사하기 때문이다. 강박성은 정리 정돈에 집착하는 어머니에게 과보호를 받으며 성장했을 수도 있다. 반면에 그의 어머니는 무질서하고 혼란스러운 가정에서 성장했을 것이다. 얄궂게도 강박성은 항상 충분치 못하다고 생각한다. 그래서 친밀한 관계를 유지할 기회를 모두 망쳐버릴 정도로 완벽함을 추구하느라 늘 바쁘다.

초기에 강박성은 따뜻하고 외향적이며 느긋한 배우자의 성격에 매료된다. 반면에 강박성의 배우자는 강박성의 정리 정돈 잘하고 깔끔한 특성에 끌린다. 히스테리성 여성들은 자신의 무질서한 생활과 과시적이고 도발적인 성격 때문에 안정감과 안전성, 체계와 힘을 제공해주는 남자들을 찾는다. 사실 이 남자들은 지나치게 틀에 박힌 사람들인데도 말이다.

얼마 지나지 않아, 강박성은 할 일을 뒤로 미루는 배우자의 나태한 태도에 서서히 싫증을 내면서 배우자를 추궁하고 비난한다. "정말 이해할 수가 없어! 매일같이 늦고, 자기 물건을 찾지도 못하며 화장을 두 시간 동안이나 하는 여자랑 내가 왜 살고 있지?" 강박성은 배우자를 어수선하고 지저분한 여자라고 생각하고, 그녀에게 무관심해지고 자기 물건은 (심지어 자신도) 손도 대지 못하게 하면서 그녀에게서 점점 멀어지기 시작한다. "세상에서 가장 중요한 것은 돈, 시간, 질서야."

히스테리성 여성들은 강박성 가해자의 먹잇감이 되기 쉽다. 그리고 강박성의 어두컴컴하고 인색한 세계의 포로가 되는 순간부터 그들의 자존감은 점점 더 희미해지기 시작한다. 그 결과 히스테리성 여성들은 자신의 욕구를 하찮고 구역질 나는 것으로 여기는 사람들의 확신/투사를 동일시하기 시작한다. 이러한 여성들이 상담을 받으러 가면 아마도 다음과 같은 말을 듣게 될 것이다. "구역질 나는 것은 당신의 욕구가 아니에요. 그것은 건강하고 정상적인 거예요. 도가 지나친 것은 당신의 히스테리와 과도한 감정 표현이에요."

예전부터 이런 여성들은 '여자 돈 후안'이라는 의견이 있었다. 이들은 스스로 성적 매력과 여성성이 부족하다고 느껴서 성적 매력을 최대한으로 끌어내 조증적인 방어기제(manic defense)[22]를 개발한다. 미국의 정신분석학자 오토 컨버그(Otto Kernberg)는 이런 현상을 '돈 후안 신드롬'이

---

22. 우울감을 견디려고 무의식적으로 조증 상태가 되는 방어기제.

라고 표현한다. 컨버그에 따르면, 이 신드롬은 흔히 남자들에게서 발견되지만 어린 시절에 자기애가 심각할 정도로 결핍되었거나 이성 부모와 동일시가 부족했거나 하는 등의 다양한 이유로 성적으로 문란해진 여성들에게서도 그와 유사한 현상을 발견할 수 있다고 한다.

치료 과정에서 이 같은 공모 관계를 이뤄왔다는 것을 이해하면 부부의 결속은 더욱 단단해지고 남편의 가학적인 면과 아내의 피학적인 면이 줄어들기도 한다. 이렇게 관계가 개선되면서 연인 혹은 부부는 자신이 오래 전에 포기했거나 발달 초기에 습득하지 못한 자질들을 상대방이 가지고 있다는 것을 보기 시작한다. 결과적으로 부러운 것 혹은 샘나는 것을 파괴하고픈 욕구를 덜 느낀다. "요즘에는 남편의 질서정연한 생활 방식에 고마움을 느껴요. 저는 요즘 학교에서 일하고 있는데 남편 덕분에 터득한 파일을 질서 정연하게 정리하는 방법이 큰 도움이 되고 있어요."

분열성,
'나 좀 내버려둬'

저는 선반 위에 놓인 도자기 같아요. 어머니는 친구들이 오실 때마다 저를 보이려고 선반에서 내리곤 하죠. "여기 제 아들이에요. 정말 잘생기고 영리한 아이죠." 순전히 자기애를 만족시키려고요. 그러나 그분들이 떠나자마자 저는 다시 선반 위 제자리로 돌아가야 해요. 그럴 때마다 저는 제가 로봇 같다는 느낌이 들어요.

분열성 정의하기

분열성은 자기애성과 비슷한 부분이 많다. 매우 멋지고 유혹적이기도 한 이들은 관계를 맺는 초기에는 성적으로 상당히 매력적으로 보인다. 한

참 지나서야 실제로는 이들이 겁쟁이고 상처받기 쉬운 유약한 사람들이라는 것을 알게 된다. 차갑고 냉정한 분열성은 속이 텅 빈 빙산과 같다. 분열성 가해자는 친밀한 관계를 두려워하는 프로그램이 이미 내장된 여성 혐오자다. 친밀한 관계가 시작되자마자 이들은 숨이 턱턱 막히고 무언가가 자신을 집어삼키는 듯한 느낌을 받는다.

분열성은 자신이 잘 견디지 못하는 갈등을 최소화하기 위해 친밀한 사교적 접촉을 회피한다. 그렇게 해서 금방 깨질 것 같은 감정적 평형 상태를 유지한다. 가족과 친구들조차 이들을 로봇 같은 사람이라고 묘사하곤 한다. 분열성은 사교 관계를 맺는 것이나 사람들과 상호작용을 하는 것에는 관심이 없고, 겉으로 드러내는 감정의 폭도 매우 제한되어 있다. 감정이 없는 게 아니라 감정을 서툴게 표현하거나 거의 표현하지 않는다.

그래서 차갑고 발달이 정지된, 반쯤 죽은 사람처럼 보이는 분열성은 즐겁고 마음을 끄는 일을 전혀 찾지 못하는 쾌락 불감증(anhedonia)이 있지만 반드시 슬픔이나 우울감 같은 불쾌감(dysphoria)에 시달리고 있다고 할 수는 없다. 마음속으로는 그렇지 않으면서도 이들은 칭찬이나 비난, 갈등, 충고에 무심한 척한다. 이들은 엄밀함과 예측 가능성에 잘 현혹되는 습관의 동물이다. 그래서 그들이 관심을 보이는 분야는 매우 좁다.

쓰리고 아픈 사실이지만, 역설적이게도 분열성은 다른 사람들과 애착 관계를 맺고 감정적으로 연루되는 것에 어마어마한 두려움을 느끼면서도 그것을 간절히 바란다(그리고 이 때문에 정신적으로 과도한 부담을 자주 느낀다). 대인관계 측면에서 보면 분열성과 자기애성은 둘 다 상호작용을 잘하지 못한다. 자기애성은 자기대상이 반사해줄 가능성이 있으면 상호작용을 하겠지만, 분열성은 흥미를 느끼지 못한 채 관심을 보이지 않을 것이다.

자기애성과 분열성은 모두 공감 능력이 부족하다. 분열성은 세상에 태어나 많은 정보를 흡수하는 생애 초기에 양극단 가운데 하나를 경험했을지도 모른다. 즉 어린 시절 보호자에게 지독한 거부와 굴욕을 경험했거나 아니면 엄청난 과보호와 침해를 경험했을지도 모른다. "엄마는 나를 철저히 감시했어요. 조금도 틈을 주지 않고 언제나 이렇게 다그쳤죠. '지금 어디에 있는 거니?' '전화는 왜 하지 않았어?' '하루 종일 걱정했잖아!'"

찰스 맥코맥(Charles McCormack)에 따르면, 분열성은 이미 자신들의 욕구와 감정을 거부하도록 설정된 관계를 맺는다고 한다. 결과적으로 이들은 다른 사람들에게서 떨어져 나오게 되고 결코 신의를 지키지 못하게 된다. 다른 사람들을 자신과 자신의 공격성으로부터 무의식적으로 보호하는 것이다. 맥코맥은 경계성에 빗대어 분열성의 특징을 이렇게 표현했다. "경계성은 홀로 있지 못하고, 분열성은 다른 사람들과 함께 있지 못한다고 말할 수 있다."

분열성을 선택해 곁에 머무는 배우자 유형

분열성은 배우자가 너무 감정적인 데다 충동적이고 요구가 많은 의존적인 사람이라고 생각한다. 이들은 강박성과 마찬가지로 배우자의 정신적 궁핍함과 '자신만의 공간을 주지' 않는 점을 혐오하곤 한다. "나 좀 내버려둬!" "늘 만지는데 그러지 마!" "난 정말 나만의 공간이 필요하단 말이야!" 이런 말을 들은 어떤 아내는 분열성 남편에게 "당신, 뭐야! 우주

비행사라도 돼?"라고 반응했다.

이들 부부가 함께 감응성 망상장애에 빠지는 단계로 (혹은 함께 춤추는 공모 단계로) 접어들면 강박성 남편은 사랑하는 대상과 분리되어 떨어져야 할 필요성을 느낀다. 반면에 의존성 아내는 남편과 애착 관계를 맺고 싶어 매달린다. 아내가 매달리면 남편은 (자기애성처럼) 그동안 주었던 것을 회수할 뿐만 아니라 이미 자아감이 약한 아내의 유기불안을 더욱 조장하면서 아내에게서 완전히 멀어진다.

아내가 친밀감을 나타내는 말이나 행동을 하면, 분열성 남편은 뒤로 쑥 물러나면서 거부와 굴욕과 무가치함으로 뭉쳐 있는 아내의 정동 상태(affective states)[23]를 더욱 악화시킨다. 결국 아내는 외로움과 고립감이라는 큰 대가를 치르면서 남편만의 공간을 주려고 시도한다. 분열성은 자신을 숨 막히게 만드는 내면의 어머니에게서 도망쳤을 때만 안도감을 느낀다.

■ 사례 8 _ 친밀한 관계를 맺지 못하는 앨런과 버림받을까 두려운 로즈

앨런을 처음 봤을 때 정말 괜찮은 사람 같았어요. 재산도 있고 사회적 지위도 있는 안정적인 남자를 드디어 만난 것 같아서 저는 무척 기뻤죠. 쓸모없고 가혹하고 빼앗기만 하는 남자들을 만나는 짓을 이제 그만해도 되겠구나 싶은 생각에 마음이 놓였죠. 앨런은 실속 있는 사람으로 사회적으로 성공했고 부유했어요. 특히 외과 의사라는 그 사람의 사회적 지위가 마음에 들었어요. 점잖고 친절하고 이해심이 많은 앨런은 내 말을 귀담아 들어주었어요. 결국 그와 사랑을 나누게 되었

---

23. 특정한 기분이 비교적 안정적으로 오래 지속되는 상태.

죠. 그런데 이때부터 모든 일이 이상하게 돌아가기 시작했어요. 앨런은 포르노에서나 나올 법한 말들을 하곤 했어요. 그리고 삽입을 진행해야 할 시점에 갑자기 멈추고는, 자신이 좋아하는 것은 삽입 섹스가 아니라 각자 알아서 즐기거나 자위를 하는 거라고 말하는 거예요. 그건 정말 미친 짓이라는 걸 알았지만 그를 잃기 싫어서 그냥 따랐어요. 관계를 하는 동안 내내, 그는 지저분한 말들만 했고 우리 자신들에 관한 이야기나 친밀한 표현들은 하지 않았어요. 게다가 더 황당한 일은, 갑자기 침대에서 뛰쳐나가더니 바지를 집어 입고는 볼일이 있어 가봐야겠다고 하는 거예요. 그에게 포옹을 해주려고 하자 불쑥 만지지 말라고 하면서 자신은 누가 만지는 거 좋아하지 않는다고 말하더라고요. 그 사람도 자기 정신 상태를 어느 정도는 알고 있어요. 친밀한 관계를 맺는 데 문제가 있다고, 그건 살아오는 동안 내내 숨이 막히게 했던 어머니 때문이라고 하더라고요.

상담을 받으면서 로즈는 앨런의 행동이 자신과는 아무런 관련이 없다는 사실을 깨닫고 안도했다. 그녀는 자신의 빈곤한 내면을 드러내 보이거나 매달리는 태도를 보일 정도로 오래 그를 알지 못했던 것이다. 앨런은 로즈와 만날 때만 그렇게 행동한 것이 아니라 다른 여자와 만날 때도 그랬다고 한다. 로즈와 나는 계속 상담을 나누면서 그녀 내면에 존재하는 버림받을지 모른다는 두려움을 어떤 남자들이 촉발시키는지 추적해 보았다. 그러한 두려움은 때 이른 상실과 이별에서 비롯된 것이었다. 그래서 앨런과 비슷한 남자들이 로즈의 브이스폿을 쉽게 자극할 수 있었던 것이다.

성격이 유별난 연인이나 배우자를 둔
사람들을 위한 조언

다음은 자기애성/경계성/수동공격성/강박성/분열성을 연인이나 배우자로 둔 사람들에게 해주는 조언들이다. 그 뒤에는 모든 연인이나 부부들에게 해주는 일반적인 조언도 있다.

자기애성을 연인이나 배우자로 둔 사람들을 위한 조언

당신은 자기애성 배우자(혹은 연인) 때문에 스스로 아무 권리도 없는 사람이라고 생각하며 살아왔다. 당신은 하찮은 사람이고 자기애성 배우자는 중요한 사람이라고 생각하기 때문이다. 이것은 커플이 함께 만들어 낸 근거 없는 믿음이다. 당신은 자기애성 배우자의 부정적인 성향과 조종과 지배를 동일시했던 것이다.

당신은 우선 배우자 주변에서 얼쩡거리며 기다리는 일을 멈춰야 한다. 그리고 밖으로 나가 일을 하고, 친구를 만나고, 쇼핑을 하고, 외부 지원 세력을 구축해야 한다. 동호회에 가입해 친구를 사귀는 것도 좋은 방법이다. 스스로를 귀중한 사람이라고 느끼게 만드는 일이라면 무슨 일이든 하라. 이런 식의 기분 전환이 당신 스스로 가치 있고 소중한 사람이라고 생각하는 데 도움을 줄 것이다.

자기애성 배우자가 당신에게 애정결핍증에 걸린 것 같다는 소리를 하면, 당장 밖으로 나가 욕구를 충족해라. 절대 마음이 가난한 사람이 되지 마라! 그렇게 하면, 애정 관계의 정신역동[24]이 극적으로 바뀔 것이다. 그리고 자기애성 배우자도 당신이 어디서 무엇을 하는지 궁금해질 것이다. 그러나 나쁜 의도를 가지고 혹은 앙갚음을 하기 위해 그런 일들을 해서는 안 된다. 자기 발전을 위해 해야 한다. 그러면 당신은 내면에서 샘솟는 생명의 기운을 느낄 수 있을 것이다.

자신에게 관대해져라. 아주 대단한 사람인 양 행동하면, 당신도 스스로 다르게 느낄 것이고 다른 사람들도 당신을 다르게 볼 것이다. 자기애성 배우자가 관심, 애정, 생각지도 못한 행동을 할 때는 맥없이 축 처져 있지 말고 밖으로 나가라. "당신 마음이 가라앉았을 때 다시 이야기하자"라고 말한 다음, 친구들을 만나거나 영화를 보라.

---

24. 사고, 느낌, 행동 등의 정신 현상을 목표를 지향하는 세력과 동기를 지향하는 세력 사이의 상호 작용이나 충돌의 결과로 설명하는 정신분석 이론의 한 측면을 가리키는 용어. 정신역동 이론은 한 개인의 정신 안에서 발생하는 목표를 지향하는 세력과 동기를 지향하는 세력 사이의 상호 작용에 초점을 맞추며, 이러한 상호 작용이 정신 과정, 발달, 진보, 퇴행, 고착을 설명해준다고 간주한다.

그리고 불시에 닥치는 재난에 대비해 대책을 세우듯이 제2의 방안을 생각해두어라. 어찌 됐든 여느 때와 달리 당신의 배우자는 당신을 기다려야 할 것이다! 모든 욕구를 마음껏 채웠다는 듯이 행복하고 충만한 표정으로 그에게 돌아가야 한다.

경계성을 연인이나 배우자로 둔 사람을 위한 조언

경계성 배우자가 언제 어떤 상황에서 당신을 공격하여 모욕하고 배반할지 모른다는 사실을 잊지 말아야 한다. 바로 얼마 전까지만 해도 그가 세상을 주겠다고 약속했고, 당신을 기쁘게 하는 법을 정확히 알고 있었고, 당신이 사랑과 관심과 칭송을 어마어마하게 필요로 한다는 것을 알았던 근사한 연인이었기 때문에, 당신은 무척 혼란스러울 것이다. 그러나 이 유혹적인 각본에 넘어가는 순간, 당신은 더할 나위 없이 좋은 먹잇감이 된다.

 **심리학 용어, 이런 뜻이에요**

경계선

심리학에서 말하는 경계선이란 '타인과 나 사이에 존재하는 심리적인 울타리' 혹은 '나(혹은 내 것)와 타인(타인의 것)을 구분하는 능력'을 뜻한다. 아기 때는 자기와 타인을 구분하지 못한다. 즉 어머니가 젖을 주면 '어머니가 젖을 주네'라고 생각하지 않고 '내가 배가 고프면 곧 배가 부르게 되는구나'라고 생각한다. 그러다 성장하면서 차츰 아이는 보호자라는 존재를 깨닫게 되고 '나와 엄마', '나와 아빠' 이런 식으로 관계를 형성하게 된다. 이러한 초기 대상과의 관계에서 나와 대상 간의 분리가 잘 일어나면 경계선이 탄력 있게 형성된다.

배우자가 수치심을 자극하며 비난할 것에 대비해 당신은 경계선을 그으며 당신의 브이스폿을 방어해야 한다. 경계성은 마치 자신이 억압적인 제도에 묶여 있는 사람이라도 되는 양 정상적인 경계선이나 한계선을 긋는 것을 자신을 공격하는 것으로 여긴다. 그리고 정말 잘 몰라서 물어보는 질문 역시 자신에 대한 공격으로 받아들인다. 애정과 관심과 칭송을 많이 필요로 하는 여성들은 갑작스런 분노 표출에 좋은 표적이 된다.

경계성은 어떤 계기나 경고도 없이 돌발적으로 배우자나 동거인을 공격한다. 당신의 가슴이 너무 빈약하다고 말하거나, 당신과 다른 여성을 비교하거나, 당신의 계획을 망치거나, 당신을 당황하게 만든다. 경계성의 이런 공격에 놀아나지 말아야 한다. 경계성 배우자가 노발대발 화를 낼 때는 가만히 있어라. 아무것도 하지 말고 가만히 있어야 한다. 말도 해서는 안 된다. 그런 뒤 그가 옳을 수도 있다고 동의한다. 그러면서 설사 그가 한 말이 사실일지라도 욕설을 하며 당신을 비난할 권리가 없음을 반복해서 주지시켜야 한다.

경계선과 한계선을 명확하게 그어라. 당신이 예상하는 것과 당신이 감당할 수 있는 것, 감당할 수 없는 것을 그에게 확실히 말해야 한다. 협박조가 아니라 단호하고 확신에 찬 목소리로 말해야 한다. 진심으로 말하고 행동하라. 그리고 당신이 말한 것이 아무리 사소한 것일지라도 반드시 지켜라. 관계의 경계선이 불분명하기 때문에, 당신이 한 걸음 물러서면 그는 더 많은 것을 원할 것이다(이런 일은 법적 분쟁에서 자주 일어난다).

그래도 배우자가 당신을 당황하게 만들면, 당신도 당신 마음대로 행동하겠다고 그에게 말하라. 당신이 벌을 주는 무정한 사람처럼 느껴질 수도 있겠지만, 경계선을 긋는 일이 당신을 정말 건전하고 사랑스러운 사람으로 만든다는 것을 잊지 말아야 한다. 배우자의 비정상적인 돌발 행동에 동조하거나 그러한 행동을 자기 것으로 받아들이거나 동일시해서는 안된다. 그렇게 하면 당신 내면에 버림받을지 모른다는 두려움과 같은 감정들이 생길 것이고 그 감정들은 점점 심해질 것이다. 용기와 힘을 내서 당신이 설정한 경계선을 지켜야 한다. 그렇게 해야만 당신은 상황을 제대로 통제할 수 있고 당신의 브이스폿도 더는 상처받지 않을 것이다.

수동공격성을 연인이나 배우자로 둔 사람을 위한 조언

배우자가 수동공격성이 되도록 기여한 행동들을 그만둬라. 배우자가 장 보는 일을 계속 잊어버리면 밥을 차려주지 마라. 신용카드 결제일을 매번 깜빡하고 넘긴다 해도 대신 챙겨주지 마라. 당신을 지킬 수 있는 다른 선택들을 해야 한다. 그리고 끝까지 고수할 수 있는 것들만 해야 한다. 그렇게 다른 선택을 했을 때는 마음을 다해서 해야 한다. 배우자가 해야 할 일을 대신하면, 당신의 브이스폿이 자극받을 것이고 결국 당신은 화를 내게 될 것이다.

기억하라, 당신은 배우자의 보호자가 아니다! 보호자 역할은 직장에서나 도움이 되지 당신의 애정 관계에는 도움이 되지 않는다. 부부는 동등한 관계를 맺어야 한다. 실례를 들어보자. 당신이 남편에게 저녁에 무엇이 먹고 싶은지 물었는데, 남편은 "아무거나 먹자"고 대답했다. 그래서 "튀긴 벌레라도 먹을래요?"라고 물었는데 아무런 반응이 없다. 소파에 누워 있던 남편은 잠이 들어버린 것이다. 그러면 당신과 아이들이 먹을 음식만 장만하면 된다.

강박성을 연인이나 배우자로 둔 사람을 위한 조언

강박성 배우자가 집을 꾸미는 일을 허락하지 않으면, 그냥 쇼핑을 가거나 인테리어업자를 불러라. 스스로를 보살피고 자신의 브이스폿을 방어하기 위해 할 수 있는 일이라면 어떤 일이라도 해야 한다. 배우자가 짜증을 부리거나 엄청나게 화를 내거나 설사 심한 욕을 하면서 공격하더라도, 당신은 그것에 잘 대처해야 할 것이다. 당신이 어린아이가 아니라 다 자란 성인임을, 그리고 당신에게는 엄청난 능력이 있음을 잊지 마라. 누군가 당신을 모욕하거나 학대하거나 신체적·감정적으로 상처 주는 일을 허락해서는 안 된다.

분열성을 연인이나 배우자로 둔 사람을 위한 조언

당신의 배우자가 분열성이라면 그는 기회가 날 때마다 사람들과 어울리지 않고 자기 안에 틀어박힐 것이다. 그것을 그냥 두어서는 안 된다. 창의적인 방법으로 그를 관계 안으로 끌어들여야 한다. 함께 모임에 갔을 때는 (정치든 종교든 과학이든 컴퓨터게임이든) 관심사를 나눌 수 있는 사람 옆으로 그를 데려가라. 그러면 그는 위화감을 덜 느낄 것이고 당신을 난처하게 만들지도 않을 것이다.

당신의 브이스폿을 보호하기 위해서라면 무슨 일이든지 해야 한다는 사실을 잊지 말아야 한다. 성관계를 할 때 그가 뒤로 물러서려 한다면, 당신은 그를 덮치려는 사람도 아니고, 숨도 못 쉬게 만들었던 그의 어머니도 아니고, 원한다면 언제든지 그 자리를 뜰 수 있다고 상기시켜라. 그리고 배우자에게 자신을 표현할 필요가 있다고 반복해서 말해야 한다.

모든 연인이나 부부를 위한 일반적인 조언

- 상대를 공격하거나 앙갚음을 하지 말아야 한다. 싸움에 휘말려들지도 말아야 한다.

- 격앙된 분위기가 가라앉기를 기다린 다음에 대화를 시도해야 한다. 이 조언을 꼭 따라야 한다.

- 배우자가 분노로 가득 차 있을 때는 그를 그대로 두고 떠나지 마라. 배우자가 화가 잔뜩 나 있다면, 그의 마음이 가라앉았을 때 곧 다시 돌아오겠다고 확실히 말해야 한다(그리고 반드시 그렇게 해야 한다).

- 배우자가 흥분하더라도 침착함을 유지해야 한다. 배우자가 부리는 속임수나 조종술에 넘어가지 말아야 한다.

- 당신이 그동안 조종당하고 기만당했다는 사실을 의심하지 마라.

- '적당한 때'를 기다리지 마라. 그때는 결코 오지 않을 것이다!

- 배우자가 시간을 내주지 않거나 돈을 주지 않을지라도, 혹은 당신이 기쁨을 느끼는 일에 시간이나 돈을 쓰지 못하게 할지라도, 그의 마음을 상하게 해서는 안 된다. 당신이 그를 이해하고 있음을 보여주면서 동시에 당신 자신의 욕구를 충족하는 일도 포기하지 말아야 한다.

- 배우자가 화를 가라앉히지 못하고 계속 고함을 지르거나 당신이 자기 직장이나 친구들이나 시댁 쪽 식구들 일에 끼어들어 방해하고 있다고 불평하면, 그가 최우선으로 고려해야 할 사람은 바로 당신이고, 당신과의 관계가 가장 중요하다고 반복해서 말하라.

이 장에서 간략하게 설명했듯이 1차적 방어기제의 지배를 받는 연인이나 부부들에게는 기이한 일이 일어난다. 이들은 대부분 친밀한 관계에서 요구하는 정상적인 욕망과 소망을 공유하지만, 막상 바라던 것이 현실이 되면 그것을 일부러 망치고 심지어는 파괴하거나 거부한다. 이들은 친밀감과 의존감을 용인하거나 억누르지 못하는 공통점이 있다. 사랑이 이들 관계에서 지배적이고 주된 감정이지만 증오, 질투, 시기, 경쟁, 통제, 조종이 그것을 변질시킨다(4장에 나오는 '병적인 사랑' 참조).

다음은 2장에 나온 내용을 요약한 것이다.

표 2-2 ⋮⋮ 가해자의 5가지 유형과 그들 곁에 머무는 조장자 유형

가해자의 5가지 유형	가해자 곁에 머무는 조장자 유형
자기애성 가해자	경계성
경계성 가해자	자기애성
수동공격성 가해자	보호자 유형 혹은 강박성
강박성 가해자	히스테리성
분열성 가해자	의존성 혹은 히스테리성

표 2-3 ⋮⋮ 끌어당기는 연애 결속의 유형들

자기애성(특별함)과 경계성(고통/희생자화)
수동공격성(태만)과 보호자 유형(사나움)
강박성(깔끔함)과 히스테리성(과도한 감정 표현)
분열성(무관심)과 의존성(매달리기)

감정적 학대와 브이스폿

감정적 학대는 침묵의 살인자다.
아무도 모르게 그리고 교묘하게 당신의 삶을 갉아먹는다.
시간이 흐르면서 감정적 학대는 피해자를 세뇌시켜
조장자로 만들어놓는다.
브이스폿을 자주 자극받은 사람들은
자신이 학대받아 마땅하다고 생각하고
학대를 당연한 것으로 받아들이기도 한다.

감정적 학대란
무엇인가

남자들은 사랑받고 싶어하는 순한 사람들이 아니다. 그들 곁에 머무는
사람은……

그들을 위해 존재하는 사람이다.

그 조력자는 남자들로 하여금

자기를 공격하고 싶은 욕구를 충족하라고,

아무 대가 없이 자신의 노동력을 착취하라고,

동의 없이 자신을 성적으로 이용하라고……

자신을 모욕하라고……

자신을 고문해서 죽이라고 부추기는 사람이다.

    – 프로이트, 『문명과 그 불만(*civilization and its discontents*)』

감정적 학대는 한 사람이 의식적·무의식적으로 다른 사람의 의지나 욕구, 욕망, 통찰력을 파괴하고자 지속적으로 시도하는 것이라는 점에서 육체적 학대와 다르다. 육체적 학대와 감정적 학대는 모두 공격성과 억눌린 분노의 전형을 완벽히 보여주지만, 그것들이 구현하는 기본 원리는 다르다. 감정적 학대는 아무도 모르게 교묘하고 지속적으로 행해진다. 육체적 학대와 똑같이 유해할 수 있고 어떤 경우에는 그것보다 더 큰 해를 끼치기도 한다.

감정적 학대의 가장 큰 특징은 학대를 당하는 사람도 모르게 행해진다는 점이다. 그것은 힘, 지배, 통제와 관련된 것이어서 더욱 식별하기 어렵다. 시간이 흐르면서 감정적 학대는 정상적인 여성을 세뇌시키고 조장자로 만들어놓는다. 그녀는 (또는 그는) 학대받는 책임이 자신에게 있다고 믿고 그 결과에 순응하고 적응하기 일쑤다. 연인이나 배우자와 헤어지는 대신에 학대를 완화해보려는 마음으로 자신의 행동을 바꿔보려고 애쓴다.

마티 로링(Marti Loring)에 따르면 심리적 학대에는 두 종류가 있는데, 하나는 공공연한 학대고 다른 하나는 은밀한 학대다. 공공연한 학대는 공개적으로 모욕하면서 체면을 깎아내리는 방식으로 진행되고(예컨대 말로 비하하기, 지속적인 비판), 은밀한 학대는 좀 더 미묘하게 겉으로 드러내지 않으면서도 똑같이 파괴적으로 행해진다.

심리적 학대를 자행할 때는 조롱, 비난, 비판, 협박, 수치심 유발, 정서적 욕구 묵살과 같은 전술을 바탕으로 상대의 자아감을 손상시키는 말과 행동을 일삼는다. 이것은 육체적 학대에 비해 알아차리기가 그리 쉽지 않은데 골절이나 흉터, 상처, 멍과 같은 외상을 남기지 않기 때문이다. 그렇다고 해서 감정적 학대가 남기는 상흔이 덜 치명적이라는 말은 아니다. 보통 육체적 학대는 주기적으로 혹은 간헐적으로 일어나는 반면, 감정적 학대는 예측할 수 있는 지속적인 패턴에 따라 일어난다. 설사 감정적 학대를 자행한 뒤 가해자가 잘못을 뉘우치고 용서를 구한다 할지라도, 긴장 상태가 고조되면 가해자가 했던 맹세들은 물거품이 되고 그 자리에 한층 더 심해진 폭언과 위협이 들어선다.

누구나 감정적 학대의
희생자가 될 수 있다

『학대의 여러 얼굴들―고기능 여성들이 받고 있는 감정적 학대 치유하기(*The Many Faces of Abuse: Treating the Emotional Abuse of High Functioning Women*)』를 출간한 후, 나는 전 세계 여성들에게서 자신들도 감정적 학대의 피해자라고 주장하는 전화를 받고 깜짝 놀랐다. 자신이 사회를 맡고 있는 TV 프로그램의 여성 출연자들이 대부분 감정적 학대의 희생자들이었음을 발견하고 깜짝 놀란 오프라 윈프리는, 그와 관련한 주제를 다룬 내 책을 읽고서 자신이 발행하는 잡지『오프라 매거진(*Oprah Magazine*)』에 '파멸하는 여성들(Women Who Become Undone)'이라는 제목의 리뷰를 실었다. 그녀는 많은 고기능('자아의 기능이 높다'는 것을 의미) 여성들이 인권을 유린당하고 공격적인 남성의 목표물이 되고 있다고 지적했다.

최근에 실시된 여러 조사 결과에 따르면, 감정적 학대를 가하는 사람은 대부분 남성이고 심리적 지배에 무릎을 꿇는 사람들은 여성이다. 컨버그는 여성은 가학적인 면보다 피학적인 면이 더 많고 이에 반해 남성은 더 가학적이라고 말한다. 육체적 폭행을 당하거나 강간을 당하지 않는 이상, 일부 남성은 물론 거의 모든 여성이 자신들이 학대당하고 있음을 인정하지 않거나 깨닫지도 못한다. 특히 자신이 학대를 '받을 만하다고' 생각하는 사람은 더욱 그렇다.

이 책에서는 주로 여성에게 가해지는 폭력에 중점을 두고 있지만 여성과 마찬가지로 남성도 언어폭력이나 육체적 폭력의 피해자나 '조장자'가 될 수 있다. 남성도 고의로 질질 끄는 양육권 분쟁이나 지나친 이혼수당 요구, 정신질환, 간통, 마약중독/알코올중독/쇼핑중독의 피해자가 될 수 있다.

지금까지 '조장자'라는 용어를 '희생자(victim)'라는 말 대신 사용해왔다. 조장자란 그 사람에게 도움을 얻을 수단이 있었거나 어떤 일을 할 기회가 있었음을 암시하지만, 그가 받은 학대에 정당한 사유가 있었음을 암시하지는 않는다. '희생자'란 원리주의를 신봉하는 독재국가나 전체국가나 이슬람 무장단체가 집권하는 국가에 사는 사람들/여성들처럼 죽거나 불구가 되는 것 외에 별다른 선택권이 없었고 호소할 곳이 전혀 없었다는 것을 의미한다.

불화를 겪는 연인이나 부부들이 테러리스트나 폭력을 일삼는 사람들은 아니지만, 어떤 수준이든 공격성과 격렬한 분노가 관계에 큰 타격을 줄 수 있음을 인정하는 것은 참으로 중요한 일이다. 다음은 그 좋은 예다.

나처럼 똑똑한 사람이 그 지경까지 떨어지다니 지금도 믿기지 않습니다. 어떤 여자를 만났는데, 그녀는 자신의 세 아이와 함께 이탈리아로 가자고 애원했어요. 그녀에게 홀딱 빠져 있던 저는 아내와 이혼하고 제 아이들도 버린 채 이탈리아로 이사를 갔어요. 처음에는 모든 게 좋았어요. 내 모든 걸 다 바쳐 그녀와 그녀의 아이들을 돌보았고, 작은 별장도 하나 샀습니다. 그러던 어느 날 저는 그녀가 사장과 바람을 피운다는 사실을 알게 됐습니다. 그녀에게 전화를 걸어 따졌지만 그녀는 거짓말만 늘어놓았어요. 그런데도 저는 그녀를 떠날 수 없었어요. 그녀가 제자리로 돌아올 것이라는 한 가닥 희망으로 돈으로 그녀의 환심을 사려고 애썼습니다. 그녀는 정확하게 내 브이스폿을 건드려댔어요. 우리 아버지는 제가 두 살 때 집을 나갔습니다. 아버지는 많은 약속을 하고 지키지 않았지만 우리는 아버지를 믿고 싶었어요. 제가 당시 바란 것과 똑같은 희망 사항들을 소피아가 건드려댄 것 같아요.

오늘날 중산층 여성들은 대부분 가정에서 부모 역할을 하는 동시에 생계를 꾸려나가는 가장의 역할까지 하는 재정적으로 중요한 사람들이다. 전업주부들까지 포함해 이들은 집안일과 장보기, 그리고 자녀 양육과 관련된 일 등 지나치게 많은 일을 해서 진이 다 빠진다고 불평한다. "집에 돌아오면, 남편은 소파에 널브러져 있고, 개는 짖어대고, 아이들은 배고프다고 아우성치며 서로 싸우고 있어요. 집에 돌아오는 길에 우유를 사 오겠다고 약속했던 남편은 역시나 그 일을 '까먹었대요.' 그럼 게으른 남편 대신 생필품을 사러 교통체증으로 꽉 막힌 도로로 다시 돌아가야 하죠."

배우자에게 버림받은 일부 여성들은 아무런 도움도 받지 못하고 혼자서 자녀를 양육해야 한다. "남편은 어떻게 그렇게 미꾸라지처럼 잘 빠져나가는지 모르겠어요. 그 사람은 지난 몇 년간 양육비를 한 푼도 내놓지 않았고 아이들을 보러 오지도 않아요." 또 다른 여성은 남편이 해외로 이사를 가버린 탓에 그에게 양육비를 청구하는 일을 도와줄 수 없다는 공무원의 말을 듣고 충격을 받았다.

감정적 학대는 초기 트라우마를 비롯하여 여러 종류의 취약성과 관련되어 있다. 앞 장에서 나는 가해자의 5가지 유형과 그들을 선택해 곁에 머무는 유형을 체계적으로 분류해 설명했다. 그리고 이들이 배우자들의 브이스폿을 어떻게 자극하는지 설명했다.

로링은 감정적 학대란 육체적 학대와 마찬가지로 매우 파괴적이라고 말했다. 여성들, 특히 육체적 폭력이나 감정적 학대를 당한 여성들은 가까운 사람들의 부정적 성향을 동일시하기 쉽다. 게다가 이들은 타인이 자신들에게 붙여주는 꼬리표나 그들이 하는 부당한 대우를 당연한 것처럼 받아들이는 경향이 있다. 만사가 자기 탓이고 가혹한 처사 역시 받아 마땅하다고 생각하곤 한다. 브이스폿에 접속하는 일은 이들이 언제 행동에 책임을 져야 하고, 더 중요하게, 언제 책임을 지지 않아도 되는지 이해하는 일을 용이하게 해준다.

명망 높은 심리학자인 리처드 투크(Richard Tuch)는 『독신녀와 유부남 신드롬(*The Single Woman–Married Man Syndrome*)』에서 독신 여성에게 정신적 속박을 요구하는 자기애성 남성들이 도대체 어떤 심리로 그러는지 설명한다. 투크는 세상에는 두 부류의 자기애성 남성이 있는데, 하나는 여성을 자기 마음대로 조종하고 지배하고 싶어하는 돈 후안 부류고, 다른 하나는 자신의 결핍을 채우려고 여성을 찾아다니는 부류라고 말한다. 두 부류 모두 자신의 잇속을 챙기려고 여성들을 이용하고 조종한다.

투크는 독신 여성들이 겪는 고통이나 학대를 다양한 관점에서 바라봐야 한다고 말한다. 예를 들어 독신 여성은 오직 한 남자의 일부만을 갖는 반면에 유부남은 자신을 연모하는 여성을 둘 이상 소유할 것이다. 투크는 같은 책에서 사람들이 속임수에 넘어가 병적인 사랑 관계에 빨려 들어간다고 주장한다.

자신의 브이스폿을 찾아내고 그것과 화해하는 데는 꽤 오랜 시간이 걸리지만, 일단 화해하기만 하면 마음을 치유하는 데 큰 도움이 된다. 예를 들어 심각한 학대를 가하는 연인 때문에 허우적거렸던 어떤 여성은 브이스폿 이론 덕분에 고통과 갈등을 불러일으키는 지점을 정확히 집어낼 수 있었다. 오만하고 이기적이며 자기애가 지나치게 강한 남자에게 그녀는 반했던 것이다. 그녀와 나는 즉시 그녀가 놓친 사각지대인 자아에 초점을 맞췄다.

내가 이런 자각을 하기 전에 그녀는 항상 다음과 같은 말을 늘어놓았다. "그런데 저는 그 사람을 사랑하는걸요. 이제까지 한 번도 이런 사랑을 해본 적이 없단 말이에요!" 나는 그녀가 '사랑'에 빠진 것이 아니라 그 남자와의 관계가 건드려서 되살려낸 고통과 오래된 상처들에 사로잡힌 채 고통에 집착하고 있다는 잔혹한 사실을 직면하도록 만들었다. 고통은 '사랑'의 대체물이 되었고, 너무 과열되어서 성적 에로티시즘으로 바뀐 것이다. 사랑과 고통과 자기학대 사이에서 생긴 이 혼란은 그녀가 아기였을 때 그녀를 떠나버린 아버지와 유년기를 다시 경험하게 만들었다.

그 사람과 제가 우리 가족 모임에 참석했을 때였어요. 그 사람이 우리 부모님을 처음으로 만나는 자리였죠. 그런데 갑자기 그 사람이 보통 치열한 공방전으로 끝나곤 하는 돈이나 정치 같은 화젯거리를 꺼내 대화의 주도권을 완전히 장악해버렸어요. 아무에게도 말할 기회를 주지 않고 말이에요. 저는 그에게 '진정하라고' 신호를 보냈지만 그는 멈추지 않았어요. 나중에 저는 그의 행동에 제가 얼마나 충격을 받고 놀랐는지 말했어요. 그 사람이 왜 그렇게 오만한지 이해할 수 없었어요. 그는 자기 의견에 동조하는 사람들에게조차 비판과 공격의 화살을 늦추지 않고 자기가 만물박사나 되는 것처럼 행동했어요. 가족들은 자기도취에 빠진 독단적인 사람을 계속 만나는 저를 미친 사람 취급해요.

이 말을 들었을 때, 나는 그 남자와 헤어지지 않았다고 해서 그녀가 미친 사람은 아니라고 대답해주었다. 그녀는 사랑과 고통을 혼동했을 뿐이다. 놀랍게도 그녀는 자신이 '갈등과 사랑에 빠졌다'는 점에 동의했다. 언제나 옳아야 했고 모든 것을 알고 있어야 했던 그녀의 어머니는 매사에 끼어들어 그녀가 자신만의 생각이나 견해를 갖지 못하도록 만들었다. 그녀는 그런 어머니 때문에 생긴, 치유되지 않은 뼈아픈 경험들을 되풀이하고 있었다.

브이스폿 이론은, 이런 사람이 유해한 대상에게 끌리도록 만드는 불안 지대에 직접 접속하도록 만드는 놀라운 도구다. 사랑하는 사람이 자기애가 강하고 강압적이며 간섭이 심한 그녀의 어머니가 될 때마다, 그녀는 현실을 명확하게 보지 못하고 혼란스러움을 느낀다. 게다가 내면의 어머니와 맺은 관계 때문에 그녀는 점점 고통스러워하고 모순을 느꼈다. "맞아요, 맞아. 선생님이 옳아요! 저는 그 사람이 아니라 갈등과 사랑에 빠져 있어요!"

3장에서는 그동안 심리학의 주목을 받지 못한 여성들을 집중적으로 다룰 예정이다. 나는 이들을 '고기능 여성(HFWs, high-functioning women)'이라고 부른다. 이들은 성공한 여성들이다. 사람들은 성공했다는 이유로 이들을 부러워하고 이상화하지만 이들을 동정하는 마음은 덜 갖는 편이다. 비웃는 사람도 종종 있다. "뭐라고요? 변호사/판사/회사 사장인 당신이 배신을 당하다니요. 학대라니요! 그 많은 사람들 중에 당신이, 많은 걸 알고 있을 사람이……."

그렇지만 남편이 다른 여성에게서 받은 이메일을 본 어떤 고기능 여성은 노발대발하면서도 한편으로는 너무 수치스러워서 남편과의 결혼 생활이 위기에 부닥쳤고 자기 삶이 그리 완벽하지 못하다는 사실을 인정하지 못할 수도 있다.

감정적 학대는, 진정한 사랑이란 자기를 희생하여 남성을 기쁘게 하고 그를 보살피는 것이라고 여성들에게 가르치는 문화에도 어느 정도 뿌리를 두고 있다. 이런 문화는 서구 사회보다 아시아나 중동 지역에서 더 강하다(7장 참조). 감정적 학대를 조장하는 더 강력한 요인은 연애 관계(학대하는 관계든 아니든 상관없이)를 맺는 것이 독신녀로 홀로 살아가는 것보다 낫다는 믿음이다. 그리하여 여성들은 잔혹한 결혼 생활을 사회적 신분과 안정을 제공해주는 것으로 생각하게 된다.

많은 여성들은 두려움 때문에 학대를 받으면서도 그 상황에서 벗어나지 못하고 있다. 다음은 이들이 공통적으로 거론하는 두려움들이다.

- 내가 떠나면, 더 큰 화를 불러일으켜 나와 자녀들이 신체적으로 가해를 당할 것이다.

- 가해자를 떠나는 일이 더 나쁜 일을 불러올 수 있다.

- 나와 자녀들에게 보내던 생계비가 끊길 것이다.

- 모든 인간관계가 끊어지고 사회적으로 고립될 것이다.

- 나 혼자서는 가족을 부양할 수 없을 것이다.

- 자녀들이 부모에게 버림받았다고 생각할 것이다.

- 양육권 싸움에서 질 수도 있고 법적 분쟁이 오랫동안 계속되면 힘들어질 것이다.

- 직업을 구해야 하는 것(혹은 구하지 못하는 것)과 혼자 거처를 마련하고 자녀를 양육하는 것이 두렵다.

- 지인이나 가족과 지역사회의 비난을 받을까 봐 두렵다.

- 가혹한 감정적 학대를 당하고 있다고 알리면, 경찰 조서에 기록이 남을 것이고 그로 인해 가족이 수치심을 느낄 수 있으며 직장을 구하는 데도 걸림돌이 될 것이다.

이러한 두려움은 배우자와 헤어지면 혼자 살아갈 생계 수단이 없는 여성들이 더 자주 느낀다. 하지만 생계 수단이 있는데도 똑같이 두려워하고 학대당하며 사는 여성들이 있다. 나는 이러한 여성들을 두 유형으로 나누어 '높은 수준의' 고기능 여성과 '낮은 수준의' 고기능 여성이라고 부른다.

잘나가는 여성들도
감정적 학대를 당한다

감정적으로 학대를 받는 모든 고기능 여성들이 생애 초기의 발달 정지와 트라우마나 트라우마로 치닫는 경향을 똑같은 정도로 드러내는 것은 아니다. 그들의 자아 기능은 행동화와 중독성이나 강박성 행동을 어느 정도나 보이는지, 현실 검증 능력과 충동 조절 능력이 어느 정도나 되는지, 방어기제들의 구조와 수준이 어느 정도나 되는지 등에 따라 달라진다.

높은 수준의 고기능 여성 정의하기

높은 수준의 고기능 여성은 더욱 진보한 자아 기능을 보인다. 온전한 자아를 가졌기에 학대를 받는 상황에서도 자신이 학대받아 마땅하다고 생각하지 않으며 결혼 생활을 온전히 유지할 정도로 회복력이 있다. 생애 초기에 트라우마를 겪었더라도 '현실(온전한 자아)'에 의지하면서 자신을 달랠 능력이 있다. 가해자가 브이스폿을 건드리면, 이성을 잃고 폭발하는 대신에 합리적으로 자신을 진정시킨다. 현실은 그녀에게 안식처를 제공하는데, 그 이유는 그녀가 원초적 방어기제에 휩쓸리지 않기 때문이다.

그렇지만 제아무리 고기능 여성일지라도 학대당하는 상황이 너무 수치스럽고 창피해서 그 상황을 순순히 인정하지 못한다. 인정하더라도 그녀에게 돌아오는 것은 비웃음과 수치심과 불신이다. "그도 그럴 것이 당신이 도움을 필요로 하지 않았잖아요." "당신 같은 사람이 그런 식으로 학대와 부당한 대접을 받으면서도 아무런 조치도 취하지 않았다니, 아무도 믿지 않을 거예요." "어쨌든 당신 자신이 상담사이면서 어떻게 그렇게 모를 수 있어요!"

높은 수준의 고기능 여성은 대체로 사회생활에 의욕적이고 활동적이며 좋은 교육을 받은 성공한 여성이다. 일터에서는 능률적으로 일하는 유능한 사원이다. 결단력이 있고 자율적인 그녀는 무언가 결정을 내리고 책임을 완수하는 일에 뛰어난 재능이 있다. 하지만 가정생활에서는 매우 다른 수준의 자아 기능을 보일 것이다.

대다수 사람들은 이 뛰어난 재능을 자랑하는 여성들이 그녀의 동료인 '낮은 수준의 고기능 여성들'이 받는 것과 똑같은 학대와 대접을 견뎌냈다는 사실에 경악을 금치 못할 것이다. 사실, 이 여성들 가운데 많은 수가 학대받는 여성들을 위한 쉼터에 전화를 걸어보고 나서 그곳을 꽉 메우고 있는 여성들의 사회적·경제적 계층이 무척이나 다양하다는 사실을 깨닫고 깜짝 놀란다.

낮은 수준의 고기능 여성 정의하기

낮은 수준의 고기능 여성들은 자아와 초자아의 기능이 더욱 낮으며, 해결되지 않은 채 지속된 전(前) 오이디푸스기(pre-oedipal, 생후 18~36개월)에 겪은 갈등들이 많은 특징이 있다. 이들은 분열, 투사, 투사적 동일시, 시기, 수치심/비난, 마술적 사고, 전능한 부정, 박해불안과 같은 원초적 방어기제의 지배를 받는다. 생애 초기의 트라우마 경험에 노출된 적이 있는 이 여성들은 높은 수준의 고기능 여성과는 달리 현실 검증을 통해 정서적 안정을 찾거나 자신을 달랠 능력이 없다. 그래서 별로 해를 끼칠 것 같지 않은 사소한 말에도 그 즉시 통제할 수 없는 상태가 되기도 한다.

불안한 상태에서 벗어나려고 애쓰는 낮은 수준의 고기능 여성들은 자신이 분열되는 것을 막으려고 온갖 종류의 행동과 방어를 한다(비난하기/수치심 일으키기, 소리 지르기, 비명 지르기, 공격하기, 마약중독, 알코올중독 등). 이 여성들은 브이스폿이 갑작스럽게 건드려지는 것에 예민하고, 이것은 우울증이나 정신질환을 일으키기도 한다. 또 자신은 학대받아 마땅하다고 생각하면서 학대를 당연한 것으로 받아들이기도 한다. 모든 일이 자기 탓이라는 믿음 때문에 심각한 퇴행을 하게 되고, 그 결과 우울증을 앓고 감정을 전혀 느끼지 못하는 마비 상태가 된다. "내게 이런 일이 정말 일어난 걸까? 아니면 단지 상상을 하고 있는 걸까?" 이들은 자신을 조장자가 아니라 꼼짝없이 학대당하는 희생자라고 생각한다.

게다가 이 여성들은 어린 시절 학대를 당했거나 원칙이나 경계선이 없이 자랐기 때문에 심리치료사가 경계선을 적용하도록 도와주려고 할 때, 놀랍게도 "경계선이란 게 뭐죠?" 하고 묻는다. 이 여성들은 대부분 어린 시절부터 유년기를 포기하고 부모나 형제자매를 위해 어른 노릇을 해야 했기에 보호자나 부모 역할을 하도록 하는 프로그램이 내면에 이미 설정되어 있다. 그래서 상대방의 부정적인 반응까지 모두 받아들여야 한다는 과도한 책임감을 느낀다. "그것을 해결하는 일은 내 책임이야!" 이들은 규율에 따르는 것과 경계선을 긋는 것 사이에서 혼란을 겪는다.

다음은 감정적 학대를 받는 남성의 사례지만, 이와 같은 일은 남성보다는 여성이 더 많이 겪을 것이다.

> 나는 잠을 잘 수도, 먹을 수도, 일을 할 수도 없었어요. 눈물만 계속 흘리면서 무기력한 상태로 있었는데, 그때 저는 우울증의 교과서적인 본보기였죠. 그런데 소피아는 늘 축 처져 있는 저를 보면서 손톱만큼도 관심이나 동정심을 보이지 않았어요. 우리는 경제적으로 심각할 정도로 어려운 상태였는데 그녀는 배우자로서 어떻게 할 것인지 나와 의논하는 대신에 뉴욕으로 가 닥치는 대로 쇼핑을 하고 다녔어요. 나는 안중에도 없었던 거죠! 그녀는 오직 자기가 어떻게 보일지와 여행과 옷에만 관심이 있었어요.

심리치료사들은 부부들과 함께 상담하면서 이렇게 초기의 취약점들에 불이 붙었는데도 배우자가 계속 무정하고 냉담하게 반응한다는 이야기를 지겨울 정도로 자주 듣는다.

병적으로 거짓말을 하는 사람이 배우자의 정신에 어떤 영향을 끼치는지 잠시 생각해보자. 사귀는 남자의 약속을 믿고 기다린 어떤 여성이 있었다. 그녀의 남자 친구는 언젠가 자신이 정신을 차릴 것이고, 그러면 그녀와 자신은 '진정한 커플'이 될 것이라고 약속했다. 그녀는 그날이 오기를 기다리고 기다렸지만 세월만 하염없이 흘러갈 뿐 아무런 변화도 일어나지 않았다. 어느 날 그녀가 전화를 걸었을 때 그가 교외에, 그것도 다른 여자랑 함께 있다는 사실을 알게 되었다. 나중에 남자에게서 그 여자는 자신에게 아무것도 아니라는 변명을 듣기는 했지만 이런 일이 계속 반복되었다. 그럴 때마다 이 여성은 온몸이 마비되어 집 밖으로 한 걸음도 나갈 수 없었다. 그녀는 현실에서 위안을 얻을 수 없었는데, 현실을 직면하면 할수록 그녀는 더욱 부정적인 상태가 되었기 때문이다.

난 그 사람이 그 짓을 했다는 것을 알아요. 그렇지만 그가 이러저러한 구실을 만들어 그럴싸하게 거짓말을 하면 내가 눈으로 본 사실마저도 감쪽같이 잊어버려요. 나는 그 사람이 리츠칼튼 호텔에 머물고 있다는 것을 알고서, 어쩔 수 없이 그가 묵었던 방에 가보기로 마음먹었어요. 객실 담당 청소부에게 열쇠를 잃어버려서 그러니 문 좀 열어달라고 부탁했죠. 방에 들어간 나는 완전히 충격을 먹었어요. 침대 위에 검은색 네글리제와 여자 속옷과 카베르네 소비뇽 와인 두 병과 그것을 따라 마신 와인 잔 두 개가 있었어요. 내가 증거를 들이댔는데도 그는 "아니야. 사실이 아니야. 당신이 또 상상하고 있는 거라고" 하고 말했어요.

불안증과 우울증과 버림받는 것에 특히 취약한 사람들은 자신에게 '현실'을 상기시켜주는 심리치료사에게서 재확인을 계속 받아야 한다. 그렇게 경험을 끊임없이 재검토받고 반복해서 다시 겪어보면 자신의 인식능력을 평가하는 법을 배우고 그 과정에서 크나큰 만족감을 얻을 것이다.

■ 사례 9 _ 빤한 거짓말에 넘어간 산드라

산드라는 한 남자를 10년 동안 사귀어왔는데, 그 남자는 그녀에게 세상을 다 준다고 약속해놓고 그 약속을 전혀 지키지 않은 병적인 거짓말쟁이였다. 산드라는 그가 왜 그녀에게 나쁜 짓들을 하는지, 왜 다른 사람들에게는 온갖 배려를 하면서 그녀에게만은 그렇지 않은지, 그 이유를 알아내는 일에 집착했다. 그 남자는 산드라를 자기 집에 들여놓지 않았다. 그 이유를 묻자 그는 산드라가 (그의 물건을 뒤져 메모지나 카드나 여자 속옷을 발견해서) 분란만 일으킨다고 주장했다. 그를 믿을 수 없었기에 산드라는 그의 물건들을 뒤진 것이었다.

그가 다른 여자와 침대에 있는 모습을 목격한 일로 한바탕 싸움을 벌인 뒤, 산드라는 그에게 "왜 그 여자는 당신 집에 올 수 있고 나는 안 되는 거야?" 하고 물었다. 그러고 나서 그녀는 이렇게 말했다. "그래, 그 여자는 내 물건을 하나도 찾지 못할 거야. 당신 집에는 내 물건이 하나도 없으니까. 당신은 섹스를 하고 싶을 때마다 우리 집으로 왔잖아. 내가 당신 집으로 가더라도 아주 잠깐 동안 있었지. 내가 떠나고 나면 당신은 내 물건들을 확실히 치웠을 테고 말이야!"

산드라: (정신이 나간 것처럼 온몸을 부들부들 떨고 흐느끼면서 들어온다.)

심리치료사: 무슨 일이에요?

산드라: 제게 무슨 일이 있었는지 말해도 아마 믿지 못하실 거예요.

심리치료사: (침묵을 지킨다.)

산드라: 사흘 동안 연휴인데 샘에게서 아무런 소식이 없는 거예요. 그래서 저는 도통 잠을 이룰 수 없었어요. 전처럼 새벽 5시에 일어나 차를 몰고 그의 집으로 갔죠. 그런데 로라의 차가 보였어요. 내 예상대로 그날이 로라의 생일이었던 거죠. 샘은 로라의 생일이라고 해서 그녀를 만나거나 외식을 하는 일은 없을 거라고 제게 약속했어요. 제 생일에 그가 저와 함께 외출하지 않은 거 기억나시죠?

심리치료사: 그럼요. 기억나요!

산드라: 살짝 문을 열어보니 열리더라고요. 그래서 들어갔죠. 샘과 로라가 말하는 소리가 침실에서 새어나왔어요. 어떻게 해야 할지 몰라 그냥 있는데, 침실 문이 벌컥 열리면서 샘이 나오더니 저를 발견하고 깜짝 놀라더라고요. 전 샘에게 고래고래 소리를 질러댔어요. 그러자 그가 조용히 하라고, 집 밖으로 나가라고, 저는 그 집에 들어올 권리가 없다고 하는 거예요. 저는 완전히 뒤집어졌죠. 항상 거짓말만 늘어놓는다고 샘에게 소리쳤어요. 샘이 저를 밖으로 끌고 나와 차 속으로 밀어 넣자, 저는 그를 때렸어요. 그도 받아쳤고요. 저는 다시 손으로 그를 후려쳤어요. 그러다가 로라가 달려오는 모습이 보이기에 그에게 "차에 타! 차에 타라고!" 하고 말했어요.

심리치료사: 그런 다음에는요?

산드라: 샘이 차에 타더니 나중에 전화하겠다고 하더군요. 그러고는 로라가 자기 차를 내 차 옆에 세우니까 그녀에게 한마디도 하지 말라고 으르렁거리더라고요. 그래서 보란 듯이 창문을 내리고 "이

봐요. 이 남자가 당신과 나 둘 모두에게 거짓말을 하고 있는 것 같군요” 하고 말했죠. 그녀는 화가 잔뜩 나서 휑 하고 가버리더라고요.

심리치료사: 심각한 싸움이었군요. 당신은 자기 마음을 믿지 못하기 때문에 자신이 짐작하고 있는 것을 진정으로 믿으려면, 무슨 일이 벌어지고 있는지 확실히 알아야 했던 것 같군요.

산드라: 그런 다음 저는 “내가 로라의 생일을 망쳐버렸네!”라고 말했어요.

심리치료사: 샘이 당신 생일을 망치고, 수년 동안 거짓말하고 배신하고 약속을 지키지 않았던 일을 보복하고 싶었던 심정으로 말이군요.

산드라: 또 있어요. 샘이 돈을 송금하기로 했는데 아마도 하지 않을 거예요.

심리치료사: 나는 샘이 돈을 보낼 것 같은데요. 그만큼의 죄책감은 느끼겠죠.

산드라: 그렇게 생각해요?

심리치료사: 그럴 가능성이 커요. 산드라, 당신이 자신을 믿는다면, 샘이 돈을 보낼 가능성이 있다는 말이죠. 당신이 말했듯이 샘은 예전에도 늘 그랬으니까요.

산드라: 확실히 샘이 죄책감을 느끼는 것 같긴 해요. 그래서 이 관계에 걸려들어 발을 빼지 못하고 있잖아요.

심리치료사: 어쩌면 당신이 죄책감을 느끼고 있는지도 몰라요!

산드라: 내가 샘 집에 들어가지 말았어야 했을까요?

심리치료사: 네, 좋은 생각이 아니었어요. 그렇지만 그렇게 한 덕분에 근래 몇 년간 무엇 때문에 혼란을 느꼈는지 명료해졌잖아요.

산드라: 네, 맞아요. 그때 샘이 저를 비난하면서 이런 말을 했어요. "당신이 그렇게 사납고 사생활을 침해하는 여자가 아니었다면 우리는 좋은 관계를 유지할 수 있었을 거야. 모두 당신 탓이야!"

심리치료사: 꼭 당신 아버지처럼 말하는군요. 모든 걸 산드라 당신 탓으로 돌리면서 자신은 하나도 책임지지 않을 방법만 연구하는 당신 아버지 말이에요.

산드라: 신경안정제를 먹고 침대에 좀 누워야 할 것 같아요.

심리치료사: 내 생각에 당신은 밖으로 나가서 축하를 해야 할 것 같은데요!

이 사례를 보면 산드라의 순종이 그녀를 조장자의 위치에 서게 했음을 알 수 있다. 또 이 사례를 통해 우리는 병적인 거짓말이 어떻게 먹혀드는지, 산드라처럼 버림받을 거라는 심한 두려움 때문에 취약한 상태에 있는 사람이 어떻게 착각과 거짓말과 속임수에 말려드는지 알 수 있다. 병적인 거짓말쟁이들은 현란하고 설득력 있는 기술로 사람을 기만한다. 그러곤 의심스런 구석이 드러나면 또 다른 거짓말로 곧잘 책임을 회피하곤 한다. 거짓말이 들통 났을 때조차 그들은 마치 자신이 그 모든 것을 짐작하고 있었던 것처럼 태연하게 행동한다.

산드라는 캐물으면 물을수록 거짓말이 점점 불어난다는 사실에 놀라움을 금할 수 없었다. 법률적·윤리적 차원에서 보면 산드라의 행동은 그릇된 행동이다. 그러나 병리학적 차원에서 보면 거짓말쟁이를 현장에서 잡기 위해 '할 수밖에' 없는 행동이었다. 그가 하는 짓을 '직접' 보는 것은 산드라가 진실을 깨닫는 데 꼭 필요한 일이었다.

■ 사례 10 _ 파괴적인 관계에 매달린 캐시

1977년 6월에 내 첫 번째 고기능 여성 내담자인 캐시가 당시 앨라배마에 살고 있던 내게 전화를 걸어왔다. 그녀는 범죄조직의 일원인 팀과 사귀고 있는데 관계가 파괴적이고 힘들어서 기존의 불안감과 우울증이 악화되는 것 같다고 걱정했다. 관계가 너무 격정적이고 전투적이며 어마어마하게 거칠고 강렬하다고 하소연했다.

팀이 어린 시절 그녀를 돌보지 않은 배신자 아버지를 떠올리게 만들고 있었다. 캐시의 아버지는 생일이나 명절이 다가오면 계획을 잔뜩 세워놓고는 정작 당일에는 친구들과 맥주를 마시러 가느라 모습을 드러내지 않곤 했다. 캐시가 내게 처음으로 연락했을 때 그녀는 명망 있는 의과대학에서 신경학 레지던트 과정을 거의 마무리해가는 단계에 있었다.

젊고 매력적인 캐시는 체계적이고 분석적으로 사고하는 똑똑한 사람이었다. 그녀는 이전에 받은 치료들은 모두 형식적이었다면서 몹시 싫어했다. 어떤 심리치료사는 팀과 그냥 헤어지는 게 좋겠다고 충고했고, 다른 심리치료사는 체면요법을 권했다. 또 다른 심리치료사는 그녀가 '치료에 저항하고 있다'는 이유로 상담을 중단했다. 어떤 이는 모든 일이 억압된 기억과 관련이 있다고 주장했고, 어떤 이는 캐시에게 필요한 것은 치료가 아니라 새 남자 친구라고 말했다. 그들 가운데 아무도 캐시에게 필요한 것이 브이스폿을 찾아내는 것임을 알아차리지 못했다.

캐시는 고향에 있는 술집에서 팀을 처음으로 만났다. 팀의 몸은 문신과 피어싱과 체인으로 온통 뒤덮여 있었다. 캐시는 "처음 그를 만났을 때부터 무언가 다르다는 느낌이 들었어요. 그동안 만난 남자들에게 없는 무언가가 그에게 있었죠. 저는 그의 색다른 매력에 홀딱 빠졌어요. 첫눈에 넘어간 거죠"라고 회상했다. 팀과 캐시는 몇 달 동안 동거했는데 팀이 강도와 마약 관련 혐의로 구속되는 일이 생겼다. 그리고 얼마 안 있어 팀은 자동차 절도죄로 감옥에 수감되었다. 시간이 흐를수록 캐시는 점점 더 우울해지고 의기소침해지고 수치심을 느꼈다. "친구들/동료들/인턴들이 이 일을 알게 되면 어쩌지?"

나는, 그녀가 처한 곤경을 사람들이 직감적으로 알아차릴 것이라는 상상 때문에 그녀가 몹시 힘든 것이고, 사랑의 힘은 정말 엄청나서 누구라도 연애를 하면 어리석은 행동을 하게 된다고 캐시에게 말해주었다. 팀과 캐시는 편지를 주고받으면서 관계를 이어갔지만 그 관계는 팀이 출소하기 전에 깨졌다.

캐시의 아버지는 캐시가 두 살 때 집에서 나가 따로 살았는데 여자 친구 때문에 캐시와 했던 약속을 번번이 취소하곤 했다. 캐시의 어머니는 늘 기운이 없고 술을 많이 마셨으며 캐시가 일곱 살 때는 (젖꼭지를 간질이라고 요구하면서) 캐시를 성적으로 학대하기도 했다. 캐시는 아버지 집을 찾아간 적이 있는데 그때 아버지가 레즈비언 둘과 한 침대에 있는 모습을 목격하기도 했다. 그런데도 캐시는 모든 과목에서 A를 받을 정도로 학교 성적이 좋았고 다른 분야에서도 탁월한 재능을 보였다.

결국 캐시는 자신이 일하는 병원에서 마크를 만나 사귀었다. 외과 전문의인 마크는 확실히 팀보다 좋은 사람이었지만 그런데도 팀과 똑같은 특징을 많이 보였다. 마크는 일로 항상 바빴고 캐시에게 관심을 기울이지 않았으며 그녀에게만 충실하겠다는 약속도 하지 않으려 했다. 캐시가 다시 '파괴적인' 관계를 맺었지만 적어도 새로 만난 마크 덕분에 파괴적이고 수치심을 유발하는 팀과의 관계를 정리할 수 있었으므로, 마크를 건강한 '과도기적 대상(transitional object)'[25]으로 이해해도 무방할 것이다.

팀과 사귀는 동안 캐시가 만난 심리치료사들 중에서 캐시가 팀과 진정으로 '사랑'에 빠진 것이 아니라고 설명한 이가 아무도 없었다는 사실에 나는 깜짝 놀랐다. 캐시는 팀과 사랑에 빠진 것이 아니라, 그녀가 살아오는 내내 회피했던 일들을 감추려고 강박적인 관계에 중독적으로 매달린 것이다. 그래서 의과대학에서 경력을 쌓다가 외로우면 새 사람을 만나는 일에 매달린 것이다. 게다가 캐시가 찾은 심리치료사들은 그녀가 자아의 기능부전(판단력 부족, 혼란, 양가감정,[26] 비이성적 사고)을 겪고 있다는 사실을 알아채지 못했다.

직장에서 캐시는 엄청난 능력을 발휘했지만 팀과 함께 있을 때면 항상 급작스런 퇴행을 보였다. 이렇게 총명하고 지적인 여성이 남자 친구의 파괴적이고 무정한 성격을 명확하게 볼 수 없었다니 놀라운 일이다. 캐시의 이 무능력은 본질적으로 자아가 손상되었다는 것을 의미한다.

---

25. 아이가 입과 입술을 자극함으로써 성적 쾌감을 얻는 구순기(口脣期)에 성적 욕망을 느끼는 대상으로, 어머니나 신체 일부, 담요와 봉제인형 같은 것을 말한다.

26. 어떤 대상, 사람, 생각 따위에 대하여 대조적인 감정을 동시에 지니거나 감정이 이랬다저랬다 하는 것.

감정적 학대를 당하고 있음을
알리는 경고신호들

우리는 무엇을 감정적 학대라고 하는가? 인권단체 '가정에 평화를 (Peace at Home)'이 홍보하고 있는 감정적 학대의 경고신호를 살펴보자. 이 단체는 미국 내에서 자행되는 가정폭력의 심각성은 물론 그 폭력을 감지할 수 있는 경고신호들까지 사람들에게 알리고 있다. 이 단체가 알리고 있는 것에 덧붙여 나는 감정적 학대를 전문으로 다루는 다른 단체에서 언급하는 경고신호도 함께 이야기할 예정이다. 어떤 경고신호는 확연히 드러나서 금방 알아볼 수 있는 반면, 어떤 신호는 은밀하고 미묘해서 알아채기 쉽지 않을 때도 있다. 다음은 『학대의 여러 얼굴들』에 실은 목록을 수정한 것이다.

감정적으로 학대하는 배우자는

- 당신의 견해를 전혀 또는 거의 들으려 하지 않거나 이해하지 않으려고 한다.

- 당신의 걱정을 중요하지 않은 것으로 또는 과잉 반응으로 치부한다.

- 항상 자신의 욕구만을 최우선으로 생각한다.

- 당신이 불쾌하게 여기는 일 또는 굴욕감을 느끼는 일을 하기를 바란다.

- 자신을 화나게 하지 않으려면 '살얼음판을 걷는 것처럼 조심스럽게' 행동해야 한다고 느끼게 한다. "내 브이스폿을 건드리지 않으려면 조심해!"

- 논리나 사물을 이해하려는 모든 노력을 비웃는다. 그러면서 당신을 교묘히 조종해 당신과 전혀 상관없는 일에 죄책감을 느끼게 한다.

- 당신이 통제력을 유지할 수 있도록 도와주는 외부의 관계나 활동이나 지원을 비하한다.

- 자신이 살아오면서 겪은 모든 불운한 사건을 당신 탓으로 돌린다.

- 동정이나 관심을 얻으려고 끊임없이 자기를 희생하는 사람 또는 순교자 행세를 하면서 당신에게 죄책감이 들게 한다. "모두 당신을 위해서 내가 이렇게 하고 있는 거야!"

- 당신의 마음을 상하게 하는 비판을 하거나 모욕적인 말을 한다. 당신을 험담하거나 비웃거나 비난하거나 탓하거나 조롱하거나 망신 주거나 당신이 하는 말을 중간에 가로막는다.

- 당신을 압박하는 전술을 이용한다. 빨리 결정하라고 재촉하면서 그렇게 하지 않으면 비난한다. 즉 고함을 지르기도 하고 욕설을 내뱉기도 하고 몸짓이나 말로 굴욕감을 주기도 한다. 그리고 죄책감을 느끼게 하면서 다른 방식으로 압력을 가한다. 부루퉁해 있기도 하고 언짢

은 표정으로 있기도 하고 생활비를 주지 않겠다거나 성관계를 해주
지 않겠다는 협박을 하기도 한다. 또 자녀들을 교묘히 이용하기도 하
고 당신에게 해야 할 일을 지시하기도 한다.

- 권력을 남용한다. 항상 자신이 옳다고 주장한다(자신의 말은 '진
  실'이라고 주장한다). 당신과 상의 없이 모든 결정을 내리기도 하
  고, 자신에게 이득이 되는 일을 위해서라면 '논리'를 이용해 당신을
  깔아뭉갠다.
- 약속을 지키지 않는다. 자녀 양육이나 집안일을 돕지 않는다.
- 상대방을 애태운다. 늘 대기 상태로 있게 하면서 끊임없이 기다리게
  만든다.
- 감정 표현을 전혀 하지 않거나 관심을 보이거나 지지하거나 칭찬해
  주지 않는다.
- 다른 사람들의 감정이나 권리나 견해를 존중하지 않는다.
- 돈으로 사람을 통제한다. 당신이 하는 일을 방해하거나 당신이 직장
  에 다니는 걸 반대한다.
- 당신을 위협하기 위해 화를 내거나 제스처를 취한다. 언쟁을 할 때
  현관에 서 있기도 하고 당신에게 소리를 지르기도 하고 운전을 위험
  하게 하기도 한다.
- 당신의 직관을 인정하지 않는다. 마치 당신이 미친 사람인 것처럼 느
  끼게 만든다.

일반적으로 전 오이디푸스기에 갈등을 겪은 사람들은 감정적 학대의
희생자가 되기 쉽다. 이들은 분열이나 투사, 투사적 동일시, 질투, 수치,

비난, 마술적 사고, 전능한 부정, 박해불안과 같은 방어기제에 지배를 받는다. 살아오면서 브이스폿을 자극하는 경험에 노출된 사람들은 대부분 현실 검증을 통해 안정감을 찾지 못한다. 이들은 스스로 학대받아 마땅하다고 느끼고, 모든 것이 자기 탓이라고 잘못 생각하고, 피학적인 경향이 있으며, 고통에 너무나 쉽게 사로잡힌다.

여성들이(혹은 남성들이) 고통을 유발하는 영역(브이스폿)을 정확하게 찾아낼 수 있다면 감정적 학대라는 주제가 훨씬 더 큰 의미를 가지게 된다. 학대받는 여성이 처한 곤경을 예로 들어보자. 공격적이고 학대를 일삼는 남편이 교활하고 맹렬하게 언어폭력을 가할 때는 모든 것이, 정신도, 이성도, 논리도 다 사라진다. 그녀는 과거로 퇴행하게 되고, 기댈 곳이나 뾰족한 대안을 생각해내지 못한다.

이 여성이 설령 조장자일지라도, 그것이 그녀가 받은 학대를 정당화할 수 없다는 점을 다시 한 번 강조해야겠다. 이 여성에게는 특별한 치료가 필요할 뿐이다.

관계 개선에 도움이 되는 이론

세상에는 많은 심리학 이론들이 있는데
어떤 이론을 어느 상황에 적용해야 할까?
언제 거울반응을 하고, 언제 직면하기를 하고,
언제 공격성과 방어기제를 뚫고 나아가야 할까?
관계 개선에 도움이 되는
다양한 심리학 이론을 살펴보고
이 이론들을 불화를 겪는 다양한 유형의 커플들에게
어떻게 적용할지 설명한다.

다양한
심리학 이론

여기서 우리는 "무엇을 치료 대상으로 삼을 것이냐?"는 의문을 제기할 수 있다. 관계를 대상으로 삼을 것인가? 아니면 관계를 맺는 개인을 대상으로 삼을 것인가? 나는 커플치료를 할 때 먼저 커플들이 맺고 있는 관계를 대상으로 치료를 시작한 다음 서서히 관계에서 떼어내어 자기 성장 쪽으로 관심을 돌리도록 유도한다.

내가 주로 도움을 받는 이론들은 고전적인 정신분석학(프로이트), 자아심리학(하트만, 말러, 볼비, 컨버그), 대상관계론(클라인, 위니콧, 페어베언, 비온), 자기심리학(코헛)[27]이다. 이 책에서는 자아심리학의 관점에 더 많이 의존하고 있다. 자아심리학이 자아 및 자아의 기능장애와 불가분한 관계에 있는 브이스폿이라는 이론적 틀과 특히 중요한 관련이 있기 때문이다.

오늘날에는 한 가지 이론만 고집하기보다는 다양한 이론들을 통합해 응용하는 추세다. 연인과 부부를 다루는 심리치료사로서 나의 목적은 불화를 겪는 커플들이 자신의 잘못된 행동과 허약한 부분을 직면해 수치심과 비난에서 벗어나고 죄책감이나 슬픔과 화해하도록 돕는 것이다. 이 장에 나오는 '토니와 모린의 사례'(사례 11, 12, 13)에서 나는 다양한 이론들을 통합적으로 응용하는 법을 설명할 예정이다.

자아심리학은 고전적인 분석 방법이 심각한 정신질환이 있는 사람들에게는 도움이 되지 않는다고 주장한다. 그리고 바로 이런 점 때문에 고전적인 정신분석학과 다른 길을 걷는다. 자아심리학은 훨씬 넓은 분야를 훨씬 깊게 그리고 포괄적으로 다루기 때문에 (의사를 결정하고 판단하는) 자아 기능이 손상된 사람들에게 매우 유용하다. 개인적인 차원에서 보면, 자아심리학은 구조적인 변화를 일으키는 행동은 물론 새로운 감정적 경험을 유발하는 매우 유익한 접근법이다.

대상관계론의 선구자인 클라인은 내면의 결핍과 왜곡과 투사를 직면해야 하는 커플들에게 정말 큰 도움이 되는 혁신적인 개념들을 세상에 내놓았다. 그 가운데 가장 유용한 개념은 내사 과정(introjective process, 193쪽 참조)과 투사 과정(projective process)과 투사적 동일시(projective identification)다. 투사적 동일시란 자신에게 있는 자신이 싫어하는 부분을 떼어내어 무의식적으로 다른 사람에게 옮겨 심어놓은 과정을 말한다. 이

---

27. 자기심리학은 코헛이 개발한 것으로, 환자의 주관적 경험을 중요시하고 환자의 '현실'을 고찰하는 데 중점을 둔다. 대상관계론과는 달리, 자기심리학에서는 환자의 현실을 왜곡과 투사가 아니라 환자의 진실로 간주한다. 그리고 가장 중요하게 고려해야 하는 것은 바로 환자의 경험이라고 하면서 공감의 중요성을 강조한다. 그래서 자기심리학 분석가들은 분리와 투사를 인정하지 않는다.

러한 개념은 연인이나 부부들이 서로 감정적 상처를 주고받으면서 갈등을 겪는 이유를 잘 설명해준다.

이 귀중한 이론 체계 덕분에 우리는 궁지에 몰린 커플들의 얽히고설킨 실타래 같은 관계를, 혹은 내가 '춤'이라고 표현한 관계를 더욱 잘 이해할 수 있다. 그 과정을 통해 어떤 사람이 자신의 부정적인 느낌을 상대방에게 어떤 식으로 투사하는지, 그리고 그 부정적인 느낌을 상대방은 어떤 식으로 동일시하는지 또는 과잉 동일시하는지 알 수 있다. 커플 사이에서 일어나는 이러한 상호작용은 전문적인 교육을 받은 심리치료사들마저도 매우 혼란스럽게 만드는데, 왜냐하면 커플이 서로 상대를 비난하거나 상대에게 수치심을 불러일으키는 동안에는 자아가 너무 심하게 분열되어서 대부분의 대화가 비논리적으로 진행되기 때문이다.

이성적으로 사고할 수 있는 능력을 마비시켜 진정한 친밀감을 형성하지 못하도록 가로막는 행동 양식과 방어기제들은 자아가 통제할 수 없는 것들이다. 투사와 분리, 투사적 동일시, 과장, 특권의식, 수치심, 죄책감, 박해불안과 같은 방어기제들은 현실을 바라보는 시각을 왜곡하고, 이성적으로 판단할 수 있는 자아의 능력을 파괴한다.

투사와 내사와 투사적 동일시는 어떤 사람이 부정적인 감정을 다른 사람에게 투사할 수 있고 투사를 당하는 사람이 상대방이 투사한 내용을 동일시하거나 과도하게 동일시하는 경향이 있다는 것을 이해하는 데 큰 도움이 되는 개념들이다.

대부분 심리치료사들이 자기심리학과 대상관계론은 양립할 수 없는 이론이라고 생각한다. 그러나 나는 두 이론 모두 브이스폿을 탐구하는 데 어마어마한 도움을 준다는 사실을 발견했다. 자기애성의 원초적 상처가 무엇인지 알아내고 자기대상을 찾는 그들의 욕구를 충족시키는 데는 거울반응(Mirroring)[28]과 공감이라는 기법을 사용하는 자기심리학이 대상관계론보다 더욱 적합하다.

반면에 대상관계론은 환자의 내면에 있는 버림받을지 모른다는 두려움을 찾아내고 경계성의 '담아주기(Containment)' 욕구를 충족시키는 데 더욱 적합하다. 또한 대상관계론은 내담자들이, 특히 함께 상담을 받으러 온 커플들이 내면의 결핍과 왜곡과 투사를 직면하도록 만드는 데 탁월한 이론이다. 특히 심리치료사가 공감해주는 태도를 보고 심리치료사를 너무 약한 사람이나 지나친 친절과 이해심을 보이는 사람으로 비틀어서 오해하는 사람들에게는 대상관계론이 더욱 효과적이다.

 **심리학 용어, 이런 뜻이에요**

담아주기

비온이 엄마와 유아의 상호작용을 설명하기 위해 사용한 용어다. 비온은 다른 사람들의 투사와 감성을 마음으로 받아주면 모든 심리적 장벽이 사라진다고 생각했다. 담아주기를 통해 우리는 감정적 경험을 의미를 갖춘 느낌이나 생각으로 변형시킬 수 있다. 유아가 느끼는 분노와 불만 등 견디기 힘든 감정들을 넉넉히 받아낼 수 있는 어머니는 그러한 감정들을 담는 그릇이 된다. 이런 일은 어머니가 부정적인 느낌들을 소화하기 편한 형태로 해독할 때까지 못된 행동들을 참을 수 있을 때 일어난다.

---

28. 코헛이 개발한 용어로, 아이가 과시하고 싶은 욕구 때문에 어떤 표현을 했을 때 그 표현에 어머니가 보이는 눈 속의 '반짝임'이라고 설명할 수 있다. 거울반응은 자기애와 과시욕이 강한 아이의 행위에 딱 들어맞게 하는 반응이고, 그 반응으로 아이의 자존감은 충족된다. 그리고 나중에는 이 반응들을 좀 더 현실적인 목적으로 쓰게 된다.

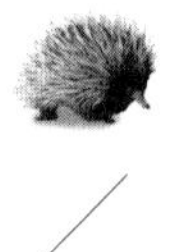

사랑하는 관계의
4가지 유형

컨버그는 저서 『인격장애와 성도착에서의 공격성』에서 사랑 관계를 정상적인 관계, 병적인 관계, 도착적인 관계, 성숙한 관계의 4가지 유형으로 구분해 그 관계의 복잡성을 이야기한다. 컨버그의 설명은 도발적이면서도 커플치료에 매우 유용하다. 컨버그는 커플이 서로 싸우고 미워하

표 4-1 컨버그의 사랑하는 관계의 4가지 유형

정상적인 사랑	관계가 더 중요하다. 사랑이 갈등을 이긴다.
병적인 사랑	부분대상이 기능한다. 갈등이 관계보다 우선한다.
도착적인 사랑	신 나고 흥분되는 일을 추구한다. 부부(혹은 연인)가 번갈아가며 선과 악의 역할을 맡는다.
성숙한 사랑	전체대상이 기능한다. 관계는 목적/의무 지향적이 된다.

고 학대하더라도 궁극적으로 열망하는 것이 사랑하는 관계를 유지하는 것이라면 그 관계는 정상적이라고 본다.

정상적인 사랑

정상적인 사랑 관계에서 '사랑은 모든 것보다 우위를 차지한다.' 사랑하고 싶은 욕망과 사랑 관계를 맺고 싶은 욕망이 갈등을 이긴다. 내면의 갈등과 공격성도 친밀하고 열정적인 사랑 관계를 오랜 기간 유지하는 능력에 지장을 초래하지 않는다. 정상적인 사랑 관계를 맺은 커플은 진실을 직면할 수 있고, 상대방의 감정이나 진실을 부인하거나 거부하지도 않고,

 **심리학 용어, 이런 뜻이에요**

부분대상과 전체대상

부분대상(Part Objects)은 입이나 손이나 젖가슴이나 항문과 같은 신체 일부분으로, 오직 만족감을 채워줄 목적에 쓰이도록 설계된 기능을 수행한다. 클라인은 편집-분열성 자리(187쪽 참조)의 초기 단계에서 부분대상의 기능이 시작된다고 말한다. 아기는 엄마의 젖을 빨 때 부분대상과 처음으로 접촉하게 된다. 젖가슴은 아기의 첫 소유물이고, 그 용도는 아기의 욕구를 언제든지 채워주는 것, 단 하나다. 이 단계를 거치는 동안, 아기는 상대방을 전체대상으로 인지하지 않는다. 어찌 보면 성인 남자도 여자를 부분대상으로만 볼 수 있다. 이를테면 "나는 그녀의 가슴이 엄청 크기 때문에 그녀를 사랑합니다!"라고 말하는 남성은 상대 여성을 부분대상으로만 보고 있다고 할 수 있다.

우울성 자리(187쪽 참조)의 초기에 들어서면 유아는 어머니를 전체대상(Whole Objects)으로 인식한다. 점점 성장하고 언어 표현력이 늘어감에 따라 유아는 인식력이 커지고 어머니를 자신만의 욕구, 감정, 욕망을 가진 독립된 사람으로 인식하게 된다.

그렇다고 상대방의 감정이나 진실에 휘둘리지도 않는다.

이들이 충족하고자 하는 성적인 욕망은 오이디푸스기에 성적인 욕구를 느낀 대상과 관련이 있으며, 결함이 있는 내적 대상들 때문에 사라지지 않는다. 누구나 자신의 짝과 융합하고 싶은 강렬한 욕망을 품고 있다. 정상적인 사랑 관계를 맺었다는 것은 자신의 연인과 함께 정착할 수 있다는 깨달음을 얻고 나서 이제 오이디푸스기의 경쟁을 그만두었다는 것을 의미한다.

연인을 사랑하고자 하는 욕망이 오이디푸스기에 성적인 욕구를 느낀 대상이나 경쟁 대상을 소유하거나 조종하고자 하는 욕망보다 더 커지면 이제 아버지와 경쟁할 필요 없이 '아버지'와 나란히 살아갈 수 있다. 정상적인 사랑 관계에 문제가 생겼을 때는 단기간의 심리치료로도 충분히 도움을 얻을 수 있다.

■ 사례

작은 시골 마을에서 사는 어떤 부부가 상담을 받으러 찾아왔다. 이들을 갈등에 빠뜨린 것은, 가족사진에서 가족들의 얼굴을 도려내고 거기에 포르노 배우의 사진을 붙이는 남편의 괴이한 버릇이었다. 남편의 이런 버릇은 아내를 화나게 했다. 그런데 아주 이상하게도, 이들의 관계는 정상적인 범주를 벗어나지 않았다. 이들 부부는 서로 깊이 사랑했고 성적인 면에서도 매우 친밀했으며 가치관도 비슷했다. 남편의 기이한 페티시(fetish)[29]는 친밀한 관계를 유지하는 데 걸림돌이 되지 않았다. 그래

---

29. 특정 물건을 통해 성적 쾌감을 얻는 것.

서 상담 과정에서는 주로 남편이 일상생활에서 현실과 환상을 구분해낼 수 있도록 돕는 데 치중했다. 상상하는 것은 괜찮지만 상상을 행동으로 옮기는 것은 문제를 일으킨다는 점을 남편에게 주지시켰다.

병적인 사랑

병적인 사랑 관계에서는 갈등이 사랑하고 싶은 욕망이나 친밀한 관계를 맺고 싶은 욕망보다 우위에 있다. 병적인 관계는 트라우마를 다시 겪도록 계속 부추긴다. 이러한 관계에서는 공격성과 내적인 갈등이 사랑 관계를 유지하고자 하는 열망을 가로막는다. 병적인 사랑을 할 때는 감정이 격해진다. 관계는 끈적끈적하고 곧 터질 것 같은 열기로 가득 차 불안정해지고, 고통이 찾아들면서 조화와 축복의 순간들이 사라진다.

이런 관계는 질투, 통제, 가학피학증, 공격성, 잔인한 학대와 같은 원시적 방어기제가 판을 치는 부분대상관계다. 우리는 이러한 관계를 강박적 사랑, 중독적인 사랑, 잘못된 방향으로 가는 사랑에서 찾아볼 수 있다. 심각한 병적인 관계에서는 사랑이 가학피학증, 성도착, 시기, 탐욕, 조종, 지배, 자기파괴의 방향으로 진행된다. 현실 검증을 통해 평온을 찾기도 거의 불가능하다. 오히려 현실은 부정되고 분열되며 투사된다. 병적인 사랑에 빠진 커플은 좀 더 강한 심리치료를 받을 필요가 있다.

■ 사례

어떤 경계성 남자에게 가슴이 예쁜 아내가 있었는데, 그녀는 자기애가 강하고 과장되게 행동하는 사람이었다. 이 남자는 아내와 사랑에 빠진 뒤 얼마 되지 않아 아내를 힐끔힐끔 곁눈질하는 남자들을 모조리 죽이고 싶은 충동을 느꼈다. 그리고 자기애성인 아내가 다른 남자들과 바람을 피우도록 무의식적으로 부추긴 다음, 자신을 배신했다고 비난했다. 이런 식으로 경계성 남편은 잃어버린 대상에 대한 환상을 무의식적으로 재창조함으로써 자신이 어릴 때 일찍 돌아가셔서 자신을 보살펴줄 수 없었던 이상화된 여성/어머니를 되살려냈다.

도착적인 사랑

도착적인 사랑 관계에서는 흥분이 사랑의 자리를 차지한다. 그래서 도착적인 관계는 차츰 흥분되고 에로틱해진다. 자기애성과 경계성 커플은 대부분 사랑 대신에 흥분과 에로티시즘을 이용해 성도착 상태 직전까지 간다. 이들은 대개 진정한 친밀 관계를 감당해내지 못해서 흥분에 기대게 된다.

그런데 사실 이 도착적인 관계를 끝낼 수 있는 것이 바로 사랑이다. 사실, 도착적인 사랑은 스스로 좋은 것과 너무 가까워지지 못하게 막으려고 할 때 이용하는 것으로서, 성도착은 채찍과 쇠사슬보다 더 많은 것을 의미한다. 성도착은 한 사람의 상징적인 사랑 대상들을 둘러싼 혼란을 함축하고 있다. 예를 들어 젖가슴은 굶주림을 상징하기 때문에 나쁜 것으로 보이는 반면에, 항문은 억제하는 성격을 상징하기 때문에 좋은 것으로 비칠 수 있다(보살펴주지 않는 대상은 성적 에너지로 가득 차 있다). 그래서 에로티시즘은 언제 상처받을지 모르는 취약성 때문에 드는 정서적 보험이 된다.

어떤 남성은 이런 말로 자신을 합리화할지도 모른다. "이 여자가 내게 어울리지 않는다는 건 알지만 그래도 그녀를 보면 흥분이 되는걸! 그래, 나는 지금 나를 고문하는, 우리 엄마처럼 내게 전혀 도움이 되지 않는 여자랑 함께 있어." 또는 이렇게 생각할지도 모른다. "내가 왜 나를 괴롭히는 여자랑 함께 살고 있지? 적으로라도 만나고 싶지 않은 여자랑 말이야. 이 여자는 정말 우리 엄마와 똑같은 사람이야. 내 인생의 최대 걸림돌이야."(이 장 뒷부분에 나오는 '토니와 모린의 사례' 참조)

성숙한 사랑

성숙한 사랑을 나누는 커플은 목적, 가치, 전통을 서로 공유한다. 각각 상대의 취약점이 무엇인지 잘 알고 문제를 극복하려고 함께 노력한다. 성숙한 사랑 관계를 맺고 있다는 것은 성관계와 감정들, 서로 공유하는 가치들에 전적으로 헌신하고 있다는 것을 의미한다. 이들이 성적인 관계와 감정적인 애착을 추구하는 욕망은 외적 대상들에 의해 사라지지 않는다. 이들이 느끼는 성적인 욕망은 충만감을 느끼고 싶은 욕구의 결과물이지 부분대상에 대한 성적인 욕망이나 오이디푸스기에 겪은 갈등의 산물이 아니기 때문이다.

다음 사례는 앞에서 간단히 소개한 이론적 관점들을 전반적으로 아우르고 있다. 어떤 부부는 예전에 함께 나누던 격렬한 열정은 수그러들었지만, 그 자리에 조화와 성장과 공통의 목표를 이루고픈 열망과 가족을 부양해야 한다는 책임감과 서로에 대한 연민과 사회인으로서 느끼는 소속

감이 들어서게 될지도 모른다. "그래요, 지금 그렇게 신 나고 들뜬 기분
으로 살지는 않아요. 그렇지만 우리 관계는 상당히 안정되고 조화롭지요.
우리 곁에는 손자들이 있고, 가끔 그 애들과 여행을 가기도 해요. 친구들
과 함께 시간을 보내는 것도 즐겁습니다."

이론을 실행으로
옮기기

건강한 지아를 회복히리

자아는 이해하기 까다로운 개념이다. 간단히 말하자면 자아는 의식의 영역이고, 기억과 사고, 판단, 관심, 인식, 현실 검증으로 들어가는 관문이다. 무의식으로 가는 길을 제공해주는 통로이기도 하다. 그런데도 이해하기 벅찬 개념인 것은 확실하다.

최고로 노련한 정신과 의사들조차 자아의 중요성을 간과할 때가 있다. 그들은 종종 자아가 중요한 기능을 한다는 사실을 망각하고, 자아의 기능이 떨어져 경험을 통해 얻은 정보를 처리하지 못하면 추리력에도 문제가 생긴다는 사실 역시 잊어버릴 때가 있다.

자아가 하는 기능 중 하나는, 어린 시절에 받은 인상과 지각들이 남겨 놓은 기억의 흔적들을 지워버리고 외부 세계를 관찰해 순간을 사진으로 찍은 것처럼 보관하는 것이다. 또 다른 기능은 외부 세계를 반영해서 사람들이 현실의 경험에서 배우도록 도와주는 것이며, 이러한 기능은 결과적으로 불행에 빠진 사람을 구출하기도 한다.

그러나 너무도 자주 우리는 자아에 접속할 체력과 지력이 부족하다는 것을 느끼고, 그래서 건강한 자아의 출현을 가로막는 이드(id)[30]나 초자아(super ego)에 맹목적으로 기댄다. 자아는 자기가 '아는' 것에 저항한다는 점에서 이용하기 편한 것은 아니다. 흔히 사람들은 자아가 공포를 몰고 온다고 생각하지만, 자아는 진정제 효과를 내는 논리나 추론도 마치 수행 비서를 대동하듯이 함께 데려온다. "국세청에 전화를 하고서야 그들이 그저 내 주소지 변동을 확인하고 있었을 뿐이라는 사실을 알았어요. 그제야 마음을 놓을 수 있었어요!"

자아의 기능은 본능을 인식하는 것에서 통제하는 것으로 발전한다. 자아는 정보를 흡수해 통합하고, 파괴적이고 나쁜 것에서 유용하고 좋은 것을 구분하는 법을 배운다. 자아는 비현실적인 것들 사이에서 현실적인 것을 구별해내는 능력이 있다.

컨버그에 따르면, 자아는 기억에 저장된 경험의 잔재들을 뒤적이면서 욕망과 행동과 자꾸 뒤로 미루고 싶은 생각들 사이에서 갈등한다고 한다. 그런 식으로 자아는 이드 안에서 절대적 자리를 차지하던 쾌락원칙[31]을

---

30. 인간 정신의 밑바닥에 있는 원시적·동물적·본능적 요소. 쾌락을 추구하는 쾌락원칙의 지배를 받으며 즉각적인 욕구 충족을 목적으로 한다.

몰아내고 더 큰 안정과 성공을 약속하는 현실원칙[32]을 권좌에 앉힌다. 이드와 현실 간의 중재를 시도하면서 자아는 지칠 줄 모르고 요구해대는 이드와 초자아에게 가끔씩 반응해주지 않을 수 없지만 그럴 때마다 회복력이 떨어진다.

오그던은 원초적 방어기제들이 작동할 때의 사고하기와 자아에 대한 공격을 직접적으로 관련지었다. 오그던은 '투사'를 하는 사람은 경험에서 배우지 못한다고 말한다. 바로 투사적 동일시가 사람이 이성적으로 사고할 수 있는 능력과 원천을 모조리 빼앗기 때문이라는 것이다. 미국의 소설가 스콧 피츠제럴드(Scott Fitzgerald)는 『붕괴(*The Crack-Up*)』라는 작품에서 이것을 잘 보여준다.

어떤 사람이 최고의 지성을 가졌는지를 시험하려면 과연 그 사람이 상반되는 두 가지 생각을 동시에 품고 있는 상태에서도 여전히 정상적으로 기능할 수 있는지를 보면 된다.

공격성을 인식하고 승화시켜라

프로이트가 말한 귀중한 개념들 가운데 하나는 이드 지향적인 공격성과 관련된 것이다. 프로이트는 공격성을 살인적이고 파괴적이며 본능적

---

31. 될 수 있는 한 불쾌감을 피하고 쾌감을 추구하려는 무의식의 경향. 이드와 유아의 행동 원칙으로, 프로이트의 정신분석학 용어다.

32. 쾌락을 추구하려는 이드의 원시적이고 본능적인 욕구를, 현실 여건을 고려하여 연기하거나 충족시키거나 단념시키는 자아의 활동 원칙.

인 충동을 더욱 건설적이고 창조적인 배출구로 돌리는 방법으로 보았다. 베토벤을 그 예로 들 수 있다. 청력을 상실한 베토벤은 괴로움을 훌륭한 음악으로 승화시켰다.

컨버그는 사람들이 공격성을 이용하거나 남용하면서 형성하는 애착 관계에 관심을 쏟았다. 그는 자기심리학과 비교하면서 공격성을 논했는데, 공격성이란 어떤 종류가 되었든 모두 나쁜 것이지만 정상적인 공격성은 자아의 도움을 받아 사용되기도 한다고 말한다.

공격성의 이용과 남용에 대한 컨버그의 해석은 각양각색의 퇴행적인 사랑 관계들을 이해하는 데 큰 도움을 준다. 컨버그는 자기애적 병리를 사랑하는 대상과의 관계 속에서 설명하는데, 그의 이런 설명은 부분적으로 성별과 관련이 있다. 그는 여성들이 충만하고 친밀한 관계를 지속하지 못하는 남자들에게 애착을 느끼는 피학적인 경향이 있다고 말한다. 이에 반해, 남성들은 보통 두려움과 불안감을 없애려고 자신들을 적대시하고 원망하는 여성들에게 애착을 느낄 것이라고 말한다.

남녀 관계에서 자아를 응용하는 능력은 아주 중요한데, 특히 연인이나 부부 사이에서 나타나는 공격성을 다룰 때 그렇다. 이들 사이에서 나타나는 공격성은 공격성을 먹으며 자라기 때문이다. 프로이트의 전기를 쓴 피터 게이(Peter Gay)는 "공격성은 미연에 방지해야 한다"고 말했다. 그는 공격성이 어떻게 더 큰 공격성을 불러일으키는지, 그 어떤 도움도 없이 스스로 커지는지 일깨워준다. 공격성은 중독성이 있어서 사람들은 그것에 집착하게 된다.

그 극단적인 예를 국제적인 차원에서 찾아보면 테러리즘이 있다. 공격성은 원초적 상처들에서 기인한 초기 아픔을 이해하는 데 매우 중요한 요소다. 마음속에서 감정이 일어나면 사람들은 그것을 정당화하려고 어떤 일이든 할 것이다. 어떤 때는 종교 뒤에 숨기도 하고, 어떤 때는 마음속 깊은 곳에 있는 잔인함과 공격성을 옹호하려고 '더 큰 가치를 위해서'라는 명분 뒤에 숨기도 한다.

현실 검증 능력을 길러라

현실 검증은 객관과 주관을 구분하는 가장 중요한 요소다. 현실 검증은 자신과 상대방을 구별하는 능력이고 자신의 감정을 현실적으로 평가하는 능력이다.

어떤 자기애성 내담자는 진료 약속을 잡으려고 전화를 하고서는 자신이 불가능한 시간만을 쭉 늘어놓았다. "1시에는 네일숍에 가고, 2시에는 운동을 하러 가고, 3시에는 얼굴 마사지를 받으러 가고, 4시에는 친구를 만나러 가야 해요." 그럼 언제 시간이 괜찮은지 물어보니, 그녀는 잘 모르겠다고 일정을 살펴보고 다시 전화하겠다고 했다.

그녀는 자기를 성찰하는 능력이 부족하거나 그런 행동이 상대방을 얼마나 짜증나게 하는지 알려줄 '관찰하는 자아(observing ego)'[33]가 결여된 사람이다. 그래서 그녀는 심리치료사란 바쁜 사람이어서 자유로운 시간이 별로 없고, 또 자기 마음대로 아무 때나 볼 수 있는 사람도 아니라는 정보를 정리하지 못한다.

정신분석학자 제롬 블랙맨(Jerome Blackman)이 제시한 사례가 있는데,

---

33. 특정한 사건이나 상황에서 자신이 경험하는 정신 현상을 알아차리고 관찰하는 자아.

고등학교에서 아이들을 가르치는 40세 여교사가 자신이 가르치는 열다섯 살짜리 여학생에게 성적으로 끌렸다고 한다. 여교사는 여학생도 자기에게 똑같이 끌리고 있을 것이라고 합리화하면서 '밖에서 저녁 식사를 같이 하자고 말할까?' 진지하게 고민하고 있었다. 이 사례는 이런 일의 결과가 어떨지 예상하지 못하는 손상된 자아를 보여준다.

컨버그는 경계성 성격장애자는 현실을 검증할 능력이 부족해 대인관계와 현실을 주관적으로 경험하는 과정에 심각한 장애가 있는 사람이라고 지적하면서 정신병과 경계성 성격장애를 구분한다. 컨버그는 충동을 억제하지 못하거나 감정이입이 되거나 정체성이 혼미해졌을 때나 과민한 불안감을 느꼈을 때 자아가 약화된다고 말한다. 그의 연구에 따르면, 경계성 성격장애가 있는 사람은 초자아가 기능 부전을 일으키면 다른 사람들의 의견과 판단에 의존하게 된다고 한다.

오그던에 따르면 분리, 투사, 투사적 동일시, 수치심, 비난, 박해불안과 같은 원시적 방어기제에 지배를 당하는 사람들은 내면의 원천과 연결이 끊어진 상태에 있다고 한다. 그래서 경험을 통해 새로운 것을 습득하지 못하고 파괴적인 행동을 똑같이 반복한다.

일반적으로 전 오이디푸스기에 경험한 갈등을 여전히 간직하고 있는 사람들이 그 희생자가 되기 쉽다. 이들은 대부분 정신적인 외상을 초래할 만큼 심각한 일을 겪어온 사람들이고, 이들에게 현실 검증은 위안을 주지 못한다. 이들은 스스로 학대받아 마땅하다고 생각하고, 모든 것이 자신들 탓이라고 생각하기 때문에 어린 나이에 보호자나 부모의 역할을 떠맡는다. 일찍부터 유년기를 포기하고, 부모나 형제자매를 위해 어른 역할을 한다. 그들은 '애어른'이고, 중재자이며, 너무 일찍 성장해버린 아이들이다.

내게 상담을 받으러 오는 사람 가운데 '유식쟁이'이라고 불리는 남자와 결혼한 부인이 있었다. 그녀는 경계성이었고 남편은 자기애성이었다. 문제가 생길 때마다 그녀가 할 수 있는 일이라고는 이혼하겠다고 으름장을 놓는 일뿐이었다. 총명하고 최고의 교육을 받았는데도 그녀는 경계를 명확히 그어야겠다는 생각을 해본 적이 없었다. "한 번도 그런 생각을 해본 적이 없어요."

그러나 상담을 받은 후 그녀는 남편에게 다음과 같이 말할 수 있게 되었다. "한 번만 더 아이들 앞에서 나를 깎아내려봐요. 그 즉시 아이들을 데리고 호텔로 가겠어요. 그리고 시간을 두고 나와 함께 부부치료를 계속 받을 마음이 있는지 한번 생각해봐요. 모든 게 당신 선택에 달렸어요!" 그녀가 집에 돌아왔을 때 남편은 치료를 다섯 번 더 받겠다고 선뜻 동의했다. "그래, 당신 마음대로 해. 다섯 번으로 해. 그런데 그걸로 끝이야!"

다음에 소개할 사례는 투사적 동일시 또는 나가 쌍방향 투사적 동일시(dual projective identification)라고 표현하는 과정을 잘 보여준다. 아내 모린은 자신을 따뜻하게 보살펴주지 않는 남편 토니에게 수치심을 투사하고, 토니는 아내에게 '숨 막히게 하는 엄마', 그러니까 그의 직업적 성공을 가로막는 어머니 역할을 투사한다. 우리는 이 사례를 통해 토니가 (놀이, 재미, 모험, 위험 감수를 통해) 자기발달을 할 기회를 가로막는 모린의 투사들을 어떻게 동일시하는지(모린이 공격성을 억제하지 못해 토니로 하여금 자신을 숨 막히게 하는 엄마를 떠올리게 하기는 하지만) 살펴볼 것이다.

이 사례에서 심리치료사는 골프게임과 오픈하우스(open house)라는 비유를 사용해서 부부의 진정한 욕구에 다가갈 기회를 잡는다. '오픈하우스’는 마음껏 일하고 즐길 수 있는 새로운 공간으로 이사하고 싶은 욕망을 암시한다. 컨버그의 분류에 따르면, 모린과 토니는 병적인 관계를 맺고 있는 것으로 보인다. 병적인 관계에서는 돈과 조종, 버림받음, 통제와 같은 원시적 방어기제들이 주도권을 잡게 되고, 따라서 그러한 것들이 사랑이 넘치는 친밀한 관계를 유지하고 싶은 열망보다 더 중요해진다.

■ 사례 11 _ 토니와 모린의 사례 A : 박해자와 패배자

나는 토니와 모린 부부를 8개월 동안 치료해왔다. 결혼한 지 11년 된 이들에게는 자녀가 둘 있었다. 내가 지도하는 슈퍼비전 그룹에서 이들은 ‘지옥에서 사는 부부’로 통했다. 모린은 브롱크스 출신 유대인으로 그녀의 아버지는 정육업자였다. 그녀는 운동선수처럼 체격이 좋고 과체중이었으며, 내가 만나본 사람들 가운데 가장 입이 거칠고 남을 조종하고 지배하려고 드는 여성이다. 토니는 미국 중서부 출신으로 친절하고 깔끔한 인상이었는데 수동공격성 남성이 대개 그렇듯이 다소 ‘따분하고 멍청해’ 보였다.

토니는 아내를 기쁘게 해주려고 애써 노력하지만 아내는 그가 하는 일을 모두 마땅찮게 여겼다. 모린은 끊임없이 성을 내고 이것저것 계속 요구해댔다. 그래서 토니는 상처받은 마음을 달래려고 가장 교활한 방법으로 아내에게 복수한다. 아내의 생일이나 어머니의 날, 밸런타인데이를 그냥 넘어간 다음 변명을 늘어놓는다거나 스포츠 가방 같은 성의 없는 선물을 사주곤 했다.

모린은 성장하는 동안 학대당하고 무시당하며 보살핌을 받지 못한 트라우마를 토니와의 관계 안으로 끌어들였다. 토니도 자신을 늘 패배자로 느끼게 만들었던 아버지를 비롯하여 어린 시절을 강탈당한 불쌍한 소년을 관계 안으로 끌어들였다.

부자 어머니를 둔 덕분에 토니는 한 번도 일을 해야 했던 적이 없었다. 그러나 이제 자신도 능력 있는 남자고 두 발로 설 수 있다는 것을 증명하고 싶어, 벤처기업에 투자하는 자신만의 사업을 시작해 결국 뉴욕증권거래소에서 주식을 파는 일을 하게 되었다.

토니가 위험을 무릅쓰고 새 사업을 시작하려고 할 때마다 모린은 그를 비난하면서 맹렬히 공격했다. "당신은 우리의 결혼 자금으로 시작한 사업을 벌써 두 번이나 말아먹었잖아! 그런데 또 말아먹겠다고!" "토니, 당신은 실패자야. 이미 부실기업 주식을 두 번이나 사서 몽땅 털렸잖아! 그래놓고 또 하겠다고? 빌어먹을, 당신이 뭘 하고 있는지 알고나 있어?"

토니와 모린은 둘 다 결합과 분리-개별화(separation-individuation)[34]를 둘러싼 문제 때문에 몸살을 앓고 있다. 토니가 새 사업에 뛰어드는 것은 모린의 내면에 있는 영원히 매달리고 싶은 대상에 대한 의존 욕구와 분리와 관련된 문제를 들쑤시는 일이다. "당신은 나를 혼자 두고 갈 수 없어!" "감히 나를 떠날 생각을 하다니, 그럴 수 없어!"

그렇지만 토니에게는 집 밖으로 나가 새로운 모험을 하는 일이 아버지에게서 완전히 독립했음을 보여주고 자신을 숨도 못 쉬게 만드는 아내나 어머니에게서 떨어져 한 남자로 존재할 수 있음을 증명하고, 오이디푸스

---

34. 분리는 아동이 어머니와의 공생 관계에서 빗어나는 심리 내적 과정을 말한다. 개별화는 아동이 자신의 개별적 특성을 구별하고 자기를 대상과 구별되는 일련의 자기 표상들로서 드러내는 심리 내적 과정을 말한다. 분리-개별화 과정은 개인이 대상에서 떨어져나와 독립적으로 기능하는 존재로서 자신을 느끼도록 해준다.

기의 경쟁자를 이겼다는 것을 의미한다.

토니는 결혼 전에 물려받은 돈이 있었는데, 토니는 그 돈을 자신이 원하는 대로 쓸 수 있다고 생각했고, 모린은 법률적인 문제와 상관없이 남편이 그 돈을 쓸 때마다 배우자인 자신과 상의해야 한다고 생각했다. "난 당신 돈에는 손톱만큼도 관심 없어. 하지만 우리는 결혼한 부부이기 때문에 새 사업을 할지 말지 결정하기 전에 당신은 반드시 나와 상의해야 해."

그렇다면 토니는 어느 선까지 아내의 바람을 고려해야 할까? 그리고 자기 돈을 어느 정도나 자유롭게 쓸 수 있을까? 쉬운 문제는 아니다. 그리고 이런 갈등은 부부치료나 공동치료를 하는 과정에서 자주 볼 수 있다. 토니가 아내와 의논하지 않고 자기 돈으로 원하는 일을 해도 괜찮을까?

나는 충분한 시간을 들여 여러 가지를 고려해본 다음 절충안을 하나 제시했는데, 그것이 모린의 브이스폿을 엄청나게 자극하리라는 사실을 잘 알고 있었다. 내가 제시한 절충안은, 사실 그 돈은 토니의 돈이 맞지만 토니는 모린의 욕구, 생각, 의견을 고려해야 한다는 것이었다.

예상했던 대로 이 말을 들은 부부는 내게 엄청난 공격을 퍼부어댔다. 모린은 내가 자신에게 배려도 공감도 해주지 않고 토니 편만 들고 있다고 주장했다. 마치 그녀의 어머니처럼 약해빠진 사람이어서 잔인하고 이기적인 남편에게 맞서 그녀를 보호해줄 능력도 없다고 말했다.

이 부부는 내게 전이를 하고 있었다. 나는 모린에게는 지독한 아버지에 맞서지 못했던 나약하고 무능한 어머니가 되었고, 토니에게는 하는 일마다 허락을 받으려고 아내에게 달려가지 않아도 되는, 아내에게서 떨어질 기회를 완전히 빼앗아버린 사람이 되었다. 항상 토니를 떠나겠다고, 치료를 그만두겠다고 협박조로 말해온 모린은 이때도 마찬가지 반응을 보였다. "이제 정말 끝이에요. 그만하겠어요. 병원에 입원할 수 있는지 알아봐야겠네요. 살아갈 이유가 없는 것 같으니 그만 죽는 것도 좋을 것 같네요."

모린의 반응이 내 브이스폿을 건드렸다. 그래서 나도 모르게 (평소 성격보다) 훨씬 더 공격적으로 그들 부부를 밀어붙였다. 그러다 브이스폿을 자극받아 평상심을 잃었음을 깨닫고서 다시 기본 원칙을 견지하려고 애썼다. "두 분이 모두 안전함을 느끼려면 이혼이라는 말로 위협하지 말아야 하는 것처럼, 우리가 상담을 나누는 지금 이 공간을 훼손하거나 위협적인 분위기를 조성해서는 안 됩니다. 우리 모두 이곳은 안전한 공간이라고 느껴야 하거든요!"

치료의 전환점은 상담이 끝난 다음에 찾아왔다. 계단을 내려가던 모린이 다시 돌아와 울음을 터트린 것이다. 모린이 상처받기 쉬운 상태를 갑자기 드러낸 것에 나는 무척 감동받았다. 바로 이것이 그녀의 여러 모습 가운데 건강한 모습이고 치료를 받는 동안 이 감정들을 그대로 드러내는 일이 매우 어려운 일이라고 이야기해주었다. 그러자 갑자기 모린은 자신이 연약한 여자가 될 수 없는 이유는 바로 남편이 인색하기만 하고 뭐 하나 도와주지 않는 인생의 낙오자이기 때문이라고 소리치면서 뛰어내려가버렸다.

■ **사례 12 _ 토니와 모린의 사례 B : 앙갚음 게임 또는 오픈하우스**

모린과 토니: 안녕하세요!

심리치료사: 안녕하세요! 누가 먼저 말씀하시겠습니까?

모린: 당신이 먼저 해요, 토니.

토니: 아니, 당신이 먼저 해요.

모린: 당신이 먼저 하라니까! 좋아, 남편이 지난 토요일에 친구들이랑 밖에 나가 놀았어요. 나와 아이들을 집에 두고요.

토니: 그건 정확한 설명이 아니잖아! 지난 화요일 저녁에 당신이 친구들 모임에 나가서 당신과 합의하에 토요일 저녁에는 내가 외출한 거지.

모린: 아냐, 거짓말 마. 내가 외출을 하든 말든 상관하지 않겠다고 했잖아.

토니: 하지만 그땐 내 차례였다고!

심리치료사: 두 분은 토요일 저녁에 같이 외출하고 싶지 않았어요?

토니: 같이 외출하고 싶었어요. 그런데 아내가 베이비시터를 부르고 싶지 않다고 하더라고요.

모린: 그건 중요한 일이 아니에요. 일요일에, 우리는 몇 가지 계획이 있었어요. 그런데 하루 종일 같이 있던 남편이 갑자기 오픈하우스에 가자고 하더라고요.

토니: 말 좀 정확히 해. 그게 아니잖아.

모린: 나는 사실 그대로 말했어.

토니: 입 다물어, 모린! 선생님, 사실은 이래요. 우린 계획을 늘 빠듯하게 짜요. 일요일에 모린이 골프를 치고 있었어요. 그때 다른 부부가 전화를 걸어와 오후에 브리지 게임을 하기로 한 약속을 취소하겠다고 하더라고요. 그래서 "잘됐네. 그럼 난 오픈하우스나 구경하러 가야겠군" 하고 말했죠.

모린: 그 말을 듣고 어이가 없었어요. 무엇보다도 우리에겐 새집이 필요 없고, 또 남편이 친구들과 경마장에 가버리는 바람에 나는 주말 내

내 아이들과 집구석에 처박혀 있어야 했기 때문에, 나와 아이들만 남겨두고 남편 혼자 어디를 가는 게 싫었어요. 그런데 또다시 아이들과 나를 집에 버려두고 친구들과 축구 경기를 보러 가겠다고 하지 않겠어요. 내가 축구 경기를 얼마나 좋아하는지 다 알면서도 나를 데려가지 않겠다고 하잖아요.

토니: 그건 사실이 아니야, 모린. 내 이야기 좀 들어봐! (토니는 얼굴색이 점점 붉어지고 눈꺼풀 위의 실핏줄이 금방이라도 터질 것처럼 튀어나왔다.) 친구가 나를 초대한 거지 당신을 초대한 건 아니잖아! 그건 남자들만의 모임이라고.

모린: 그래서 어쩌라고? 난 갈 수 없다고?

심리치료사: 두 분을 가만히 보고 있노라면, 꼭 야구나 다른 스포츠 경기를 보는 것 같아요. 누가 먼저 했고, 누가 나중에 했든 서로 피장파장 아닌가요? 그렇게 시시콜콜 따지는 것은 골프장이나 야구장에서나 어울리는 행동이지, 서로 사랑하는 관계에서는 좋은 행동이 아니에요. 두 분 이야기를 쭉 들었지만, 무엇을 원하는지 또는 필요로 하는지에 대해서는 한마디도 들을 수 없었어요!

모린: 참 흥미로운 말이네요.

심리치료사: 게다가 나는 두 분이 여기에 온 이유가 이곳이 '오픈하우스'가 되기를 원했기 때문이라고 생각해요. 둘 다 너무 작고 좁고 답답한 공간에서 살고 있어요.

모린: 난 너무 꼼꼼한 사람이어서 매사에 계획을 철저히 짜야 해요.

심리치료사: 즉흥성을 위해 '비워두는 공간'은 넓으면 넓을수록 좋다고

봐요!

토니: 맞는 말씀이에요!

심리치료사: 모린, 어렸을 때 믿고 의지할 만한 사람이 없었기 때문에 당신이 체계나 계획에 집착한다는 것을 알아요. 당신은 의붓아버지 때문에 상처받고 불우한 어린 시절을 보냈다고 생각하죠. 토니, 당신은 어린 시절이 거의 없었다고 생각하죠? 항상 아버지가 집에 없어서 책임감 있는 사람이 되어야 했으니까요. 그런데 어른이 된 지금도 아내인 모린이 어린아이처럼 밖에 나가 놀고 싶은 당신을 방해하고 있으니 얼마나 짜증 나겠어요.

모린: 최고예요. 이보다 더 잘 정리하실 수는 없을 거예요.

토니: '오픈하우스'라는 아이디어, 정말 좋네요. 실은 답답하거든요.

심리치료사: 그것 참 다행이군요. 고맙습니다. 하지만 나는 이곳에서 벌어지는 스포츠 경기에 말려들고픈 생각은 조금도 없어요. 왜냐하면 내 목표는 두 분이 경쟁이 아니라 욕구에 접속하도록 돕는 것이기 때문이에요. 이 자리에서 우리가 찾고 있는 것은 승자가 아닙니다.

모린: 고맙습니다, 선생님. 다음 주에 뵐게요.

심리치료사: 즐거운 한 주 보내세요.

모린: 토니, 당신이 먼저 일어나 나가.

토니: 아니, 당신이 먼저 가.

심리치료사: (그들이 하는 행동의 의미를 알아챘다는 듯이 미소를 지으며) "또 시작이군요!"

어떤 이론을 어떤 상황에
적용할 것인가?

다음 사례를 이 책에 실은 것은 어떤 내담자가 "세상에는 많은 이론들이 있는데 어떤 이론을 어느 상황에 적용해야 하나요?"라는 질문을 던졌기 때문이다. 우리는 자신이 언제 프로이트나 클라인, 볼비, 말러, 컨버그, 페어베언, 위니콧, 비온이 말하는 상태가 되는지 어떻게 알 수 있을까? 이것 때문에 많은 심리치료사들이 골머리를 앓고 있는데, 특히 다양한 이론적 관점들이 겹쳐지고 하나 이상의 여러 이론을 적용할 수 있을 때는 어떤 이론을 적용해야 할지 판단하기 힘들어진다.

다음 사례에 다시 등장하는 모린은 경계성으로 담아주기와 거울반응과 공감을 절실히 필요로 하는 여성이다. 그렇지만 내가 공감을 해주어도 모린은 그 공감을 묵살하고 분리, 투사, 투사적 동일시라는 원시적 방어기제를 사용한다. 자신이 사용한 방어기제를 해석해주면 "세상에, 남편도 제게 똑같은 말을 했어요. 그 사람도 똑같이 말했다고요! 어떻게 선생님이 저를 헐뜯는 말을 할 수 있어요!"라고 반격한다. 어떤 심리치료사는 당시 모린이 나쁜 자기(bad self)를 대상에게 전이시켜 배출해야 하는 상태에 있었다고 말할지도 모른다.

또 어떤 임상의는 모린의 문제는 분리-개별화와 관련 있다고 말할지도 모른다. 또 다른 임상의는 모린이 대상과 유대 관계를 맺은 적도 없는데 어떻게 분리될 수 있겠느냐고 반문할지도 모른다. 이 사례를 다루면서 나는 자신이 애착이론(5장 '애착과 무관심' 참조) 쪽으로 점점 기울어지고 있음을 발견했다. 애착이론이 생애 초기 어머니 때문에 생긴 결핍감에서 비롯된 모린의 근본 문제들을 이해하는 데 특히 유용했기 때문이다.

이 사례를 통해 우리는 부부 사이에 일어나는 정신역동과 그 정신역동을 뒷받침해주는 이론들 사이의 다양한 변화를 볼 수 있다. 또한 모린 부부의 사례는 부부가 투사를 하고 사적인 광기를 발휘할 때 심리치료사가 얼마나 쉽게 길을 잃는지 보여준다. 경계성이 희생자가 되어 간청할 때 심리치료사가(특히 여성 심리치료사가) 얼마나 쉽게 넘어가는지도 보여준다.

그래서 나는 모린이 공격성과 언어적 폭력성을 극복하도록 돕기 위해 많은 노력을 해야 했다. 아주 오래전에 버림받아서 상처받기 쉬운 예민한 자기가 현재 심리치료사를 새로운 과도기적 자기대상으로 삼고 있다고 모린에게 해석해주기도 하고, 짜증 섞인 공격성과 경쟁심을 버리도록 유도하면서 자신의 진정한 욕구와 감정에 접속할 수 있도록 돕기도 했다.

다른 한편으로, 토니에게는 그가 독립하는 것을 도와주면서 동시에 모린과의 관계에서 따뜻하고 섬세한 모습을 보여주도록 독려했다. 우리는 이 사례를 통해 자신의 방어기제를 없애려고 할 때 원초적 상처들이 얼마나 심하게 들고일어나는지 확실히 볼 수 있다.

■ 사례 13 _ 토니와 모린의 사례 C : 공격성을 직면하기

토니는 아내가 자신에게 전혀 여유를 주지 않는다고 몹시 화가 나 있었다. 사업상 출장을 가거나 축구 경기를 보러 가거나 친구를 만나러 외출해야 한다고 할 때마다 모린은 거친 말로 버럭 화를 냈다. 이번 상담에서 나는 모린이 자신의 공격성을 직면하도록 만들 작정이었다. 모린의 고통에 공감해주려고 애쓰면서 동시에 그녀의 공격성이 분리불안 및 병적인 의존감과 관련이 있음을 보여주려고 했다. 부부치료를 하는 내내 나는 모린에게 자신의 느낌을 표현하는 것은 좋지만 공격성이나 분노를 행동으로 직접 표출해서는 안 된다는 주의를 줘야 했다.

토니의 불만거리는 모린이 성관계를 하지 않으려 한다는 것이고, 모린의 불만거리는 토니가 지원이나 공감을 충분히 해주지 않는다는 것이었다. 그렇지만 결국 모린은 자신의 행동 때문에 토니가 자신의 감정이나 처지에 공감을 해주지 않는다는 사실을 깨닫게 됐다. 그런데 토니는 자신이 모린과의 관계에서 뒤로 물러나려고 할수록 모린의 화만 돋우게 된다는 사실을 깨닫지 못했다.

모린: 남편은 얼마 전에도 멀리 갔는데 또 가려고 해요.

토니: 이번에는 사업 때문에 이틀 동안 출장을 가는 거고, 지난번에는 어머니 장례식에 갔던 거잖아.

모린: 어쨌든! 당신은 못 가! 애들과 나만 두고 어디를 간다고 그러는 거
야. 가지 마!

심리치료사: 모린, 당신에게는 하루 종일 집에서 상주하면서 일을 봐주는
사람이 있잖아요!

모린: 선생님, 선생님은 모르실 거예요. 유모들은 별 도움이 안 돼요. 어
떤 유모는 가방에 신경안정제를 넣고 다닌다니까요.

토니: 항상 이런 식이에요. 내가 따로 상담을 받고 있는 심리치료사는
모린에게 편집증이 있다고 하더군요.

심리치료사: 내가 보기에는 분리불안과 더 관련이 있을 것 같은데요.

모린: 우리 엄마는 항상 나를 혼자 남겨두었어요. 이웃이나 친척들에게
나를 맡겨놓고는 바람을 피우고 여행을 다녔어요.

심리치료사: 바로 그거예요. 그 일 때문에 남편이 집을 떠나 멀리 가는 것
을 용납하기 힘든 겁니다. 남편이 집을 떠날 때면 당신은 버
림받은 아이가 됩니다. 그리고 혼자 있을 때 어떤 느낌이 드
는지 말하는 대신, 남편을 비난하거나 통제하려 들죠.

모린: 그런데 제가 그런 행동을 할 때 남편은 아무것도 도와주지 않아요.

토니: 그건 제 문제가 아니라고 제 개인 심리치료사는 말하더군요. 제게
필요한 건 아내이지 환자가 아닙니다. 하루 종일 옆에 앉아서 아
내의 응석을 받아줄 수는 없는 노릇이잖아요?

모린: 응석을 받아주라는 말이 아니잖아. 당신은 정말 인색한 사람이야.
아이가 둘이나 돼서 도움이 필요한 거라고. 내 형편과 처지를 알
아주었으면 하는 거라고.

심리치료사: 모린, 당신 말에 공감해요. 이제야 진짜 무엇을 원하는지 말

하는군요!

모린: 그런 노력을 왜 해야 하죠? 토니는 전혀 관심이 없는데!

토니: 전 모린이 원하는 것을 해줄 수 없어요. 내겐 줄 만한 게 아무것도 남아 있지 않거든요.

모린: 선생님, 이제 제 말을 이해하시겠죠? 토니! 난 당신의 관심과 도움이 필요하다고, 그게 없으면 살 수 없어!

심리치료사: (속으로) 지금이 모린의 공격성에 대해 이야기해야 할 때야. 지금이 바로 경계선을 그어야 할 때야. 그런데 좀 겁이 나는군. 모린이 뛰쳐나갈까? 아냐, 조앤! 시작해!

심리치료사: 모린, 지난 몇 달간 나는 이 자리에 앉아서 당신이 남편에게 퍼붓는 불평과 폭언과 비난을 들었어요. 나도 당신 남편이 어딘가로 떠나기 전에 당신과 충분히 상의해야 한다고 생각해요. 그렇지만 당신은 남편의 처지나 생각에 공감해준 적이 있나요? 시어머니가 돌아가셨을 때조차 당신은 자신만 생각했어요. 공감받고 싶다면서 당신 자신은 남편에게 조금도 공감해주지 않았어요. 바로 몇 분 전에 당신 남편은 가슴속에 있던 말들을 쏟아냈어요. 그런데도 당신은 눈 하나 깜짝하지 않는군요.

토니: 그래, 맞아! 당신이 내게 공감해줄 수는 없어? 난 더는 당신에게 내 사업과 관련한 이야기를 할 수 없어. 왜 그런지 알아? 당신이 나를 깔아뭉개고 비난하리라는 것을 알거든. 우리 엄마가 내게 했던 것처럼 내가 쓰레기나 된 것처럼 느끼게 만드는 이런 말이나 하면서 말이야. "당신은 사람 구실을 결코 못할 거야!"

모린: (토니가 결혼 생활을 끝장내고 곧 짐을 꾸려서 떠날 거라는 생각에 겁을 집어먹고) 토니, 내 말 좀 들어봐. 나도 내가 잘한 게 없다는 걸 알아. 그리고 나 자신만 생각하고 있다는 것도 알아. 선생님, 어쩌면 저는 저를 학대했던 의붓아버지의 목소리로, 제가 아는 유일한 그 목소리로 이야기하고 있는지도 몰라요. 그런데 제가 토니를 공격하고 있다는 것은 몰랐어요. 저는 단지 토니가 제 말에 귀를 기울여주었으면 했어요. 그래서 그랬던 거예요!

심리치료사: 아하!

모린: 그럼, 이제 저는 어떻게 해야 하죠?

심리치료사: 지금 당장은 아무것도 할 필요가 없어요. 난 이 순간을 음미하고 싶군요. 방금 모린이 한 말은 치료에 엄청나게 도움이 되는 말이에요.

심리치료사: 그런데 토니 당신은 여전히 아내를 도와줄 생각이 없나요?

토니: 선생님, 제가 왜 그렇게 해야 하죠? 아내가 성관계도 해주지 않는데. 전 단지 밖으로 나가고 싶을 뿐이에요. 제 개인 심리치료사는 제게 경계선을 확실히 지키라고 했어요(내가 보기에 그건 경계선이 아니라 조증적인 방어기제일 뿐이다). 이런 대접을 받으면서 내가 왜 아내에게 무엇을 해주어야 하죠?

심리치료사: 단순해요. 당신은 결혼한 사람이니까요. 다시 피장파장 시합으로 돌아갔군요. 모린이 당신에게 성관계를 해주지 않아서 당신은 도와주거나 공감해주지 않겠다는 거군요. 그런데 함께 아이들을 기르고, 같이 여행을 가고, 같은 침대에서 잠을 자는 등 결혼 생활은 계속 유지하고요. 당신은 결혼 생활을

계속 해나가거나 아니면 집을 떠나거나 해야지 둘을 같이 할 수는 없어요.

토니: 맞아요. 저는 아내가 잠자리를 같이 해주지 않는 한 아내에게 아무것도 해주지 않을 겁니다. 너무 늦었어요. 이젠 신물이 나요.

모린: 그럼 우린 무엇을 해야 하죠?

심리치료사: 분명히 늦지는 않았어요. 늦었다고 생각했다면 두 분은 여기에 오지 않았을 거예요. 그리고 심리치료사를 개인적으로 만나 상담을 받지도 않았을 거고요. 무엇을 해야 하느냐고요? 우리가 하는 일이 바로 그것이잖아요! 다음 주에 봐요!

모린과 토니: 안녕히 계세요.

토니는 모린이 공감을 받을 가치가 없는 사람이라고 생각했다. 그리고 모린은 토니가 자신과 상의하지 않고 행동하는 것은 나쁜 짓이고 그런 일을 하면 마땅히 벌을 받아야 한다고 생각했다. 모린은 자신을 버린 어머니와 학대했던 의붓아버지의 역할을 토니에게 무의식적으로 강요했다. 반면에 토니는 숨을 쉴 수 없게 만들었던 어머니와 놀기 좋아하는 소년을 우리 속에 영원히 갇히게 만든 아버지의 역할을 모린에게 강요했다.

우리 모두에게 아주 익숙한 이 시나리오는 원시적 방어기제들 때문에 연인이나 부부 관계가 휘둘릴 때 어떤 일이 일어나는지 잘 설명해준다. 이때 우리가 특히 관심을 기울여야 할 부분은 부부 가운데 누구의 욕구가 큰지 작은지가 아니라 부부의 내면에 있는 욕구다.

위의 사례를 보면 고전 정신분석학이나 대상관계론, 자아심리학, 자기심리학 등과 같은 이론들을 넘나들며 다양한 이론적 관점을 조율하는 것이 얼마나 복잡하고 어려운 일인지 알 수 있다. 우리는 언제 담아주기를 하고, 언제 거울반응을 하고, 언제 직면하기를 하고, 언제 공격성과 방어기제를 뚫고 나아가야 할까?

여러 이론들 가운데 가장 도움이 되는 것은 클라인의 대상관계론이다. 클라인의 이론은 박해불안이나 죄책감, 수치심, 무가치함과 같은 부정적인 감정을 배우자에게 어떻게 투사하는지, 그리고 배우자가 부정적인 감정을 어떻게 동일시하는지에 초점을 맞추기 때문이다.

심리치료사는 내담자의 공격성에 굴복해서도 안 되고 자학적인 항복에 결탁해서도 안 되지만, 그것이 생각만큼 쉬운 일은 아니다. 심리치료사는 내담자의 공격성이 아니라 취약성에 공감하는 태도를 보여야 한다. 내담자가 위로받고 싶어하는 동시에 심리치료사가 자신의 마음을 '담아주기'를 바라기 때문이다.

5장

명상에 사로잡힌 커플

특정 성격 유형이
상반되는 유형을 만났을 때는
무슨 일이 일어날까?
또 그러한 관계들의 중심에 있는 브이스폿에는
어떤 일이 생길까?

망상에 사로잡힌
부부들

베네디크: 확신하건대 난 모든 숙녀들의 사랑을 받고 있다오, 당신만 빼고 말이오. 게다가 진심으로 내 차가운 심장이 없었으면 좋겠소. 그 때문에 사실 난 아무도 사랑할 수 없다오.

베아트리체: 그 여성들에게는 참으로 다행스런 일이네요. 간악한 구혼자 때문에 또 한 번 골머리를 앓았을 텐데. 저도 신에게, 그리고 내 차가운 피에게 고마움을 느껴요. 사랑을 맹세하는 남자들의 목소리를 듣느니 차라리 개가 까마귀를 향해 짖어대는 소리를 듣겠어요.

– 셰익스피어, 「헛소동」

내가 접한 사랑 관계들 가운데 가장 이해할 수 없는 관계가 셰익스피어의 「헛소동」에 나오는 베아트리체와 베네디크의 관계다. 이들은 서로 상대를 미워한다는 생각에 사로잡혀서 서로에게 느끼는 사랑을 솔직히 표현하는 대신에 부정할 수도 있다는 것을 보여주는 본보기다. 이들은 나중에야 주위 사람들의 적극적인 설득 덕분에 마침내 서로에 대한 사랑과 열정을 확인하게 된다.

자신의 모순이나 브이스폿에 맞닥뜨리는 방법으로 사랑을 하는 것보다 더 좋은 방법이 있을까? 사랑하는 사람과 친밀한 관계를 형성하는 일은 무의식적인 소망과 갈망과 분투를 표면으로 떠오르게 만든다. 현대인들은 자기가 하고 있는 사랑에 대해 강박적으로 말하는 경향이 있는데, 그것은 사랑 관계가 그리 단순하지 않으며 부부(혹은 연인)마다 그들만의 '은밀한 광기'를 공유하기 때문이다. 그래서 감응성 망상장애에 대해 좀 더 알아볼 필요가 있다.

정신분석학에서는 감응성 망상장애라는 개념을 거의 언급하지 않는다. 이론가들은 감응성 망상장애를 부부의 공모, 부부의 대립, 부부의 은밀한 광기라는 용어로 설명한다. 나는 '춤'이라는 용어를 사용한다. 그렇지만 이 개념을 가장 설득력 있게 설명한 사람은 『부부의 긴장들(*Marital Tensions*)』의 저자 헨리 딕스(Henry Dicks)와 『빠른 오토와 느린 레오폴트(*Quick Otto and Slow Leopold*)』의 저자 앨버트 메이슨(Albert mason)이다. 이들은 감응성 망상장애를 빌헬름 플리스(Wilhelm Fliess)와 프로이트의 관계에 빗대어 설명한다. 플리스는 최면을 걸듯이 프로이트의 마음을 사로잡아 숫자점(numerology)을 믿게 만든 인물이다.

감응성 망상장애는 일반적으로 '우리는 서로 잘 맞고 항상 옳은 말만

해’라고 믿는 부부처럼 두 사람이 똑같은 망상적 환상에 휘말린 상태를 일컫는다. 그런데 서로 상반되는 유형의 부부에게도 이 같은 현상이 발생하는데, 두 사람이 양극단에 있는 것처럼 보이지만 투사를 통해 공모 관계를 맺고 있기 때문이다.

감응성 망상장애는, 부부가 각각 자신의 망상을 배우자에게 투사해서 ‘두 사람을 위한 춤(dance for two)’에 연루된다는 클라인의 투사적 동일시라는 개념을 확장한 것이다. 감응성 망상장애의 전형적인 예는 (보통 의존적이거나 수동적인) 상대방의 마음을 망가뜨려서 정신을 놓게 만들거나 미치게 만드는 망상에 사로잡힌 배우자(학대하는 배우자, 사이비 종교 단체의 교주, 테러리스트)와 감정적으로 얽힌 관계에서 찾아볼 수 있다.

놀랍게도, 그런 일이 최고의 교육을 받아 지적 수준이 상당히 높은 사람들인 프로이트와 플리스 사이에서도 일어났다. 이들의 사례는 프로이트와 같은 사람조차 나중에 비과학적이라고 생각하여 스스로 폐기처분해 버린 숫자점 같은 것에 속아 넘어갈 수 있다는 것을 보여준다.

누구나 사랑함으로써 얻는 위험성과 사랑받음으로써 얻는 위험성을 혼동할 수 있다. 특히 누군가 사랑을 갈구하면서도 한편으로는 거부할 때는 더욱 그렇다. 딕스는 대상이 자신을 파괴하거나 집어삼키기 전에 그 대상이 자신을 떠나고 싶게 만드는 것이 자신을 안전한 상황에 처하게 하는 유일한 길이라고 말한다. 사실 딕스는 그 대상이 동시에 의존하고 싶어하고 어린애같이 유치한 사랑을 갈구하고 있는데도, 그것을 증오하는 일과 동일시하고 있다.

감응성 망상장애와 투사적 동일시

클라인은 두 사람이 바보 같은 '춤'을 추면서 망상적 환상을 주거니 받거니 하는 것을 투사적 동일시라고 말했는데, 투사적 동일시와 감응성 망상장애는 일정 정도 관련이 있다. 배우자들은 똑같은 망상적 환상을 공유하면서 상대가 쳐놓은 엄청난 계략에 말려들었다고 생각한다. 감응성 망상장애는 성향이 반대인 부부에게서나 서로 공모 관계에 있는 부부에게서 모두 나타날 수 있고, 어떤 경우에는 두 사람이 다른 한 사람을 적대하는 은밀한 혹은 공공연한 삼각관계에서도 나타날 수 있다.

투사적 동일시는 어떤 사람이 보고 싶어하지 않을 자신의 일부분을 상대방에게 투사하는 것으로, 이것은 자아가 무의식적 방어기제로 자신의 위치를 상대방의 위치로 옮겨놓는 것이다. 투사적 동일시가 진행되는 상황에서는 누구나 투사하는 사람의 강압적 행위와 교묘한 수작과 통제에 취약해진다.

정치인 부부와
감응성 망상장애

감응성 망상장애라는 용어는 집단이나 국가 간에 맺는 관계나 정치인 부부의 관계에도 쉽게 적용해볼 수 있다. 이 용어는 어떤 망상적인 신념과 거창한 계획을 영구화하기 위해 사람들을 두려움과 공포를 통해 조종하거나 달래는 지도자들과 그들을 자신과 동일시하는 사람들을 잘 설명해준다.

그 극단적인 예로 밀로셰비치 부부와 세르비아 국민의 관계를 들 수 있다. 1989년에 세르비아 대통령으로 선출된 슬로보단 밀로셰비치(Slobodan Milosevic)는 권력에 중독된 포악한 지도자였다. 그는 대량 학살과 파괴를 자행하여 '발칸의 도살자'로 악명을 떨친 사람이다.

　1987년 4월, 코소보의 수도 프리슈티나의 교외 지역에서 슬로보단은 한 무리의 성난 군중들을 마주 보고 있었다. 슬로보단은 발코니에 서서 "앞으로 그 누구도 감히 여러분을 해치지 못할 것입니다!"라고 극적으로 선언했다. 이에 열광한 군중들은 "슬로보! 슬로보!"를 연호하면서 민족주의적 자부심이 강하게 느껴지는 "세르비아여! 기필코 해내자!"라는 구호를 외쳐댔다. 세르비아인들은 자신들을 희생자라고 여기는 의식이 뿌리 깊이 박혀 있어서 조금만 건드려도 어마어마한 분노에 사로잡힐 가능성이 농후했다.

　침울하고 무력하고 나약한 슬로보단은 그런 식으로 '보호자'를 자처하며 모두를 감싸 안는 전능한 아버지의 아이콘이 되었다. 사람들을 조종하는 법을 배워 세르비아인들에게 구원자가 된 슬로보단은 희생자화된 자기(self)를 세르비아 국민들에게 내주면서 자신의 브이스폿을 투사로 내던져버렸다. "난 이제 더는 우울하고 빈곤한 어린아이가 아니야. 나는 전능한 사람이다!" 권력은 우울증에 맞서는 항원이 되었다. "다시는 결코 죽은 사람처럼 살지 않을 거다. 난 지금 살아 있다! 우리 세르비아 국민들과 다시 하나가 됐다!" 세르비아인의 민족적 브이스폿을 알아챈 슬로보단이 그 민족의 무의식적이고 망상적인 믿음을 촉발시킬 방법을 발견해 낸 것이다

　슬로보단의 아내 미랴나 밀로셰비치(Mirjana Milosevic)도 불우한 가정환경에서 자랐다. 미랴나의 어머니는 일찍 사망했는데, 어머니가 죽은 뒤 그녀의 아버지는 그녀를 버리고 다른 여자와 새 가정을 꾸렸다. 아버지에게 거부당한 일은 미랴나로 하여금 죽은 어머니에 대한 기억에 무섭도록 집착하게 만들었다. 미랴나는 어머니가 평생 헌신한 당의 희생양이 되었

다고 믿었다. 어머니가 돌아가신 뒤 미랴나는 조부모와 함께 살았고 그들을 돌보면서 대부분의 시간을 보냈다. 교사로서 아이들을 가르치기도 하고 정치적인 파트너로서 슬로보단을 헌신적으로 지원하기도 했지만 그 밖의 시간에는 어머니의 오명을 씻는 일에 몰두했다.

사람들은 어떻게 한 여자가 그렇게 강한 역할을 맡을 수 있었는지 궁금할 것이다. 이 궁금증을 풀어줄 그럴싸한 설명들 가운데 하나는 당시 세르비아 여성들이 남자들의 일을 해야 하는 상황이었다는 것이다. 당시 세르비아 여성들은 가정을 돌보는 일을 아무런 보람도 없는 쓸모없는 일로 여겼을 뿐만 아니라 바보 같은 짓이라고 생각했다. 남성과의 동일시는 미랴나의 남성 혐오를 감추어주는 역할을 했다.

아버지에게 버림받고 배신당한 미랴나는 어머니라는 우상에 집착하며 퇴행하는데, 그 퇴행으로 미랴나는 편집증적 망상을 하게 된다. 미랴나는 편집증적 경계성에 딱 들어맞는 사람이다. 현실에 발을 단단히 딛지 못하고 ('진정한 자기'로 행세하는) '거짓 자기'가 득세하는 상황에서 아버지에게 복수하기 위해서라면 무슨 일이든지 하려 드는 사람이었다. '거짓 자기'를 통해 그녀는 온통 공격적이고 남성적인 자신의 환상을 실행에 옮기도록 남편을 교묘히 이용했다.

망상적인 관계 속에서, 다른 말로 하자면 자기애성과 경계성이 서로 얽혀 춤을 추면서, 밀로셰비치 부부는 보호자 역할을 자신들에게 부여하고 스스로 희생자로 만든 자기들을 활용하면서 의식적·무의식적으로 억압된 상대방의 환상을 재현한 것이다. 불우한 가정과 열악한 양육 환경의 결과물로 탄생한 이 부부는 자신들만의 독특한 세계를 창조했다. 슬로보단의 거대하고 자기애가 강한 자기는 미랴나의 불타는 복수심에 영양분을 제공했다. 이에 대한 화답으로 미랴나의 분노는 슬로보단의 민족적·정치적 이익에 영양분을 제공했다.

세르비아인들은 대개 슬로보단을 최고의 권력자로 밀어올린 사람이 비통한 일을 겪고 앙심을 품은 미랴나라고 생각한다. 미랴나의 지인들은 (복수를 위해서라면 어떤 일도 마다하지 않는 경계성과 아주 흡사하게) 그녀가 남편에게 미칠 수 있는 악의적이고 절대적인 영향력을 모두 이용해서 남편으로 하여금 온 국민을 이끌고 벼랑 주변을 어슬렁거리도록 몰아붙였을 것이라고 말한다.

밀로셰비치 부부 사이뿐만 아니라 그들과 그들의 문화 사이에서도 감응성 망상장애가 나타났다. 슬로보단이 문화와의 관계에서 보인 감응성 망상장애를 촉발한 것은 엄마가 아기에게 애정을 쏟지 못하게 만드는 사회 분위기 때문에 불우하고 우울하게 보낸 자신의 어린 시절에 대한 수치심이었다. 미랴나의 경우에는 '남성'의 우수성을 강조하면서 여성의 취약성과 의존성을 깎아내리는 사회 분위기 때문에 겪은 생애 초기의 어머니의 애정결핍과 상실이었다. 미랴나는 남편의 분열되고 의존적이고 궁핍한 자기에 영양분을 공급하면서 그의 잔인한 권력욕을 지지했다. 그 보답으로 슬로보단은 자신의 과장된 자기와 수그러들지 않는 공격성을 이용해 복수심에 불타는 미랴나의 자기에 불을 질렀다.

■ 사례 14 _ 밀로셰비치 부부의 가상 정신분석

자, 이제 상상력을 동원해보자. 다음 사례는 가상으로 꾸며낸 것이다. 밀로셰비치 부부가 부부치료를 받는다면 무슨 일이 생길까? 심리치료사가 그동안 입 밖에 내지 않던 말들을 쏟아내면 또 무슨 일이 벌어질까?

이 사례에서 심리치료사는 내담자들과 대립을 일삼는데, 이런 방식은 심리치료사들이 실제로 사용하는 기법이 아님을 밝혀둔다. 실제 상황에서 이런 식으로 반응하는 심리치료사는 없다. 그런데도 이런 설정을 한 주된 이유는 감응성 망상장애에 생기를 불어넣기 위해서다.

심리치료사: 무슨 문제로 오셨나요?

미랴나: 우울증을 앓고 있는 것 같아요. 국민들이 우리에게서 등을 돌리고 있거든요.

슬로보단: 그뿐만이 아닙니다. 그들에게 배신당한 것 같아 화가 납니다. 우리는 국민을 위해서라면 무슨 일이든 다 했는데 돌아온 것이라고는 우리의 진정성에 대한 의심뿐입니다.

심리치료사: 그들을 위해서 무슨 일을 했는데요?

미랴나: 무슨 일을 했느냐고요? 그들을 먹여주고 보호해주고, 모든 것을 다 해주었죠.

슬로보단: 우리가 저질렀다고 하는 부정행위들에 관해 들었을 땐 참 기가 막혔습니다. 우리 집 현관 앞에 모인 세르비아 군중들을 향해서 난 "앞으로 그 누구도 감히 여러분을 해치지 못할 것입니다!"라고 선언했습니다. 그 순간 난 그들의 지도자가 되었고, 그들도 박수와 함성으로 저를 환영했습니다.

심리치료사: 슬로보단, 당신은 그들이 꿈꾸던 보호해주는 아빠가 된 거군요. 그들에게 구세주 같은 지도자, 아니 구원자가 되었네요.

슬로보단: 그들이 '꿈꾸던' 아빠라니, 그게 무슨 뜻이죠? 나는 '지금' 그들의 지도자로서 그들을 보호하고 있답니다!

미라나: 남편 말이 옳아요. 군중들은 민족적 자부심으로 가득 차 남편을 향해 "슬로보! 슬로보!"를 계속 외쳤어요.

슬로보단: 그때 "세르비아여! 기필코 해내자!"라는 소리가 메아리처럼 울려 퍼졌죠. 혼을 쏙 빼놓을 정도로 엄청났습니다.

심리치료사: 이집트에서도 그와 똑같은 일이 있지 않았나요? 나세르가 모든 유대인을 홍해로 몰아넣어야 한다고 선언했죠. 그렇게 해서 그도 민족적 영웅이 되었잖아요?

슬로보단: 그랬죠. 그런데 이해를 잘 못하시고 있군요. 그런 일은 우리에겐 유일무이한 일이랍니다.

심리치료사: 내겐 집단히스테리처럼 보이는데요. 의존감과 무력감을 느끼지 않으려고 집단 전체가 부리는 광기 말이에요.

미라나: '광기'라니 무슨 뜻이죠? 아주 보수적인 정치가들조차 남편을 얼마나 좋아하고 존경하는데요.

심리치료사: 대단히 죄송한 말씀이지만, 사람들은 당신의 남편을 병적인 거짓말쟁이라고 부르고 있어요. 잔혹한 짓을 서슴지 않고, 약속을 밥 먹듯이 깨고, 권력을 유지하기 위해서라면 뭐든지 하는 사람으로 알고 있어요.

미라나: 하지만 우리 남편은 정말 멋지고 존경할 만한 사람이에요. 미국 국회의원들의 마음까지 사로잡는다니까요. 남편을 직접 만나본 사람들은 누구나 그에게 홀딱 반해요.

심리치료사: 그렇지만 코소보 사람들을 대량 학살한 사람이 바로 당신 남편이잖아요. 당신 남편 때문에 수십만 명이 코소보에서 추방당하거나 피난을 가야 했어요.

미라나: 그건 중요한 문제가 아닌 것 같군요. 평화유지군이 들어오자마
자 그들은 다시 돌아왔으니까요.

심리치료사: 부인 말씀을 들어보니, 남편께서는 자신의 약한 부분을 사람
들에게 투사해서 그들을 조종하고 매혹하는 법을 알고 있다
는 말처럼 들리네요. 그리고 부인은 남편의 그런 점을 진솔한
것과 혼동하고 있고요.

미라나: 감히 어떻게 조종이라는 말을 쓸 수 있어요?

심리치료사: 당신 남편은 참으로 영리한 사람입니다. 집단이 공유하는 무
의식적인 환상과 믿음을 이용하는 방법을 알고 있어요.

미라나: 당신은 자신이 무슨 말을 하는지도 모르는 것 같군요. 그건 환상
이 아니라 사실이에요. 전쟁에서 13번이나 패배했어도 그의 지
지율은 가파르게 올라갔다고요.

심리치료사: 두 분이 혼란과 배신감을 느끼는 것도 당연한 일인 것 같군요.

슬로보단: 별로 중요한 말 같지 않군요. 어찌 됐든 우리 민족이 다시 힘을
찾을 때까지 난 무슨 일이든 할 겁니다. 자랑스럽게 세르비아
민족을 보호할 겁니다.

심리치료사: 사람들을 대량 학살하는 일도요?

미라나: 감히 당신 따위가 그런 말을…….

심리치료사: 민족의 무의식적 환상을 실현시켜주기 위해, 두 분은 공모 관
계를 맺고 있는 겁니다. 두 분의 광기가 부리는 가락에 맞춰
나란히 행진하는 감응성 망상장애를 앓고 있다고요.

슬로보단: 왜 내가 여기 앉아서 이런 모욕적인 말을 듣고 있어야 하는지
모르겠군.

심리치료사: 그 광기는 두 분이 어린 시절에 느낀 무력감을 피하고 싶은 욕구와 관련이 있는 것 같군요. 취약성하고도 관련이 있고요. 슬로보단, 자신이 과거에 보호받았어야 했던 방식대로 당신이 세르비아인들을 보호하고 있다고 생각하죠. 그런데 이제는 '코소보인들'이 희생자고, '당신'은 크고 전능한 사람이네요.

미랴나: '광기'라고요? 나는 무력감을 광기로 표출하고 있지 않아요. 과거에 무력감을 느낀 적은 있어요. 우리 어머니는 민족적인 문제 때문에 돌아가셨어요. 어머니가 돌아가신 뒤 나는 조부모님을 돌보아야 했고, 그래서 내겐 어린 시절이 없었죠. 늘 보호자 노릇을 해야 했어요. 그래서 당신이 '광기'라고 표현하는 게 없다면 난 죽은 사람처럼 살 거예요.

슬로보단: 맞습니다. 우리에게는 무언가 신 나는 일이 필요해요. 살아 있음을 느끼게 해주는 게 바로 그 흥분입니다.

심리치료사: 전능한 지도자가 되면 일종의 성적인 흥분을 느낀다는 말입니까?

미랴나: 그래요. (갑자기 생기를 띠며 허리를 곧추세워 앉는다) 맞아요, 바로 그거예요! 우린 죽은 사람들 같았어요. 그런데 지금은 살아 있다는 느낌이 들어요.

심리치료사: 그래서 미랴나 당신은 남편의 공격성을 부추겼나요? 그것 때문에 남편의 파괴적인 행동에 동조한 건가요?

미랴나: (자기만 옳다는 듯이) 당신이 공격성이라고 말하는 것을 난 용기라고 생각해요. 그래요, 그게 나를 흥분시켜요. 그래서 건축가도 되고 정치인도 되라고 남편을 부추겼어요. 진짜 정치를 해야 할

사람은 바로 나예요.

심리치료사: 그럼 당신은 남편을 이용해 세상을 살고 있는 셈이네요?

미랴나: 남편을 이용하는 것이 아니에요. 남편이 바로 저예요. 우리는 하나라고요.

심리치료사: 오늘 상담 내용을 정리하겠습니다. 두 분은 사람들을 희생시키고 부정하는 경계성 심리 상태에서 하나의 망상 체계를 공유하고 있습니다. 떼려야 뗄 수 없는 사이인 두 분은 각각 자아 경계선을 전혀 형성하지 못한 채 감정적으로는 상대방의 내면 안에서 살고 있습니다. 현재 우울증을 앓고 있는 두 분은 모두 음울한 어린 시절을 보냈고 많은 상실을 겪어야 했습니다. 또 보호자 역할도 떠맡아야 했죠. 따뜻한 보살핌을 '충분히' 받지 못했는데도 두 분은 '좋은' 부모가 되었습니다. 그래도 남편은 좀 커서 상실을 겪었지만 미랴나 당신은 아주 이른 시기에 어머니를 잃는 고통을 겪어야 했어요. 그래서 남편의 공격성을 이용해 어머니의 복수를 한 거죠. 어쨌든 두 분은 모두 자신들이 힘없고 나약했던 어린 시절을 이용했습니다. 불우한 가정환경에서 성장해야 했던 외로운 두 아이가 다 큰 지금 자신들만의 특이한 세계를 창조했습니다. 그 세계에서 공허감을 회피하고자 사람들을 죽이고 불구로 만들고 그들의 삶을 파괴했죠.

실재했던 정치인 부부를 가상으로 분석한 이 사례는 이 부부 사이의 역동이 발칸반도에서 벌어진 충격적이고 극적인 사건들과 아주 흡사하다는 것을 보여준다. 이 사례를 통해 우리는 세르비아 대통령 부부의 성향과 그들 사이의 상호작용을 엿볼 수 있었고, 세르비아인들의 양육 관습과 여성들에 대한 처우를 배경으로 대통령 부부와 세르비아 군중들 사이의 정신역동을 살펴볼 수 있었다. 지금까지 우리는 여러 이론가들과 정신역동과 문화와 발칸반도의 대통령 부부에 대해서 살펴보았는데, 이 모든 작업은 어디로 귀결되는 걸까? 그 답은 아주 간단하다.

다음 사례에서 심리치료사는 감응성 망상장애 때문에 빚어지는 극적인 사건들을 끌어내기 위해 자주 대립적인 태도를 보인다. 여기서 우리는 부부가 자신에게 책임이 있다는 것을 깨닫지 못한 상태에서 어떻게 배우자를 공격적인 사람으로 만드는지 살펴볼 것이다.

■ 사례 15 _ 모린과 토니의 사례 D : 심리치료사가 입 밖으로 내지 않은 말들

심리치료사: 안녕하세요.

모린: 오늘은 시간에 딱 맞춰서 왔네요.

심리치료사: 그래요.

모린: 우리 가족은 멕시코의 카보 산 루카스로 휴가를 가기로 했어요. 그런데 전 가고 싶지 않아요.

토니: 전 모린이 왜 가고 싶어하지 않는지 알아요. 그곳에 가면 제가 성관계를 요구하리라는 것을 알기 때문이에요.

심리치료사: 모린, 성관계를 하는 데 무슨 문제가 있나요?

모린: 아뇨, 그게 아니라 남편과 성관계를 하고 나면 남편은 언제나 인색해져요.

토니: 내가 인색해진다고?

모린: 우리가 성관계를 하고 나면 당신은 항상 냉혹해지고 인색해지잖아?

토니: 그건 당신이 나를 비난하면서 늘 패배자라고 부르기 때문이야. 다른 남편들은 그렇지 않은데 선물도 제대로 못 사준다고, 내가 해주는 것은 늘 부족하다고 몰아붙이잖아.

모린: (토니의 말을 끊으며) 그런 적 없어. 거짓말쟁이 같으니라고! 있는 구실 없는 구실 다 갖다 대며 당신은 내게 비열하게 굴고 있어. 선생님, 제가 어떻게 해야 하는 거죠? 가학적인 남자와 사랑을 나누어야 하나요? 저기 좀 보세요. 점점 붉어지는 토니의 얼굴 좀 보세요. 눈알이 곧 튀어나올 것 같네요.

심리치료사: (속으로) 모린, 단 일 분 만이라도 남편이 자기 이야기를 말하도록 놔두세요. 계속 공격하고 방해하고 있잖아요. 당신 때문에 나도 도무지 생각을 할 수가 없어요. 세상에, 길을 잃어버렸어. 내가 지금 어느 방향으로 가고 있는 거지?

심리치료사: 그런데 모린, 당신은 멕시코에 있던 때부터 지금까지 넉 달간이나 남편과 성관계를 하지 않았잖아요?

모린: 그래요. 꼭 성관계를 해야 하는 이유라도 있나요?

심리치료사: (속으로) 결혼을 했으니까, 그의 아내가 되겠다고 서약을 했으니까요. 당신은 남편이 화가 나 있을 때조차 그에게 이것저것을 요구하잖아요! 이해 못하겠어요? 그럼 왜 그는 당신을 먹여 살려야 하고 선물들을 사줘야 하죠? 당신에게 매일 욕먹고 비난만 들으면서요.

모린: 남편이 저를 위해주었으면 좋겠어요. 아침에 눈을 떠 그가 배달해주는 커피를 마시고 싶어요. 가끔씩 아침에 일어나 편두통을 앓는

데, 남편이 하는 일이라고는 샤워하고 텔레비전을 켜 잠시 본 뒤 컴퓨터 앞에 앉았다가 문을 꽝 닫고 나가는 거예요. 잘 다녀오겠다는 인사도 없이 말이에요.

심리치료사: (속으로) 당신처럼 하면, 내게도 두통이 생겼을 거예요. 남편이 집 밖으로 뛰쳐나가는 것도 당연해요. 매일 인색하다는 소리를 듣는데 누가 안 그러겠어요? 그런데 이렇게 왜곡된 마음을 어떻게 치료해야 하지? 당장 어떻게 해야 하지? 왜곡된 마음을 직면하게 해야 하나, 아니면 가만히 앉아서 들어주어야 하나?

토니: 모린, 당신이 만날 괴성을 질러대고 이것저것 해달라고 소리 지르니까 투통이 나는 거야. 누구라도 그럴걸.

모린: 입 닥쳐요! 보셨죠? 남편은 늘 내 흠을 찾아내 나를 비난하기만 해요. 며칠 전에는 남편과 로맨틱하게 외식하려고 여동생에게 집으로 와 아이들을 봐달라는 부탁까지 했어요. 정말 나를 위해서가 아니라 남편을 위해서 그렇게 했어요. 저는 집에서 피자를 먹는 것만으로도 행복한 사람이에요.

토니: 이 사람이 그날 밤을 망쳤어요. 아내는 그 자리에서 자기 앞으로는 얼마를 남기고 아이들의 신탁자금을 얼마를 남겨야 하는지 내 유언장에 대해서만 이야기했어요. 외식하는 자리에서 그런 이야기는 하고 싶지 않다고 말했는데도 말이에요.

심리치료사: 하지만 당신도 한몫했잖아요!

토니: 그랬죠. 모린 때문에 머리끝까지 화가 났고, 그녀가 한계까지 밀어붙이니까 꼼짝없이 두 손 두 발을 들 수밖에 없었어요. 외식하는 자리에서는 그런 문제로 더는 이야기하지 말자고 전에 이 상담실

에서 서로 동의했던 걸로 알고 있어요.

심리치료사: 그렇지만 당신도 한몫한 건 맞아요.

심리치료사: (속으로) 게다가 토니가 패배자 역할을 하도록 만든 사람은 모린이고, 모린은 자신도 모르게 토니를 패배자로 만들고 있어. 모린은 토니가 항복할 수밖에 없도록 한계점까지 몰아붙이고 있어. 그 상태에 이르면 토니는 이성을 잃고 모린에게 불같이 화를 내지. 토니는 모린이 자신을 '쥐고 흔들' 때 자신을 무언가 부족한 사람으로 느끼기 시작한다는 것을 몰라. 모린도 자아 기능이 너무 심하게 손상돼서 자신이 부부간의 갈등을 부채질하고 있다는 사실을 인식하지 못해. 그녀 눈에 보이는 것은 오로지 가혹한 의붓아버지뿐이지. 그녀는 토니가 좌절감에 휩싸여서 하는 행동을 일부러 자신에게 상처를 주려고 하는 가혹한 행위로 오해해. 사실 그건 단지 좌절감에서 비롯된 것인데도 말이야. 자, 준비 완료! 지금이 바로 자신의 감정을 직면하게 해야 할 때야.

심리치료사: 모린, 당신이 마음에 상처를 받아서 매우 힘들다는 걸 알아요. 상처가 심할 땐 자신이 한 일을 알아차리기 어려운 법이죠. 당신 눈에는 토니가 하는 가혹하고 무정한 처사만 보이지, 당신이 그렇게 만든다는 것은 보이지 않을 거예요. 그리고 토니, 당신은 자신이 했던 약속을 지키려고 노력하지만 아내 앞에서 너무 맥없이 무너져 이성을 잃고 아내를 공격하게 돼버리죠.

토니: 그러면 전 어떻게 해야 할까요?

심리치료사: 두 분, 경계성이라는 말 들어보셨어요?

모린: 경계성이요? 네, 전에 선생님이 말했었죠. 그런데 방금 선생님이 한 말을 이해하지 못하겠어요.

토니: 봐요. 이러니 내가 화가 안 나겠어요?

심리치료사: (속으로) 토니, 이곳을 떠나는 게 어때요? 왜 참고 있나요? 남자가 되세요! 자기 발로 서보라고요! 택시를 잡아타고 집으로 가는 건 어때요? 아내가 하는 도발에 넘어가지 않으려면 어떤 일이든지 해보세요. 아내 때문에 당신이 패배자가 됐다가 가혹한 사람이 됐다가 하는 거 안 보이나요? 당신은 마치 당신 아버지와 있을 때처럼 모린 옆에 있으면 수동적이고 나약한 사람으로 변해요. 큰소리치고 고함을 지르는 게 남자가 되는 길이라고 생각하겠지만 당신은 단지 조종당하고 있을 뿐이에요. 자, 어서 혼자 힘으로 서보세요. 당신은 할 수 있어요!

토니: 방금 제가 아내에게 눌려 사는 사람처럼 또 화를 냈군요.

심리치료사: (속으로) 좋아요, 토니! 자신이 패배자 게임에 어떻게 빠져드는지 알아채기 시작했군요.

모린: 토니를 빼고 이런 문제를 상의할 사람이 내겐 없어요. 그런데 토니는 거의 집에 없고, 그래서 아이들이나 신탁 문제를 꺼내놓을 수 있는 시간은 일주일에 한 번 저녁 외출을 할 때밖에 없어요.

심리치료사: 친밀한 시간을 보낼 때는 그런 문제를 꺼내지 않기로 약속했잖아요. 당신은 남편이 결혼 생활을 망치고 있다고 말하고 있어요. 그런데 결혼은 말할 것도 없고 지금 받고 있는 상담까지 당신이 망치고 있는 것이 보이지 않으세요? 당신은 우리가

합의한 사항을 어겼어요.

모린: 왜 편을 들고 계시죠? 왜 토니 편만 드는 건가요? 왜 제 입장은 생각해주지 않나요?

심리치료사: (속으로) 어쩌면 당신 말이 맞을지도 몰라요! 제가 편을 들고 있을 수 있어요! 자, 조앤, 이제 어떻게 해야 하지? 좋아, 그녀가 배신당했다고 느끼는 것에 공감해주자. 절대 모린의 도발에 넘어가선 안 돼. 그러면 넌 토니처럼 패배자가 될 거야.

심리치료사: 모린, 내가 당신에게 공감이나 이해를 해주지 않는다고 느꼈다면 미안해요. 심리치료사가 당신의 좌절감이나 고통을 이해하지 못한다는 생각이 들면 당연히 배신감이 들겠죠. 그러나 미안한 말이지만, 내가 편을 들고 싶어도 그럴 방법이 없네요. 그리고 나는 편을 들고 있지 않아요. 내가 관심을 더 많이 기울이는 부분이 있다면 그건 두 분의 관계, 즉 두 분의 결혼 생활이에요.

토니: 선생님이 모린에게 지지 않아서 보기 좋아요. 저는 별 뾰족한 수가 없어서 언제나 모린에게 항복해버리고 마는데 말이죠.

심리치료사: 다시 말해, 저는 두 분의 관계를 개선하고자 최선을 다하고 있기 때문에 무언가 잘못하고 있다고 겁을 집어먹거나 죄책감 같은 걸 느끼지 않아요.

심리치료사: (속으로) 이 얼마나 놀라운 순간인가! 수치심과 죄책감 사이에서 오락가락하던 감정들이 명료해졌어! 나는 조금 전까지만 해도 한쪽을 두둔한 것에 죄책감을 느꼈고, '내가 모린에게 정면으로 맞서면 그녀가 잘못된 행동을 할 거고 그러면 그녀

는 부끄러움을 느낄 텐데’ 하고 걱정했는데 말이야.

토니: 정말 훌륭하시네요. 그렇지만 지금 상황이 제가 집에서 처하는 상황과 똑같지는 않아요. 집에서는 더 심한 압박을 받거든요. 그냥 포기하고 모린의 요구를 들어주는 게 더 편해요.

심리치료사: 아뇨, 그렇지 않을걸요. 그게 더 어려운 일일걸요. 포기해버리면 당신은 모린이 강요하는 패배자로 전락하니까요. 당신이 얼마나 큰 좌절감을 느끼는지 난 알아요.

토니: 무슨 뜻이죠?

심리치료사: (속으로) 그 피학적인 굴복 때문에 자신이 나약하고 무력한 사람으로 변한 게 안 보이세요? 이 부부의 광기 때문에 머릿속이 정말 어지러워. 오케이! 자, 가자! 조앤, 앞으로 전진! 그런데 만약 모린이 자리를 박차고 진료실 밖으로 뛰쳐나가면 어떻게 하지? 이런 의문이 드는 건 버림받음과 관련된 나의 브이스폿이 건드려졌다는 소리군. 조앤, 조심해! 지금 너의 자아가 제대로 기능하지 못하고 있어. 버림받을까 봐, 즉 모린이 뛰쳐나갈까 봐 걱정하면, 너는 토니가 느끼는 두려움을 똑같이 느끼게 될 거야.

심리치료사: 모린, 당신 눈에 보이는 것은 당신에게 가혹하게 대한 의붓아버지와 똑같은 남편의 모습, 즉 인색하고 가학적인 모습뿐이에요. 당신은 그 가학적인 모습과 남편이 느끼는 좌절감을 혼동하고 있어요. 당신 남편은 가학적인 사람이 아니에요. 좌절감을 느끼고 있을 뿐이라고요! 게다가 당신은 무의식적으로 남편을 도발해서 당신에게 못되게 굴게 만들고 있어요.

모린: 무슨 말씀을 하시는 거예요? 그러니까 남편이 인색하게 구는 게 저 때문이라는 말인가요? 오늘 제 개인 심리치료사는 제가 당장 남편을 떠나야 한다고 하던데요. 얼른 이혼하고 더 좋은 남자를 만나라고 하던데요.

심리치료사: 모린, 지금 당신은 나를 당신의 인색한 의붓아버지와 동일시하고 있어요. 마치 내가 당신을 비난하기만 하는 무정한 사람인 양 행동하고 있어요. 나는 당신의 결혼이 유지되기를 바라는 마음과 애정에서 그 모든 말을 했는데, 그걸 알아차리기란 쉽지 않은 일이겠죠. 그런데 당신이 이렇게 왜곡하니 지치네요. 당신을 필요로 하고, 당신을 섹시하고 매력적이라고 생각해 당신에게 매혹된 남편의 모습이 보이지 않나요? 당신을 돕기 위해 쏟고 있는 내 노력에 감사하다는 인사는 그만두고라도 남편의 그런 모습에 고마워할 수는 없나요?

모린: 조금은 보이는 것 같네요.

심리치료사: 좋군요. 저도 이것저것 가릴 처지는 아니죠. 그거라도 좋은 시작이 될 것 같네요. 저는 정말 걱정이 돼요. 제발 우리가 하는 상담을 좀 더 생산적으로 만들기 위해 노력했으면 좋겠어요.

토니: 우리는 다음 주에 멀리 떠나요.

모린: 당신, 그게 뭘 의미하는지 알아?

심리치료사: 즐거운 시간 보내세요. 다음 주에 봐요.

모린: 당신이 먼저 가.

토니: 아니, 당신이 먼저 가!

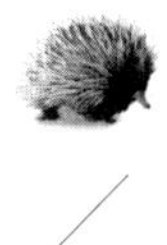

관계를 망가뜨리는
방어기제와 정신역동

춤은 한 쌍의 커플 사이에서는 물론 그들의 정신역동에서도 일어난다.
브이스풋끼리 어울려 추는 춤은 말할 것도 없이, 커플의 정신역동에서도
죄책감과 수치심, 시기와 질투, 지배와 굴종, 의존과 전능, 애착과 무관심
사이를 오락가락하는 여러 움직임들이 나타난다. 그리고 이러한 움직임
은 커플 사이에서뿐만 아니라 그 커플과 심리치료사 사이에서도 일어난
다. 위와 같은 원시적인 방어기제를 이용하는 성격 유형은 누가 가해자고
피해자인지 구별하기 어렵게 만들면서 일종의 반전(反轉)을 연출한다. 상
담실을 찾는 많은 커플들이 상대방이 자신을 비난하고 있다고 주장하지
만, 자세히 살펴보면 정작 비난하고 있는 사람은 바로 그 사람일 때가 많
다. 자, 이제 정신역동과 관련된 개념들을 더 살펴보자.

수치심과 죄책감

수치심은 불화를 겪는 커플들이 가장 흔히 사용하는 방어기제들 가운데 하나다. 그러한 커플들은 스스로 마음이 가난한 사람들이라고 생각해 그것에 수치심을 느끼고 정상적이고 건강한 의존 욕구조차 감춘다. 수치심은 정신을 갉아먹는 바이러스와 비슷하다. 무언가를 감추게 만드는 수치심은 죄책감보다 훨씬 더 눈에 잘 띄며 편집-분열성 자리(paranoid-schizoid position)에서 생긴다. 수치심은 사람이나 단체나 사회 사이에서 일어난다. 반면에 죄책감은 사람과 초자아 사이에서 일어난다.

죄책감은 수치심보다 한 단계 발전된 형태로, 죄책감을 자주 느끼는 사람들의 내면에는 초자아가 만들어낸 꾸짖는 목소리가 있다. 우울성 자리(depressive position)에서 생기며, 죄책감이 생기면 무언가 보상[35]하고 싶은 욕구, 과거의 행동이나 부정행위에 책임지고 싶은 욕구가 뒤따라 생긴다. 수치심은 집단이나 민족이나 사회로부터 따돌림받는 일과 관련이 있으며, 자신을 고립시킨다. 반면에 죄책감은 자신이 현재 하고 있는 행위에 대한 반작용이거나 그 행위에 대한 후회와 관련이 있다. 수치심은 대개 다른 사람들의 생각에 얽매이게 만드는 데 반해, 죄책감은 주로 개인과 그의 의식 사이에서 일어나는 문제다.

이 책에서 다루는 주제를 벗어나기는 하지만 그래도 죄책감에 대해 좀 더 자세히 언급하자면, 죄책감은 가학적인 초자아를 지닌 사람, 닥치는

---

35. 보상은 자아가 죄책감이나 양가감정과 타협함으로써 상처받은 사랑 대상을 회복하고자 하는 열망을 말한다. 이것은 우울성 자리에서 일어나는 과정으로, 누군가를 애도하고 상실과 죄책감을 견뎌낼 수 있는 능력이 생길 때 시작되는 과정이다.

편집-분열성 자리와 우울성 자리

'편집-분열성 자리'는 고통이나 거부, 공허함, 외로움, 모멸감, 불분명함과 같은 감정들을 견뎌낼 수 없어서 사고와 감정들이 분열되고 투사되는 파편화된 자리다. 클라인에 따르면, 유아는 생후 초기에 편집-분열성 자리라는 발달 단계를 거친다고 한다. 아이가 엄마를 '좋은 젖가슴'으로 보면, 그 아이는 자신이 살아가는 환경을 좋고 따뜻하고 희망적으로 바라보고 좋은 감정들을 계속 유지할 것이다. 반면에 '나쁜 젖가슴'으로 인식하면 환경을 나쁘고 공격적이며 피해를 주는 것으로 경험할 가능성이 높아진다.

생후 첫해 후반기에는 '우울성 자리'가 시작된다. 우울성 자리는 클라인이 애도와 슬픔을 느끼기 시작하는 시기를 설명하려고 만든 개념이다. 이때가 되면 아기는 죄책감을 느끼면서 후회하고 또 자기를 의심해 좌절하고 고통스러워하며 혼란스러워하는 일에 내성이 많이 생긴다. 그래서 이 시기에는 자기 행동에 책임을 더 잘 진다. 모든 것이 '이러이러해야 한다'고 생각하기보다 그 모습 그대로 존중할 줄 아는 통찰이 생긴다. 언어 표현 능력이 향상됨에 따라, 아이는 슬픔을 느끼기도 하지만 다른 한편으로 살아 있음을 새롭게 느끼기도 한다.

대로 죽이는 포악한 사람과 관련이 있을 수 있다. 인종 청소(ethnic cleansing)가 이런 종류의 쇠책삼, 즉 '너더운 유내인'이나 '더러운 코소보인'을 깨끗이 제거해버리고 싶은 욕구를 잘 보여주는 예다.

시기심과 질투심

시기심은 부분대상관계에서 생기며 가장 기본적이고 원시적인 감정이다. 시기심은 사랑에서 비롯되는 것이 아니라 대상을 파괴하고 싶은 욕구에서 비롯된다. 반면에 질투심은 전체대상관계(whole-object relationship)

에서 생기는데, 질투심을 느끼는 사람은 대상을 원하기는 하지만 그 대상을 파괴하고자 하는 욕구는 없다. 질투심을 보이는 사람이 오이디푸스콤플렉스가 연관된 관계나 어떤 집단 또는 무리에 소속되고 싶어한다는 점에서 질투심은 건강한 측면이 있다. 앞의 사례에 나온 모린은, 자신을 먹여 살리는 대상을 파괴하도록 몰아대는 내적인 힘인 시기심에 사로잡혀 있다고 말할 수 있다.

지배와 굴종

지배는 대상이 지배를 하려 드는 상대방의 의지에 의식적 혹은 무의식적으로 굴복하게 되는 투사적 동일시의 한 형태다. 조종당하거나 지배당하는 사람은 종종 상대방을 만족시키거나 찬미하기 위해 자신의 욕구를 포기하면서 상대방에게 자학적으로 복종한다. 지배는 부분대상관계에서 발생한다. 이 관계에서 대상은 상대방을 파멸시키려고 노력하는 것이 아니라 순순히 희생자나 조장자가 되는 자기의 일부분을 통제하려고 노력한다. 다음 사례에서 우리는 지배가 어떤 특성이 있는지 더 잘 살펴볼 수 있을 것이다.

■ 사례 16 _ 가족의 삶을 좌지우지하려 한 아람

30년 동안 결혼 생활을 해온 부부가 부부치료를 받으러 나를 찾아왔다. 남편 아람은 딸 아니가 그리스정교회를 다니지 않는 다른 문화권 사람과 결혼하겠다고 선언하는 바람에 충격을 받은 상태였다. 부유한 편인 이들 부부는 그리스정교회를 믿지 않는 사람과의 결혼은 일고의 가치도 없는 일이라고 생각하는, 유대 관계가 긴밀한 그리스 가정 출신이었다.

이들 부부와 첫 번째 상담을 할 때 나는 몇 번이나 '충격과 놀라움'에 휩싸였다. 남편 아람은 그리스인도 아니고 하류층 미국인인 데다 가족들에게 '치욕'만을 안겨줄 남자와 딸이 사귀도록 허락한 아내 수푸히를 비난하는 말을 계속 쏟아냈다. "그 남자는 생계를 꾸릴 능력도 없고, 이혼남인 데다 애도 둘이나 있다고. 아니는 이제 겨우 서른두 살인데 말이야. 게다가 그 남자는 천박해 보이기까지 하더군."

그러더니 갑자기 큰 소리로 내게 다음과 같이 말했다. "교회 사람들은 벌써 제 딸의 결혼에 대해 이러쿵저러쿵 말이 많습니다. 정말 창피해죽을 지경입니다. 아니가 우리를 부끄럽게 만들다니! 아무도 내 딸 면전에서 '그 남자가 너를 이용하려 할 뿐이야'라는 말은 할 수 없을 겁니다. 내가 이 결혼을 허락하지 않을 거니까요! 만약 우리 아버지가 살아계셨다면, 이런 일은 결단코 일어나지 않았을 겁니다."

수피히도 남편이 이것저것 요구하면서 자신을 조종하고 공격한다고, 그리고 딸아이의 삶을 좌지우지하려 한다고 엄청나게 화를 냈다. "남편은 딸이 남자 친구와 헤어지지 않는 한 (교회 예배나 파티, 결혼식 등) 어떤 행사에도 참여하지 않겠다고 친구들에게 말하고 다닌답니다. 우리는 중요한 결혼식에 참가할 예정인데, 남편은 '그 애 남자 친구가 그곳에 오면 난 가지 않을 거야'라고 위협하고 있어요. 오늘 선생님을 만나러 온 이유도 바로 이 때문입니다."

설전이 몇 차례 더 오간 뒤, 수피히는 "당신에게는 아니의 삶을 쥐고 흔들 권리가 없고, 아니는 이제 어린아이가 아니에요"라는 말까지 하게 되었다. 그 말을 한 후 수피히는 화를 누그러뜨릴 수밖에 없었다. 놀랍게도 남편이 완전히 다른 모습을 보이며 자신이 그 결혼식에 가면 감정이 폭발해 모두를 당황시킬 것 같다고 고백했기 때문이다. "그래서 저는 안 가는 게 나을 것 같습니다."

나는 곧바로 그에게 공감해주었다. "지금, 선생님이 보여준 모습은 건강한 것입니다. 선생님의 일부분은 감정을 자제하지 못해 모든 걸 망칠 것이라고 두려워하고 있어요. 연약한 모습이기도 하죠. 그렇지만 그건 매우 건강한 일면이기도 해요."

상담이 거의 끝나갈 무렵에 남편 아람은 이제까지 한 번도 경험해보지 못한 애도 상태로 빠져들었다. 아버지의 죽음을 애도해본 적이 없었던 아람은, 완고하고 가혹했던 아버지를 동일시하면서 무의식적으로 자신의 아버지가 '되었던' 것이다. "그래서 선생님은 아버지가 돌아가셔서 얼마나 슬픈지 표현하는 대신에 아버지의 역할을 대신하는 사람이 '되었던' 겁니다. 그래서 딸 아니에게 자기 삶을 살 수 있도록 허락해주는 것은 고인이 된 아버지를 모욕하고 배신하는 행위라고 생각한 거죠."

이때부터 광기와 공격성이 판치던 분위기는 상실을 애도하는 분위기로 전환되었다. 내가 이들 부부와 상담하면서 주안점을 둔 부분은 두 가지였다. 하나는 이들 부부가 자신들의 공격성을 직면하게 하는 것이었고, 다른 하나는 이들 부부가 겪고 있는 진짜 문제와 고통과 수치심을 공감해 주는 것이었다.

전능성과 의존성

인격이 형성되는 시기에 어머니에게 적절한 보살핌을 받지 못한 어린아이들은 건강한 의존 관계를 발전시키는 법을 배우지 못한 채 성장한다. 따라서 전능성과 의존성을 고찰해보는 것은 이들에게 매우 중요한 일이다. 소심함과 무력감이라는 감당하기 힘든 감정들을 쫓아버리기 위해 아이들은, 욕구란 나쁜 것이라고 오해하게 되고 '딱한' 자기를 다른 사람들에게 투사할 것이다. "딱한 사람, 혐오스러운 사람은 내가 아니라 당신이야!"

전능성은 의존성의 다른 일면이다. 전능성을 방어기제로 사용하는 사람들은 자신이 모든 것을 가졌기 때문에 필요로 하거나 원하는 것이 전혀 없다는 듯이 행동한다. "나는 당신이 필요치 않아." "당신의 충고 따위는 필요 없어." "나는 정신과 상담 따위는 받을 필요가 없어."

애착과 무관심

애착이론은 존 볼비(John Bowlby)의 연구에 기초한 것으로, 볼비는 유아가 어머니와 형성하는 초기 애착 관계의 중요성을 최초로 발견한 사람이다. 볼비는 유해하거나 불우한 환경에서 자란 아이들이 유대 관계를 형성하는 과정에서 심각한 혼란을 겪는 것을 목격했다.

대상을 상실하면 유아는 서서히 낙담하고 절망하여 무기력한 상태가 된다. 사람들에게 거리를 두는 상태나 병적인 애도 과정으로 들어가게 된다. 무관심과 무기력이 (분노, 시기, 배신, 버림받음 같은) 감정적인 경험을 대신하게 되는 것이다.

애착회피 또는 거리 두기(detachment)를 부정(denial)이나 철회(withdrawal)와 혼동해서는 안 된다. 볼비는 거리 두기를 할 때는 그래도 대상과 어떤 성본능적인 유대 관계를 유지하지만, 철회를 할 때는 절망적

 **심리학 용어, 이런 뜻이에요**

거리 두기와 철회

거리 두기는 대상에 대한 리비도적인 애착을 유지한 상태로 행하는 것이기 때문에 비교적 건강한 상태라고 할 수 있다. 누군가와 거리를 두는 사람은 상대에게서 분리되어 의기소침해지는 상태로 들어간다. 볼비에 따르면, 홀로 남겨져 보살핌을 받지 못하거나 오랜 기간 아무에게도 관심을 받지 못한 어린아이들은 우울한 상태에 빠져든다고 한다.

예를 들어, 엄마가 사라져서 보이지 않는다고 소리치는 어린아이의 항의는 점점 수그러들고 어느 시점부터 아이는 더는 무엇을 해달라는 요구를 하지 않는다. 그럴 때 아이는 철회 상태나 병적인 애도 상태로 들어가게 된다. 일반적으로 이런 유형의 아이들은 자폐 성향을 가지고 성장한다. 이러한 방어기제들은 생각하고 소통하는 능력을 제한하기 때문에 성격 형성에 영향을 미친다.

인 상태로 빠진다고 강조한다. 부모에게 버림받거나 무시당한 아이들은 기나긴 절망 상태로 빠져든다.

투사적 동일시

앞에서 언급했듯이, 클라인의 투사적 동일시는 커플치료에 대단히 유용한 개념이다. 클라인이 발견해낸 내사 과정과 투사적 동일시 과정을 통해 심리치료사는 커플이 추는 '춤'과 커플이 주거니 받거니 하는 특정 행동 양식들과 상호작용을 이해할 수 있다. 투사적 동일시는 어떤 사람이 자신이 싫어하는 자신의 일면을 없애려고 노력하는 과정에서 사용하는 방어기제다.

예를 들어 커플이 함께 상담을 받을 때 자기애성은 종종 과장, 특권의

내사

내사는 남의 생각, 의견, 반응, 행동을 마치 자신의 것처럼 동화시키는 무의식적 과정을 말한다. 정신분석학에서는 내사를 자아가 불안을 감소시키기 위해 사용하는 방어기제로 간주한다. 내사가 몸에 밴 사람은 다른 사람의 평가에 굉장히 민감하게 반응하며 쉽게 상처받는다. 내사는 자신에 대한 평가를 전적으로 상대방에게 의존하는 사람들이 주로 사용하는 방어기제로, 이러한 의존성은 자존감이 약해서 생긴다고 할 수 있다. 내사는 투사와 비슷한 방식으로 상처받는 것을 막아준다. 상대방의 비판이나 비난을 수동적으로 받아들임으로써 더 심한 비난이 날아오지 않도록 방어하는 것이다.

식, 죄책감, 철회 같은 방어기제를 사용해 (수치심, 비난, 시기, 버림받음, 박해불안 같은 방어기제를 주로 사용하는) 경계성에게 자신이 가치 없고 존재감이 없는 사람이라는 생각을 불러일으키곤 한다.

쌍방향 투사적 동일시

쌍방향 투사적 동일시는 내가 고안한 용어로, 어떤 사람이 자신의 모습 가운데 감당할 수 없는 부분을 배우자에게 투사했을 때 일어나는 일을 설명할 수 있는 원시적 정신역동이다. 쌍방향 투사적 동일시는 '투사를 하는 사람'이 어떻게 '투사를 당하는 사람'을 자신이 느끼는 것과 똑같은 느낌을 느끼도록 만드는지를 보여주는 정신역동이다. 쌍방향 투사적 동일시는 내면의 결함을 제거하는 하나의 방법이다.

이 흥미로운 정신역동의 또 다른 일면은 더 망상적인 성향을 띠는데,

어떤 사람은 상대방이 하지도 않은 일을 했다고 비난하고, 그런 다음 상대방 때문에 지금 자신이 이 일을 하고 있다고 비난한다. 예를 들어 항상 약속 시간에 늦거나 무언가를 잘 잊어버리는 사람은 상대방에게 툭하면 늦게 오거나 잊어버린다고 비난할 것이다. 쌍방향 투사적 동일시를 통해 사람들은 억압된 충동, 욕구, 욕망이 무의식적으로 표출될 때 동반되는 감정과 더불어 의존 욕구까지 전가한다(사례 18은 쌍방향 투사적 동일시가 어떤 식으로 일어나는지 보여주는 좋은 예다).

〈표 5-1〉에 가해자와 조종자가 상호 투사하는 방어기제들을 정리해놓았다. 이 방어기제들은 명확히 구별할 수 있는 것들이 아니라서 약간씩 중복된다.

표 5-1 ┊ **가해자와 조종자가 상호 투사하는 방어기제들**

자기애성/경계성	• 죄책감 / 수치심
	• 공격 / 비난 / 철회
	• 특권의식 / 희생자화
	• 전능성 / 의존성
수동공격성/보호자 유형	• 수치심 / 죄책감
	• 철회 / 의존성
	• 보호자 역할 / 어린아이의 배우자 역할
강박성/히스테리성/의존성	• 조종 / 지배
	• 죄책감 / 수치심(내면의 욕)
	• 강박적 질서의식
	• 더러운 감정적 욕구 / 혐오스러운 감정적 욕구(내면의 욕)
분열성/히스테리성/의존성	• 들러붙음 / 거리 두기
	• 버림받음 / 의존성
	• 가학피학증
	• 탐색 / 보살펴주지 않는 대상

이 장에서는 연인이나 부부 사이에서 일어나는 정신역동을 주로 다루었다. 다시 말해, 다양한 유형의 가해자들과 조장자들이 어떻게 파괴적이고 고통을 유발하는 애정의 굴레를 만드는지 살펴보았다.

또한 정치인 부부에 대한 가상 정신분석을 통해 우리는 커플들이 공모적인 속박 관계 또는 감응성 망상장애에 연루되면서 자신들의 정신역동을 각색하는 모습을 볼 수 있었다. 감응성 망상장애라는 개념은, 밀로셰비치 부부처럼 누군가 어린 시절에 문화와 관련된 취약한 부분(브이스폿)에 정신적 외상을 초래할 만큼 큰 상처를 입었을 때, 문화공동체가 어떤 영향을 받는지 보여준다.

6장

마음속 가해자를 찾아서 화해하라

무엇이 우리를
고통스럽고 파괴적인 관계에 붙잡아두는 걸까?
가해자는 우리 마음속에도 있다.
감정적 학대에서 벗어나려면
학대에 동조한 마음속 가해자를 찾아서 화해해야 한다.
그리고 자신의 투사적 동일시가
자신의 삶을 망가뜨리고 있다는 사실을
인식해야 한다.

당신 역시 자신을
괴롭혀왔다

우리 영혼이 둘이라면

컴퍼스의 곧은 다리가 둘이듯이 둘이겠지요.

고정된 다리, 당신의 영혼은 전혀 움직임을 보이지 않더니

다른 한쪽이 움직이면 따라 움직입니다.

— 존 던, 「고별사 — 슬픔을 금하면서(The Valediction: Forbidding Mourning)」

이 장에서 우리는 마음속 가해자와 그에 상응하는 브이스폿들을 주로 다룰 것이다. 조장자에 해당하는 사람들은, 즉 연인이나 배우자가 자신에게 상처를 주는 일에 일부 기여를 하는 사람들은 (약속을 어기고 자신들을 배신하는) 외적 가해자만 있는 것이 아니라 자신들이 친밀한 관계를

맺지 못하도록 막는 내적 가해자(가혹하거나 비판적이거나 박해하거나 벌을 주는 대상)도 있다는 이야기를 들으면 대부분 깜짝 놀랄 것이다.

이것은 치료 과정에서 매우 세심하게 다뤄야 하는 부분인데, 마음속 가해자를 너무 개략적으로 해석하면 조장자가 가해의 책임이 자신에게 있다는 뜻으로 (당연히 그렇지 않은데도) 오해할 수도 있기 때문이다. "남편이 저를 속였어요! 그런데 내가 그 원인을 제공했다는 말이에요?"

자신의 마음속 가해자를 찾아내어 인정하는 과정은 수치심이나 죄책감을 느끼게 해주는 것이 아니라 박해불안과 편집증적 불안에서 벗어나게 해준다. 마음속 가해자들을 치유해 그들과 화해해야만 그들을 제어할 수 있다. 우리는 갖가지 방식으로 파괴적인 언행을 하는 외적 가해자를 항상 통제할 수는 없지만 우리 안에 있는 마음속 가해자는 통제할 수 있다.

과거의 외적 가해자와 내적 가해자를 다루는 일은 매우 까다롭다. 외적 가해자가 주로 맡은 역할이 내적 가해자의 브이스폿에 불을 붙이는 것이었음을 당사자가 충분히 인식했을 때만 그런 통찰을 할 수 있다. 그런 다음에야 치유 과정을 진행할 수 있다. 이런 식으로 치유에 도움이 되는 경험을 하면, 망상으로 점철된 관계가 아니라 진정한 관계를 경험할 기회를 얻게 된다.

자, 이제 내적 대상과 외적 대상들에 대해 살펴보고 그들의 브이스폿이 어느 지점에서 합류하는지 살펴보자. 한 사람이 상대방에게 부정적인 감정을 어떤 식으로 투사하는지, 그리고 상대방은 그 투사된 내용을 어떤 식으로 동일시하거나 과잉 동일시하는지 살펴보자. 브이스폿들이 합류하는 지점의 중요성을 강조하기 위해 나는 지금부터 방어(defense)와 느낌

(feeling)을 명확히 구분할 수 있도록 설명할 것이다.

고통을 주는 대상과의 유착 관계에서 벗어나라

정신분석학에서는 부분대상, 전체대상, 분열된 대상(split-off object), 내재화된 대상(internalized object), 투사된 대상(projected object) 등등 온갖 대상들을 논의한다. 대상은 물리적으로 실재하는 존재일 수도 있지만 대인관계에서 특별한 역할을 수행하는 추상적인 존재일 수도 있다.

'대상'이라는 용어를 처음 쓴 사람은 프로이트지만 그 말에 새로운 의미를 부여한 사람은 클라인이다. 프로이트가 말한 대상은 단지 생물학적 개념으로서 충동과 본능에 치우쳐 있었다면, 클라인이 말하는 대상은 내사 과정과 투사 과정을 통해 내면에서 일어나는 일과 외부에서 일어나는 일 사이를 넘나드는 정신역동에 초점이 맞춰져 있다.

나는 투사적 동일시 과정을 여실히 보여주는 사례를 경험한 적이 있다. 언젠가 내담자 한 명이 전화를 해서는 자신의 크리스털 샹들리에를 사겠느냐고 제안했다. 그러고는 두 시간쯤 뒤에 다시 전화를 해서 상담 예약을 하고 싶다고 했다. 처음에 그녀가 했던 제안을 '교제하고 싶다'는 초대로 해석할 수도 있을 것이다. 그러나 그녀는 스스로 전능하다고 생각하기 때문에 무언가를 필요로 하는 빈곤한 사람이 될 수 없었다. 그래서 나를 자기의 샹들리에를 필요로 하는 빈곤한 사람으로 만든 것이다. 그녀는 자신의 욕구가 '소중한 대상들'이라는 것을 인식하지 못한 것이다.

클라인은 내적 대상들의 중요성을 더욱 부각시켰는데, 그는 내적 대상들이 박해와 보복과 위험에 대한 정체 모를 감각들을 자아낸다고 말했다.

클라인이 분리, 투사, 투사적 동일시, 시기, 박해불안 같은 영아의 원시적 방어기제를 정교히 다듬는 과정에서 생긴 그녀의 다른 개념들은, 대상관계론 이론가들에게 많은 도움을 주었다.

로널드 페어베언(Ronald Fairbairn)은 부부나 연인들이 싸움을 반복하면서 고통을 주는 파괴적인 관계를 떠나지 못하는 이유를 생각해볼 수 있는 토대를 제공한다. 페어베언은 '좋은 젖가슴'과 '나쁜 젖가슴'이라는 클라인의 이론을 더욱 확장해 자아가 단지 두 부분이 아니라 매우 많은 부분으로 나뉜다고 말한다. 거부하는 대상, 감질나게 하는 대상, 고문하는 대상, 박탈하는 대상, 주기를 거부하는 대상, 도움이 되지 않는 대상 등으

심리학 용어, 이런 뜻이에요

내적 대상과 외적 대상

내적 대상(Internal Objects)이란 다른 사람들과 맺는 관계의 양상을 보여주는 심리 내적 표상을 일컫는 용어다. 내적 대상들은 무의식적으로 자기 것으로 받아들였던 자아의 일부분에서 기인한다. 클라인은 유아가 '좋은 대상들' 혹은 '좋은 젖가슴'을 내면화할 수 있다고 믿었다. 만약 유아가 세상을 나쁘고 위험한 것으로 인식한다면, 그 유아는 '나쁜 젖가슴'을 내면화한다. 내적 대상이라는 개념은 사람들이 자신과 정반대되는 성향의 배우자를 고르는 이유를 어느 정도 설명해준다. 내적 대상은 자신의 다소 파괴적이거나 부정적인 측면과 접촉하도록 만들기 때문이다. 내적 대상은 경계성이 공감하는 반응을 자신을 조종하려 드는 것으로 오해하는 이유도 어느 정도 설명해준다. 공감은 고통을 거울처럼 반사해줄 수는 있으나 고통을 겪는 것과 똑같은 것은 아니기 때문이다.

외적 대상(External Objects)은 실제로 존재하는 사람이나 장소, 또 비난이나 수치심이나 고통을 유발할 수 있는 감정적 에너지를 투사한 물건을 뜻한다. 앞에서 이야기한 자기애성, 경계성, 분열성과 같은 다양한 유형의 가해자들이 대표적인 외적 대상들이다.

로 말이다.

페어베언의 작업에 영감을 얻어서, 나는 내적 대상과 외적 대상이라는 개념을 기반으로 '나쁜' 내적 대상들에게 끈질기게 집착하는 배우자들의 성향을 추정했다. 대상을 다양한 내적 대상들로 분화시킨 페어베언의 해석은 브이스폿 이론과 관련이 있다. 더 자세히 말하자면, 어떤 사람이 나쁜 대상을 내재화하거나 내사하고 있다고 말하는 것만으로는 충분치 않다는 것이다. 어떤 사람이 모든 에너지를 소비하면서 '그 지점(브이스폿)'에 묶여 있다는 것을 집어내는 것이 더 중요하다.

그 누구도 초기의 상실을 보상해줄 수는 없지만, 상실을 인정하고 애도하고 받아들이는 방법 또는 초기 트라우마를 극복하는 법은 배울 수 있다. 그런데 불행히도 이들은 대개 고통의 굴레에 묶여 있을 때만 살아 있음을 느낀다. 그러므로 고통을 주는 나쁜 내적 대상들에게서 서서히 벗어나도록 노력해야 한다. 그 내적 대상들이 아무리 '친숙'하거나 '위안'을 주는 것일지라도 말이다.

고통은 보통 애정 대상과 불가분한 관계에 있다. 이러한 특성은 고통을 대상과 유대를 맺는 수단으로 이용하는 경계성에게서 자주 목격할 수 있다. 경계성이 맺는 기생적인 애착 관계는 스스로를 피해자고 무가치하다고 생각하는 경계성의 기존 의식을 더욱 악화시킨다. 고통은 양가감정과 혼란을 불러일으키는데, 그 이유는 성장하고 발전하고 싶은 욕구가 있으면서도 고통스럽게 만드는 배우자나 연인에게 유착되어 있기 때문이다. 게다가 잔인하고 가학적인 애정 대상이 어떤 때는 다정하고 친절한 사람처럼 굴기도 해서 고통은 훨씬 더 많은 혼란을 일으킨다.

또한 고통은 애정 대상과 연결되어 있기 때문에 성적인 것으로, 이른

바 '정신적 외상을 일으키는 유착(traumatic bonding)'으로 변한다. 고통은 싫은 것이지만 그만큼 익숙한 것이므로, 마음속 깊은 곳의 공허함을 직면하는 것보다는 더 나은 것이다. 고통받는 사람들은 최소한 '죽지 않고 살아 있음'을 느낀다. 이것을 이해하면, 부부나 연인들이 마음에 상처를 주는 대상에게 묶여 지내는 이유도 이해할 수 있다.

요컨대, 어떤 사람들은 고통의 굴레에 갇혀 그 고통을 계속 유발하는 대립적인 관계를 떠나지 않는다. 그 이유는 다음과 같다.

- 정신적 외상을 경험한 사람들의 마음속에는 고통을 주는 친숙한 내적 대상과 유착 관계를 맺도록 이미 프로그램이 설정되어 있다.
- 공허감을 마주하는 것보다는 고통의 굴레에 얽매여 있는 것이 더 낫다.
- 고통은 해결되지 않은 유아기의 문제들을 자극한다.
- 고통은 사람을 성적으로 흥분시킨다.
- 고통은 친숙한 내면의 나쁜 대상이다.
- 고통은 사람을 혼란스럽게 만든다. 잔인하고 가학적인 연인이 다정하고 친절한 사람처럼 굴기도 하기 때문이다.
- 고통은 파괴해서 없애버리고 싶은 자기의 일부분과 관련이 있다.

회복 불가능해 보이는 관계도
개선할 수 있다

회복 불가능한 관계를 맺은 사람들이 바라는 것은 관계를 친밀하게 유지하는 것이 아니라 오히려 그것을 무의식적으로 파괴하는 것이다. 이들의 관계를 지배하는 것은 사랑이나 친밀감이 아니라 조종, 지배, 시기, 질투와 같은 원시적 방어기제들과 분열, 투사, 투사적 동일시 등이다.

회복 불가능한 커플 관계를 맺은 사람들은 자신들이 진실이라고 믿는 스토리를 지어내 자신들의 내면세계에서 혹은 배우자나 연인의 세계에서 산다. 발달이 멈춘 두 사람은 여러 문제가 서로 뒤엉켜 사면초가에 몰린 관계를 맺으며 살아가는데, 이들은 서로 원초적인 상처를 자극하고, 상대가 투사하는 것을 동일시해 혼란스러워하면서 상대방에게 특정한 역할을 재연하도록 강요한다. 이러한 커플들은 별거하거나 이혼한 뒤에도 가학적인 유착 관계(가끔은 가학피학적인 관계)를 계속 유지한다. 이들이 살아 있음을 느끼려면 애착 관계를 유지해야 하기 때문이다.

회복 불가능한 커플 관계에는 수많은 유형이 있어서 그들에 대한 이야기는 복잡해질 가능성이 높다. 서로 대립하는 회복 불가능한 커플에는 폭력적인 커플, 기능장애가 있는 커플, 다문화 커플, 다인종 커플, 혼합가정을 이룬 커플, 동성애 커플, 이성애 커플 등이 있다.

이들은 앞에서 다양한 성격 유형들을 설명하면서 거론한 기본적인 정신역동들을 공통적으로 가지고 있다. 이들은 또한 건강하고 정상적인 의존 욕구를 무력감이나 불완전함과 자주 혼동한다. 그래서 친밀한 관계에서 필연적으로 느끼는 의존성을 자신에게 허락하지 못한다. 불쌍하고 의존적이고 취약한 자기를 느끼는 일은, 정신적 충격과 스트레스를 받으면 바로 자극받는 원초적 상처들을 건드리기 때문이다. "제가 왜 상처받기 쉬운 나약한 사람이 되어야 합니까? 그렇게 했을 때 되돌아오는 것은 상처와 거부뿐인데!"

다음 사례는 비정상적으로 보이는 자기가 건강한 자기일 수 있고 회복 불가능해 보이는 관계도 개선할 수 있다는 것을 부부가 깨달아가는 과정을 구체적으로 보여준다.

■ **사례 17 _ 가학적인 스티븐과 피학적인 모니카**

지난 8년 동안 모니카와 스티븐은 이별과 만남을 반복해왔다. 그 과정에서 모니카는 여러 심리치료사들을 만났는데 그들은 하나같이 "당신이 지금 가학적이고 파괴적인 관계를 맺고 있으므로 당장 헤어지는 것이 좋겠다"고 충고했다. 그들은 대부분 관계를 지속시킬 만한 희망을 발견하지 못했다. 결국 모니카는 스티븐의 집을 나왔지만, 일 년이 흐른 뒤 스티븐이 모니카의 집을 찾아와 무릎을 꿇고 돌아와달라고 간청했다. 너무 괴롭고 혼란스러워진 모니카는 내게 전화를 걸어 고학력에 잘나가는 전문직 종사자인 자신이 왜 냉정하고 가학적인 사람에게 당하고 사는지 모르겠다고 하소연했다.

모니카: 우리는 다시 합쳤어요. 그런데 시간 낭비인 것 같아요.

스티븐: 맞아! 다시 합쳤지. 그렇지만 변한 건 하나도 없어. 선생님, 우린 예전의 문제들로 다시 돌아갔어요.

심리치료사: 그렇지만 두 분은 지금 이 자리에 있잖아요!

모니카: 그래요. 우리는 이 자리에 있어요. 어떤 변화가 일어나기를 바랐는데, 지금 보니 똑같네요. 여전히 저는 잘못됐고 스티븐은 옳아요. 내가 어떤 말과 행동을 하건 저는 항상 잘못된 사람이에요. 내가 옳다고 주장할 때마다 스티븐은 분통을 터트리며 제정신을 잃어버려요. 그래서 요즘에는 아무 말도 안 해요.

스티븐: 그건 당신이 하는 말이 모두 틀렸기 때문이야. 당신은 쓸데없는 소리만 하잖아! 선생님, 모니카는 자신이 심리치료사여서 모든 걸 알고 있다고 생각합니다.

심리치료사: 음, 그 누구도 모든 걸 알 수는 없지요.

스티븐: 그런데 전 모든 걸 알고 있습니다. 틀린 적이 거의 없어요. 모니카에게 물어보십시오. 모니카가 주식을 사고 싶어했을 때도 전 사지 말라고 했습니다. 제 말을 안 듣고 산 그 주식이 어떻게 됐는지 아세요? 모두 휴지 조각이 돼버렸죠.

모니카: 스티븐은 요즘 일을 하지 않아요. 고등학교 교사였는데 아이들을 상대하기 힘들다고 그만두었어요. 이 사람 안에는 정말 화가 엄청나게 많아요.

스티븐: 이봐, 잠깐만. 선생님, 모니카는 또 틀린 이야기를 하고 있어요. 제가 학교를 그만둔 이유는 교장이 제 수업 방식에 간섭하면서 자기 방식대로 가르치기를 원해서였어요. 모니카가 모든 걸 어떻게 왜곡하는지 보셨죠?

모니카: 그래, 당신이 그렇다면 그런 거지. 선생님, 늘 이런 식이에요. 항상 그가 옳다고 말해주어야 해요. 그러지 않으면 끝도 없이 잔소리를 늘어놓으니까요. 이런 상황에서 그는 유리컵을 박살내고 문을 쾅 닫으며 뛰쳐나간 적이 있어요. 그 뒤로 우리는 헤어졌답니다.

스티븐: 하지만 모니카는 내 말을 전혀 듣지 않아요!

심리치료사: 자, 이 자리에 라이트 부부(Mr. and Mrs. Right)가 있군요. 라이트 씨는 항상 옳고, 라이트 부인은 항상 틀리고요.

스티븐: 아니에요. 선생님은 무엇에 대해 이야기하는지 잘 모르시는 것 같아요. 이건 옳고 그름의 문제가 아니에요. 모니카가 내 말에 귀를 기울이고 있느냐 아니냐의 문제예요.

심리치료사: 하지만 모니카는 자신이 주의 깊게 들을 때도 당신이 화내고 비난한다고 주장하고 있어요.

스티븐: 일이 결국에는 어떻게 돌아가는지 선생님은 몰라서 그래요. 끝에 가서는 언제나 모니카가 나를 떠나겠다고 협박합니다. 내가 그녀보다 더 많이 안다는 것을 인정할 수 없기 때문에 말이에요.

심리치료사: 그런데 당신은 이 자리에서도 당신이 더 많이 안다고 주장하고 있군요. 저보다 더 많이 안다고 말이에요.

스티븐: 제가 언제 그랬습니까?

심리치료사: 라이트 부부의 이야기가 나왔을 때 그렇게 했어요. (피곤하고 화가 나기 시작한 심리치료사는 스티븐에게 상담실을 나가서 다시는 돌아오지 말라고 말하고 싶지만 그렇게 하는 대신 그의 브이스폿을 여러 부분으로 나눠보기로 했다.)

모니카: 스티븐이 내가 떠날까 봐 전전긍긍하고 있다는 걸 전 알아요. 그렇지 않은 척하고 있지만요.

스티븐: 모니카는 늘 떠나겠다고 으름장을 놓죠. 하지만 전 이제 신경도 안 써요.

심리치료사: 그렇지 않은 것 같은데요. 신경 쓰고 있는 것 같은데요. 스티븐 당신에게, 상처받기 쉬운 약자가 되는 일은 또 누군가를 상실했을 때나 버림받았을 때 느끼는 감정들을 인정하는 일은 무척 힘든 일이죠.

스티븐: 내가 왜 상실을 또다시 겪어야 하죠? 지금까지 겪은 것으로 충분해요.

심리치료사: 어떤 상실들을 경험했는데요?

스티븐은 침묵을 지킨다.

모니카: 스티븐의 어머니는 그가 여섯 살 때 자살하셨어요. 그 후에 아버지는 스티븐이 경멸하는 여자랑 재혼했고요.

심리치료사: 유감이로군요. 어머니의 자살은 어린아이가 감당하기에는 너무나 비극적인 일이죠. 그 말을 들으니 스티븐 당신이 왜 그

렇게 약한 사람이 되는 걸 두려워하는지 알겠어요. 만사에 정
통하는 일이 당신에게 얼마나 크고 강력한 힘을 주는지도 알
겠고요.

스티븐: 어떤 사람이 시시하고 약한 사람이 되고 싶겠어요?

심리치료사: 당신이요!

스티븐: 뭐라고요? 지금 제정신이세요?

심리치료사: 그러니까 자신의 내면에 있는 작고 약한 자기와 만나면, 당신
은 친밀한 남녀 사이에서 어쩔 수 없이 느끼는 의존 욕구도 인
정할 수 있게 된다는 말입니다.

모니카: 스티븐이 분노를 폭발할 때 전 어떻게 해야 하죠?

심리치료사: 가장 안 좋은 대응이 떠나겠다고 협박하는 거예요. 일단 화를
가라앉히도록 유도한 다음, 그가 대화할 준비가 되었을 때 무
엇이든 시작하세요.

모니카: 그런데 제가 협박 같은 것을 하지 않고 차분히 말할 때도 스티븐
은 언제나 소리치고 고함을 질러요.

심리치료사: 그럼 스티븐이 마음을 가라앉혔을 때 그에게 대화를 하고 싶
다고 말하세요. 그러나 그가 혼잣말을 하거나 혼자서만 말하
고 싶어하면, 그냥 맞장구만 쳐주면서 듣고 있어야 해요. 그
건 대화가 아니니까요.

스티븐: 이건 모두 터무니없는 소리야.

심리치료사: 스티븐, 당신은 모니카에게 하는 행동을 지금 내게 똑같이 하
고 있어요. 당신 자신과 대화하는 행동이요. 당신의 건강한
자기가 '다 아는 당신'이 아니라 '연약한 당신'이라는 것을

받아들이기 힘들다는 거 잘 알아요. 그렇지만 분명히 말하건
대, 당신의 건강한 자기는 상처받기 쉬운 연약한 자기예요.
모니카, 당신은 '순종하는 당신'이 건강한 당신이라고 생각
하는데, 그렇지 않아요. 순종하는 당신은 당신을 희생자로,
다른 사람의 공격을 받기 좋은 표적으로 만들어요. 이런 식으
로 두 분이 계속 '춤'을 추면, 그 어떤 해결책도 도움이 되지
않을 거예요.

스티븐: 그래서요?

심리치료사: 방금 내가 한 말에서 무언가 깨달음을 얻는다면, 두 분은 해
묵은 상처를 치유할 수 있을 겁니다. 두 분의 관계는 영혼을
살찌울 따뜻한 관계로 변할 거고요.

모니카: 선생님, 고맙습니다. 선생님 덕분에 문제의 핵심에 도달한 것 같
아요. 스스로 잘못됐다는 생각에 제가 서둘러 사과하면서 굽히
고 들어간다고 말씀하신 거죠? 저는 어린 시절에 보살핌을 충분
히 받지 못했기 때문에 스티븐의 인정을 받기 위해서라면 무슨
일이든지 하려고 들어요. 그래서 굴종적인 태도를 보이는 것 같
고요.

심리치료사: 보세요, 이런 것을 대화라고 하는 겁니다. 이야기를 나누다
보니 이제 두 분 사이가 어떤지 어느 정도 알 것 같아요. 그럼
다음 주에 뵙겠습니다. 안녕히 가세요.

우리는 스티븐의 가학적인 자기가 피학적이고 굴종적인 모니카에게서
등을 돌리도록 하고 있고, 모니카가 스티븐의 인정을 받는 일과 그의 화

를 누그러뜨릴 수 있는 일이라면 무엇이든지 할 것임을 알 수 있다. "나는 당신이 틀렸을 때조차 당신이 옳다고 할 거예요!"

스티븐의 브이스폿을 알게 되자마자, 심리치료사는 강렬한 역전이의 반작용으로 생긴 스티븐에 대한 짜증과 화를 억누를 수 있었다. 스티븐이 과거에 겪은 비극적인 상실을 듣고 나서 심리치료사는 스티븐이 상실감을 회피하고자 방어기제를 사용하고 있다는 사실을 알아차렸다. 그래서 모든 걸 다 아는 자기는 파괴적인 자기인 반면 연약한 자기는 건강한 자기라는 사실을 스티븐이 이해하도록 도와줄 수 있었다.

 **심리학 용어, 이런 뜻이에요**

전이와 역전이

전이는 아동기에 중요한 사람들과 맺은 관계에서 경험한 느낌, 사고, 행동 유형을 현재 맺고 있는 다른 사람들과의 관계로 옮겨놓는 것을 말한다. 전이는 대체로 무의식적으로 일어나기 때문에 당사자는 그러한 과정에서 자신이 나타내는 태도나 마음속에 품는 환상 그리고 사랑, 미움, 분노와 같은 감정의 다양한 원천들을 지각하지 못한다. 때로는 당사자를 힘들게 하기도 한다. 일반적으로 부모가 가장 흔한 전이 대상이지만, 형제자매, 조부모, 교사, 의사 그리고 아동기의 영웅들도 전이 대상이 된다.

상담 과정에서도 전이가 발생할 수 있다. 내담자가 상담자에게 지나치게 의존하거나 마음을 줘버리는 등 다양한 이유로 자신이 과거에 느낀 특정한 감정을 상담자에게 옮길 수 있다. 과거에 어머니에게 받지 못한 사랑을 받고자 무의식적으로 상담자를 어머니라고 느끼고 사랑을 갈구하는 것을 예로 들 수 있다.

이와 반대로, 역전이는 상담자가 자신의 감정이나 경험을 내담자에게 투사하는 것이다. 과거에 아버지와 갈등을 겪은 상담자가 남성 내담자를 무의식적으로 자신의 아버지와 동일시하여 상담하는 것을 예로 들 수 있다.

바로 당신이 자신을
배신하고 있다

누군가에게 늘 배신당한다고 생각하는 사람은 내적 대상과의 유착을 설명해주는 또 다른 본보기다. 이들은 배신당했다고 느낄 뿐만 아니라 그들 자신이 배신자가 된다. 이것은 내적 배신자로, 사람들을 속여서 배신이란 모두 외적인 것이라고 믿게 만들지만 사실 진짜 배신자는 내적 배신자다.

40세의 여배우 베리는 유명한 할리우드 스타의 딸이다. 그녀는 그동안 자신이 어떤 감정적 상처(연기자가 될 자질이 없다느니 열정이 없다느니 하면서 끊임없이 그녀를 깔아뭉개던 말들)를 받았는지 들려주었다. 그녀가 어디를 가건 무엇을 하건 언제나 사람들이 그녀를 저버리고 등을 돌렸다고 한다. 언젠가 만난 한 남자는 그녀에게 홀딱 빠진 것처럼 보였는데 그 뒤로 연락을 해오지 않았다. 베리의 재능에 혀를 내둘렀던 에이전트는 전화를 한다고 해놓고서는 한 번도 전화를 걸지 않았다. 베리가 가장 의지한 친구 는 결혼해서 이사를 가더니 연락을 끊었다.

이런 이야기를 들으면 어떤 심리치료사는 베리의 권위적인 아버지를 두둔하는 말을 할지도 모른다. 그러면 베리는 이렇게 반응할 것이다. "도대체 어떻게 우리 아버지를 두둔하는 말을 할 수 있어요? 아버지가 제게 어떤 짓을 했는지 모르세요? 지금 선생님이 하신 일은 제게 등을 돌리는 일이라고요!"

어느 날 베리는 상담실에 있는 꽃을 보고는 참 아름답다고 말했다. 나는 그녀도 꽃처럼 활짝 피고 싶어하지만 성장하는 동안 너무 심한 압박감을 느낀 거라고 말해주었다. 꾸준히 상담을 받은 후 베리는 위험을 무릅쓰고 큰 모험을 시도해볼 수 있었고, 오디션을 보고 에이전트를 구할 수 있었다.

매우 아름다운 그녀는 타고난 재능과 끼로 넘쳤으며 총명하기까지 했다. 그러나 그녀를 깎아내리고 거절하는 상대를 만날 때마다 상처받기만 했지, 연예계가 자기밖에 모르는 철부지들인 자기애성들이 관심과 명성과 성공을 바라고 모여든 소굴이라는 사실을 깨닫지 못했다. 베리는 실패라는 올가미를 스스로에게 씌워놓고 있다는 사실을 깨닫지 못했다. 그녀는 금발이면서도 갈색 머리 여배우를 뽑는 오디션에 나갔다. 키가 크고 풍만한 몸매이면서 작고 귀여운 여배우를 뽑는 오디션에 나가곤 했다. 결과는 당연히 좋지 않았고, 그럴 때마다 베리는 이렇게 투덜댔다. "도대체 왜 사람들은 날 뽑지 않는 거야?" 그리하여 베리는 할리우드를 자녀의 재능과 특별함도 알아보지 못하는 어머니와 동일시하게 되었다.

이 사례는 연인들이 어떤 식으로 쌍방향 투사적 동일시를 하는지 보여주는 좋은 예다. 이 사례를 통해 우리는 연인이 상대방의 브이스폿을 건드리면서 해결되지 않은 무의식적 과제들을 어떻게 관계 속으로 끌어들이는지 엿볼 수 있다.

말리: 저는 마크를 8개월 정도 만나왔는데, 그 사람은 먼저 무엇을 하자거나 어디를 가자거나 하는 말을 절대 하지 않아요.

심리치료사: 그럼 안 가면 되잖아요!

말리: 그뿐만이 아니에요. 선물이나 카드나 꽃도 안 줘요. 두 사람의 미래에 대해서는 언급조차 하지 않고요. 하는 행동을 보면 저에게 푹 빠져 있는 게 확실한 것 같은데도 말이죠!

심리치료사: 아하!

말리: 물론 저녁 식사를 하러 같이 외출하기는 하죠. 마리나 딜 레이에 사는 제가 샌타바버라에 있는 그의 집까지 운전해서 가요. 그는 잘살고 저는 지금 직장도 없는 신세인데 말이에요. 그는 기름값을 주겠다는 말도 하지 않고, 자신이 우리 집에 오려고도 하지 않아요. 집에서 느긋하게 쉬고 싶다고 말하면서요.

심리치료사: 이 문제를 꺼내면 마크는 어떤 반응을 보이나요?

말리: 요즘은 아예 꺼내지도 않아요. 이 문제를 꺼낼 때마다 내가 자신을 압박한다고 비난하니까요.

심리치료사: 압박이 뭐가 어떻다는 거죠? 내가 보기에 그는 압박을 더 받아야 할 것 같은데.

말리: 그 사람 말로는 자기 어머니가 자기를 숨도 못 쉬게 늘 밀어붙였대요. 그 사람은 두 번 결혼했다 이혼했는데 이전 아내들도 모두 그 사람 어머니와 똑같이 했고, 전 여자 친구도 그렇게 했다네요. 그래서 나와는 좀 다르게 사귀고 싶나 봐요. 그는 내게 참을성을 가지라고, 내가 그렇게만 해주면 온 세상을 주겠다고 말해요.

심리치료사: 그럼, 그때까지는 어쩌라는 거죠?

말리: 그때까지는 어떤 요구도 하지 말고 기다리라는 거죠.

심리치료사: 지금까지 모두 마크에 대한 이야기만 했네요. 그렇죠?

말리: 네.

심리치료사: 그럼 이 시점에서 당신은 기분이 어떤가요?

말리: 숨이 턱턱 막혀서 곧 폭발할 것 같아요. 항문에 관장제를 넣었는데도 볼일을 보지 못했을 때의 기분이에요.

심리치료사: 당신 말을 들으니, 당신은 마크의 항문애 성격[36]에서 비롯된 문제들을 덥석 집어 들고 있고, 마크는 자신의 느낌을 모두 당신에게 투사하고 있는 것 같아요. 자, 그리고 당신은 마크가 당신에게 느낌을 투사하는 바람에 숨이 턱까지 차올라도 참고만 있고요.

말리: 그래요. 그럼 이제 어떻게 해야 하죠?

심리치료사: 먼저, 마크가 당신에게 투사하는 부정적인 느낌들을 당신이 동일시해서 자기 것으로 받아들이고 있다는 사실을 알아야 해요. 그를 좀 압박한다고 해서 뭐가 어떻다는 거죠? 그가 그

---

36. 지나치게 꼼꼼하고 고집이 센 성격.

걸 좋아하지 않는다고 해서 어떻다는 거예요? 말리, 그건 마크의 문제지 당신의 문제가 아니에요. 마크의 심리치료사는 이 문제에 대해 뭐라고 하던가요?

말리: 그분은 마크에게 자신의 느낌을 믿어야 한다고 말했대요.

심리치료사: 자신의 느낌이라고요? 말리, 그건 느낌이 아니에요. 그건 방어예요. 느낌과 방어를 혼동하는 사람들이 이렇게 많다니, 참 애석한 일이에요.

말리: 저도 그렇게 생각해요. 그런데 선생님의 조언대로 행동했다가 무슨 일이 생길지 몰라서 두려워요.

심리치료사: 말리, 당신의 두려움은 방어이지 느낌이 아니에요. 마크가 구속받을까 두려워하는 것이 진짜 느낌이 아닌 것처럼 말이에요.

말리: 그러니까 제가 느끼는 두려움을 이겨내고 마크에게 상처를 주거나 압박을 가하는 일을 걱정하지 말라는 뜻인가요?

심리치료사: 맞아요. 정확히 이해하고 있군요. 제 말은 마크를 비난하거나 심하게 몰아붙이라는 뜻이 아니라, 당신의 욕구를 좀 더 현실적으로 다뤄야 한다는 뜻이에요. 그러지 않으면 당신 안에 쌓인 것들이 폭발할 겁니다. 자, 두려워하지 말고 시도해보세요. 일어날 수 있는 가장 나쁜 일은 어떤 일인가요?

말리: 마크가 저를 떠나는 거요.

심리치료사: 버림받음과 관련된 문제군요.

말리: 그래요. 이 심각한 문제에 대해 생각 좀 해봐야겠어요.

심리치료사: 당신의 답답한 마음에 대해서도 생각을 해봤으면 좋겠군요.

다음 주에 봅시다. 즐거운 주말 보내세요!

말리: 안녕히 계세요.

■ 사례 19 _ 잔소리쟁이와 욕쟁이

다음 사례도 쌍방향 투사적 동일시를 하는 커플의 예로, 이들이 각각 상대방에게 부정적인 느낌을 어떻게 투사하는지, 그리고 상대방의 부정적인 투사나 그에 상응하는 브이스폿을 어떻게 동일시하는지 보여준다.

베스: 선생님, 남편은 저를 무시하고 제 욕구에는 전혀 관심을 보이지 않아요. 저를 경멸하고 수치스럽게 만들고, 아주 하찮은 사람으로 느끼게 만들어요. 제가 휴가 때 무엇을 할 것인지 물으면 이렇게 빈정대요. "뒷마당으로 소풍이나 가지 뭐!"

샘: 이 사람이 잔소리가 얼마나 심한지 좀 보십시오! 꼭 힐튼 호텔이나 쉐라톤 호텔 같은 곳에 가서 돈을 써야 하나요? 그게 뭐 대수라고! 그런 곳에 가면 바가지만 쓸 텐데, 편하기는 집이 으뜸이죠.

베스: (속으로) 정말 구두쇠가 따로 없어. 지겨워!

심리치료사: 소박한 일이잖아요. 휴가 계획을 잡아서 집을 떠나 시간을 보내는 일은 누구나 하는 일이에요. 샘, 당신이 베스에게 관심이 있다면 당연히 그녀가 기뻐할 만한 일을 해야죠. 왜냐하면 당신은 베스를 사랑하니까요.

샘: 그런데 왜 아내는 제게 그런 일을 하지 않는 거죠? 어찌 됐든 제게도 욕구는 있는데 말입니다.

심리치료사: 하지만 지난주에 당신은 텔레비전으로 운동경기를 보면서 그

저 빈둥거리는 게 참으로 행복하다고 했어요. 기본적으로 욕
구 같은 건 없다고 하면서요.

샘: 그렇지만 제게도 욕구는 있어요! 저는 혼자만의 시간과 공간이 필
요해요! 누군가에게 시달림을 당하지 않는 혼자만의 시간이요.

베스: 선생님, 이건 남편이 항상 하는 말이에요. 자기를 우주비행 훈련
생쯤으로 생각하나 보죠?

심리치료사: (아내에게 그 고통을 안다는 신호를 보내면서) 샘, 당신이 말
한 것들은 당연히 중요한 것들이에요. 우리는 모두 홀로 보내
는 시간이 필요해요. 하지만 두 분의 관계 차원에서 생각해보
면, 당신이 말한 것들은 욕구가 아니에요.

심리치료사: (속으로) 샘은 방어기제와 욕구는 전혀 다른 것이란 걸 몰라.
게다가 그는 지금 뒤로 물러나려 하고 있어. 그 차이점을 어
떻게 설명하지?

샘: 그것들이 욕구가 아니라면 뭐라는 겁니까?

심리치료사: 방어예요. 샘, 나는 당신의 영역을 침범할 생각도 없고 당신
을 괴롭힐 생각도 없지만, 당신이 지금 하는 행위는 방어이지
욕구가 아니라는 말은 하고 싶군요. 그러한 행위는 외부인과
거리를 두는 고립과 철회라는 방어예요.

샘: 선생님이 그걸 뭐라고 부르든, 제가 그렇게 하는데도 베스는 여전
히 잔소리를 합니다.

심리치료사: 우리는 당신이 잔소리라고 말하는 것을 소통하고 싶고 친밀해
지고 싶은 욕망이라고 부를 수 있겠지요. 적어도 당신 아내는
당신과 연결되고 싶어하고 같이 시간을 보내고 싶어합니다.

베스: 그래요. 저도 이 점이 혼란스러웠어요. 남편이 내게 혼자만의 시간이 필요하다는 말을 하면, 저는 아무것도 원하지 않는 그에게 무언가를 끊임없이 요구하는 사람인 것 같은 느낌이 들어서 정말 수치스러웠어요! 제가 마치 그를 방해하는 사람인 것 같은 느낌이 들거든요. (베스는 샘의 부정적인 투사에 동일시하고 있다.)

심리치료사: (속으로) 베스는 이것이 자신의 브이스폿임을 깨닫지 못하고 있어. 그녀 내면에 남편의 부정적인 투사를 동일시하는 부분이 있기 때문에 수치심을 느낀다는 것을 몰라. 어쩌면 베스는 자신이 애정에 너무 굶주려 있다고 느낄지도 몰라. 이것을 어떻게 설명하지?

심리치료사: 샘, 어찌 됐든 당신의 욕구는 중요한 것이니까 이제부터라도 자신의 욕구에 좀 더 관심을 기울여야 해요. 그리고 베스, 방해는 당신의 욕구가 아니에요. 그것은 당신이 남편의 부정적인 반응들을 동일시하는 행위예요. 그렇게 동일시한 당신은, 자신을 친밀한 관계에서라면 누구라도 느끼는 당연한 욕구를 가진 사람이라고 생각하는 대신에, 남자를 성가시게 하는 사람이라고 믿기 시작하죠.

샘: 오, 이건 정말 시간 낭비야. 우리 결혼 생활에 진짜 문제가 되는 이야기로 넘어가는 건 어떻습니까?

심리치료사: 예를 든다면요? (베스도 궁금하다는 듯이 샘을 쳐다본다.)

샘: (태연하게) 예를 들어 제가 발기를 못하는 문제 같은 거요.

심리치료사: 샘, 지금 당신은 진정한 욕구에 접속하고 있군요. 그런데 상당히 불안해 보여요.

샘: 당연하죠. 그 문제를 꺼내놓는 것만으로도 저는 바보가, 얼간이가 된 것 같거든요.

심리치료사: 당신 자신이나 아내나 저에게 '감추는' 대신에 그렇게 솔직하게 자신의 욕구와 만나는 일이 당신을 얼간이처럼 느끼게 만드는군요. 당신의 욕구를 찾는 일 역시 당신을 약하고 의존적인 사람으로 느끼게 만들 겁니다. 그런데 사실 그 약한 당신이 당신의 건강한 부분이에요. 그리고 저는 도울 준비가 되어 있고요.

베스: 그런데 남편은 왜 그걸 할 마음이 들지 않는 걸까요?

심리치료사: 그 질문을 들으니 지금 우리가 샘의 감정적인 불능에 대해 이야기하고 있는 것 같은데요. 어떻게 하면 샘의 기분을 '상승' 시킬 수 있을까 뭐 그런 거요.

샘: (깊은 생각에 잠겨) 저는 빼고요. 저는 그런 식으로 생각해본 적이 없어요. 제 몸의 어느 부분이 제 기능을 하지 못하는 것을 무력감과 관련지어 생각해본 적이 없어요.

심리치료사: 제 말이 좀 이상하게 들리겠지만, 당신은 자기 안의 의존적이고 무기력한 부분을 만나는 순간, 바로 건강하고 강한 부분과 만나게 될 겁니다.

베스: 그건 항상 일어나는 일이에요. 남편은 마치 모든 걸 알고 있고 가지고 있어서 자신에게 필요한 것이 아무것도 없다는 듯이 행동해요.

샘: 글쎄요. 이제까지 여러 심리치료사들을 만나봤지만 발기부전과 무력감을 연결 지은 심리치료사는 한 분도 없었어요.

심리치료사: 상담을 마치기 전에 당신이 느끼는 욕구는 정말 중요하다는

것을 다시 한 번 말해주고 싶네요. 그래서 우리는 거기서부터 출발해야 해요. 말하고 싶은 것, 묻고 싶은 것이 있으면 부디 기탄없이 해주세요. 최선을 다해 답하겠습니다.

샘: 음, 저는 그렇게 했는데요. 그건 그렇고, 선생님이 내 목을 조일 건지 묻고 싶네요.

심리치료사: 아하, 벌써 건강해지고 있는 것 같은데요.

샘: 글쎄요, 이런 결말은 예상치 못한 일이라서.

심리치료사: 좋군요. 다음 주에 뵙겠습니다.

이 사례에서 우리는 자기애가 강한 '무력한 남편'이 내면의 '나쁜 아이'를 아내에게 투사해 아내를 '끊임없이 성가시게 만드는 결핍된 사람'으로 만드는 것을 보았다. 남편에게 욕구란 피해를 주는 위험한 것이고, 자신을 '무력한 사람'으로 만드는 것이다. 이렇게 전혀 이상할 것 없는 요구들을 아주 별나고 비정상적인 것으로 몰아가는 배우자의 행동에 속아 넘어가서는 안 된다.

베스와 샘의 사례에서, 우리는 샘이 베스에게 관심을 기울이지 않을 뿐만 아니라 심리치료사에게 자신의 욕구를 표현하는 것을 부끄러워한다는 것을 확인했다. 커플치료를 해오면서 나는 무엇이 갈등을 영속화화고 사람들을 고통스럽고 파괴적인 관계에 붙잡아두는지 궁금했고 (그 이유를 알 수 없어서) 당혹스러웠다. 이 퇴보하는 원시적인 유착에 연루된 부부는 환상을 공유한다. 그들은 학대의 트라우마를 반복하면(예를 들어 샘이 베스의 요구를 잘 들어주지 않고 베스가 계속 뭘 해달라고 바가지를 긁는 것처럼) 자신들이 어느 정도 치유될 것이라고 생각한다.

　조장자는 자신의 브이스폿을 명확히 분할한 다음 자신의 마음속 가해자를 동료로 만든 자기의 일부분이 정확히 어디에 있는지 찾아내야만 감정적 학대를 치유할 수 있다. 그리고 가해자의 학대뿐만 아니라 자신의 투사적 동일시가 자신의 삶을 망가뜨리고 있다는 사실을 알아야 한다.

　이 장에서 우리는 마음속 가해자와 그에 상응하는 브이스폿에 대해 주로 다루었다. 마음속 가해자를 직면하는 일은 매우 예민하고 까다로운 문제여서, 조장자는 배우자의 내적 대상을 알아가는 과정에서 수치심을 느끼거나 비난받는 듯한 느낌이 들 수도 있다. "선생님 말씀은 그러니까 학대의 책임이 제게 있다는 건가요?" 따라서 심리치료사는 언제 이 마음속 가해자를 소개하는 것이 적당할지 주의를 기울여서 파악해야 한다.

7장

문화적 차이가 관계를 망가뜨릴 수 있다

문화적 차이가 브이스폿으로 작용할 수 있을까?
그렇다면 어느 정도까지를
문화적 차이로 받아들여야 할까?
공격성이나 잔혹성도
문화적 차이로 인한 것이라고 이해해도 괜찮을까?
그리고 개인의 정신장애와 정치적인 유대 관계는
서로 어떤 영향을 끼칠까?

문화적 브이스폿이
존재할까?

일본인은 섹시함을 서구인과 다르게 생각합니다. 대체로 신비로움이 있어야 한다고 생각하죠. 감춰진 보물이 최고인 거죠.

　– 콜린 애투드(〈게이샤의 추억〉으로 아카데미 의상상을 수상한 기모노 다자이너)

최근 들어 심리치료사의 상담실은 미국의 축소판이 되어가고 있다. 그리고 점점 더 많은 심리치료사들이 환자들의 다양성을 깨달아가고 있다. 우리는 지금 다양한 문화적 배경에서 자란 개인, 연인, 부부들이(다문화 부부, 다인종 부부, 다민족 부부, 동성 부부, 혼합가정을 이룬 부부, 복합가정을 이룬 부부) 각양각색의 다채로운 문화를 공유하는 세계를 살아가고 있다. 문화적 배경이 다른 곳에서 성장해서 결혼한 부부는 배우자와만 결혼한 것이 아니라 종교나 정치나 이념적 유산과 같은 배우자의 문화와도 결혼한 셈이다.

나는 아프리카계 미국인 학생들이 다수인 학교에서 교사로서 일한 적이 있는데, 그때 처음으로 문화와 인종이 달라서 생기는 의견 충돌 문제를 인식했다. 일반적으로 아프리카계 학생들은 웃고 떠들다가도 누군가 어머니를 비난하거나 비하하는 말을 하면 그 즉시 "야, 우리 엄마 욕하지 마!" 하면서 방어적인 반응을 보였다. 그것은 유대인 이민자 가정에서 나고 자란 내게는 상당히 특이한 일이었다. 왜냐하면 유대인들은 어머니를 소재로 우스갯소리를 많이 했기 때문이다. 오래지 않아 나는 그런 정서들에는 역사적·사회적 뿌리와 영향력이 있음을 존중하고 인정해야 한다는 것을 깨달았다.

문화적 취약성 또는 문화적 브이스폿(Cultural V-Spot)[37]이란 것이 존재할까? 한 문화권에 속한 사람들은 자신들을 끝없는 반목에 휘말리게 만든 전쟁이나 정부의 인권침해로 인한 고통스러운 원초적 상처들을 공유할까? 그 해답을 얻으려면 우리는 먼저 각 나라의 국민들이 수치심, 죄책감, 시기, 질투, 의존성, 분리-개별화와 같은 정신역동들을 어떻게 경험하고 구별하는지 살펴보아야 한다.

최근에 「테러리즘의 정신병리학('The Psychopathology of Terrorism)」이라는 글을 쓰면서, 나는 테러리스트들이 잔인한 행동을 하는 이유가 정신병 때문인지 아니면 문화적인 요인들 때문인지 궁금해졌다. 그들에게 정

---

37. 한 집단에게 고통스런 생각이나 기억을 불러일으키는 신화적 혹은 역사적 과거에서 기인한 집단적인 원초적 경험. 예를 들면 성전의 화재나 성지의 상실, 이스마엘과 그의 어머니 하갈의 추방은 유대인들에게 고통스런 기억을 불러일으키는 사건들이다.

신병이 있다 하더라도, 우리가 한 집단을 대상으로 진단을 내릴 권리가 있을까? 그런 진단을 내리려면 우리는 넓은 범주의 세 영역을 고찰해보아야 할 것이다. 첫째, 자녀 양육 방식, 이념, 종교, 신화를 살펴보아야 한다. 둘째, 정부가 국민의 인권을 침해하는지 살펴보아야 한다. 셋째, 수치심, 죄책감, 시기, 질투, 조종, 통제, 오이디푸스기의 문제들을 살펴보아야 한다.

이 질적인 차이점들을 이해하지 못한다면 그 누구도 감정적인 취약성을 효과적으로 다룰 수 없을 것이다. 예를 들자면, 한국인 내담자와 상담할 때는 '한(恨)'이라는 개념을 이해하지 못하면 환자가 분노하고 격분하는 이유를 알아낼 수 없을 것이다. '한'은 일본이 한국을 침략해 강점했을 때 생긴 역사적으로 중요한 의미가 있는 감정으로, 그 기간에 한국 여인들은 남성들이 대부분 학살당한 탓에 자신과 가족의 생계를 책임져야 했다.

그리고 '집단적 자기'를 고려하지 않으면 자신을 충분히 이해하기 힘들 것이다. 아시아나 중동 국가에는 '개인적 자기'가 사실상 존재하지 않는다. 집단적 자기가 지배적인 역할을 한다. 또 이 나라들에서 '다른 사람들에게 체면을 세우다'라는 말이 어떤 의미인지 제대로 고찰하지 않고서는 이들의 수치심을 온전히 이해하기 힘들 것이다.

거짓 자기와 진정한 자기라는 개념 역시 마찬가지다. 위니콧의 진정한 자기와 거짓 자기라는 개념은 일본에서는 '사적인 자기'와 '공적인 자기'로 알려져 있다. 자기 발달이라는 개념 역시 문화권에 따라 그 의미와 가치가 달라질 것이다. "저는 당신이 진정한 자아감(true sense of self)을 발달시킬 수 있도록 도우려고 합니다"라는 말은 아시아나 중동 사회에서는 통하지 않을 것이다.

이전에 쓴 많은 책들에서 나는 감응성 망상장애를 공유하는 커플이나 누는 신념과 환상들에 대해 논했다. 이 개념들을 더 자세히 논하려면 우리는 역사심리학[38]과 집단심리학을 이용해야 한다. 이것들은 서로 상반되는 문화권에서 자란 두 사람이 관계를 맺었을 때 벌어지는 일을 파악하는 데 도움이 된다. 어떤 문화권에서는 자기애성 성격장애자나 경계성 성격장애자 취급을 받는 사람들이 다른 문화권에서는 건강한 정신을 상징하는 사람들일 수도 있다. 그러므로 우리는 자기애성과 경계성의 취약성을 역사적·문화적 유산을 바탕으로 이해해야 한다.

심리치료를 할 때는 문화적 차이를 고려해야 한다

문화는 삶에 대한 함축적이지만 분명한 설계도를 제시하는, 사람들이 공유하는 가치관과 신념의 체계라고 정의할 수 있다. 같은 문화권에 속한 사람들은 다양한 집단적 환상들을 공유하는데, 이러한 환상들은 주로 사람들의 행동 양식과 사고방식과 현실 인식 방식을 통해 사회적으로 전달되어 사람들에게 어떻게 살아야 하는지에 관한 청사진을 제공한다.

문화는 가치관과 진통이 이데올로기, 종교, 징치적 신념, 사회제도, 양육 방식, 예술을 매개로 전달하는 '조직화 원리'다. 또 문화는 사람들이

---

38. 정신분석학이 한 개인을 위한 학문이라면, 역사심리학은 집단을 위한 학문이다. 광범위한 관점을 제공하는 역사심리학을 활용하면 문화적 차이가 개인의 심리에 미치는 영향을 면밀히 살펴볼 수 있다. 정신분석학과 함께 역사심리학을 활용하면 한 국가나 정부, 정치적 사건 등을 훨씬 깊이 이해할 수 있다. 심리치료사가 한 쌍의 부부들을 정치적 집단이나 국가를 대표하는 상징체로 분석하듯이 말이다.

자신들의 정서적 유산에 근간을 둔 집단의 행동 양식을 배우는 문화화·사회화 과정이다. 확실히 사람들은 문화를 매개로 이데올로기와 신념 체계와 가치관을 형성한다. 멈추지 않고 계속 변화하는 세계에서는 심리치료 방법도 계속 변화해야 할 것이다. 특히 가치관, 양육 방식, 종교, 정치적 신념이 가정마다 다른 점을 고려한다면 더욱 그래야 한다.

다문화와 초문화

로버트 엔들먼(Robert Endleman)은 다문화(cross culture)와 초문화(transculture)의 차이점을 명쾌하게 설명한다. 다문화라는 개념은 사람들이 문화적으로나 심리적으로나 모두 다르다는 관점을 전제로 한다. 이러한 관점에서 보면 사람들은 서로 다른 원칙에 지배를 받기 때문에 본능적인 충동을 똑같이 공유하지 않는다.

이와 달리 초문화라는 개념은 사람들이 문화적으로는 다르지만 심리적으로는 똑같고 성장 과정에 핵심적으로 적용되는 기본 원리를 공유하고 있음을 전제로 한다. 더 자세히 설명하자면, 엔들먼은 어떤 문화권에 속한 사람이든 오이디푸스기의 경쟁자들을 이기기 위해 노력하고, 오이디푸스기에 갈등을 겪으며, 모든 인간들이 분리-개별화 단계를 거치도록 타고난다고 주장한다.

다문화와 초문화라는 개념은 인간관계에서 발생하는 문제들뿐만 아니라 직장에서 일어나는 문제들을 이해하는 데도 도움을 준다. 일본인들은 "아니오"라고 대답해야 할 때도 그러지 못하고 "네"라고 답할 때가 많다. 이런 일본인 고용인이나 동료 때문에 짜증 나는 일을 겪은 사람이 한

둘이 아닐 것이다. 또 중요한 일을 약속했다가 갑자기 마음을 바꿔놓고, "그건 알라의 뜻입니다"라고 말하는 이슬람 동료 때문에 미쳐버릴 것 같았던 사람도 부지기수일 것이다.

피터 버턴(Peter Berton)에 따르면, 일본인이 협상을 할 때 "아니오"라고 대답하지 않으려고 쓰는 방법이 무려 16가지나 된다고 한다. 일본 사람들과 대화를 하다 보면 이야기를 비논리적으로 질질 끄는 느낌을 받는다. 그들은 핵심을 말하지 않으면서도 아주 오랜 시간 동안 매우 점잖은 태도로 이야기할 수 있는 능력이 있다. 바로 이런 특성 때문에 서양 사람들과 일본 사람들의 의사소통은(특히 사업상의 의사소통은) 장벽에 부딪치곤 한다. "아니오"라는 대답이 너무 직접적이고 퉁명스럽고 무례하다고 생각하는 일본 사람들은 상대방의 기분을 상하지 않게 하려고 "아니오"라는 대답을 꺼린다. 그래서 일본인들은 대부분 상대방에게 상처나 고통을 주지 않는 비언어적인 표현법을 이용해 의사소통을 한다.

문화적 차이를 어느 정도나
인정해야 할까?

다문화 커플과 상담을 할 때 심리치료사들은 다음과 같은 질문을 스스로에게 던지곤 한다. "문화를 어떤 관점에서 봐야 할까?" "어느 정도까지를 문화적 차이로 받아들여야 할까?" "공격성이나 잔혹성도 문화적 차이로 인한 것이라고 이해해도 괜찮을까?" "개인의 정신장애와 정치적인 유대 관계는 서로 어떤 영향을 끼칠까?"

그리고 "민족적·문화적 배경이 다양한 사람들에게 서구의 정신분석 개념을 적용하는 것이 과연 타당한가?" 하는 질문도 빈번히 제기된다. 크리스 예(Kris Yi)는 서구의 심리치료법이 다른 문화권 사람들, 특히 아시아 사람들을 치료하는 데는 비효율적이라고 주장하면서 내담자와 심리치료사의 문화적 차이 때문에 치료 과정이 중단되는 일도 빈번하다고 말한다.

다음은 치료가 중단되는 사태를 보여주는 사례다.

저는 이스라엘에서 태어났고, 미국에서 태어난 아내는 개신교를 믿어요. 결혼 초기에 유대교로 개종하겠다던 아내는, 아이들이 태어난 뒤로 히브리어로 그르렁거리며 기도하는 소리가 듣기 싫다고 예배당에 가는 것조차 불편해해요. 그래서 아내와 같이 심리치료사를 만나보기도 했는데 아내에게는 별 소용이 없었어요. 아내는 제가 "샬롬" 하고 인사할 때마다 자기 나라 식으로 "안녕하세요?(Hi!)" 하고 대답해요. 유대인들은 명절인 신년제 때 "샤나 토바!"라고 인사하는데, 제가 그렇게 말하면 아내는 "명절을 즐겁게 보내세요!" 하고 답하고요. 제가 바라는 건 그렇게 많지 않은데, 단지 우리나라의 인사말 몇 마디뿐인데 그렇게 하네요.

그렇다면 유대인 심리치료사도 기독교인 환자들에게 "메리 크리스마스"라고 인사해야 할 것이다. 자, 이제 집단심리학과 역사심리학으로 관심을 옮겨보자. 다양한 정신역동을 다문화 부부와 그들의 브이스폿에 얼마나 적용할 수 있을지 살펴보자.

개인의 행동을 이해하는 데 도움을 주는 집단심리학

집단심리학은 최근 들어서야 명성을 얻기 시작했다. 대부분 정신분석학자들은 개인을 대상으로 하는 정신분석학의 원리와 개념을 집단적인 행동에 적용하는 것은 무리라고 생각했다. 그러나 개인의 성격장애는 집단에서 고립되어 있을 때보다 집단에 속해 있을 때 더 두드러져 보인다.

사람들이 집단 속에서 동물적 본능을 느낀다는 사실을 처음으로 알아차린 사람은 프로이트로, 당시 그는 사람들을 한데 뭉치게 만드는 힘이 무엇인지 찾고 있었다. 그리고 얼마 뒤 사람들에게 집단의식(collective mind)이 있음을 발견한다. 연인이나 부부 사이에서도 그러하듯이 사람들은 집단 내에서도 적대감과 원초적 방어기제와 집단적 환상을 이용해 자신이 고통받지 않도록 보호한다.

집단심리학은 집단의 역동과 유사한 역동을 보이는 개인의 행동을 꿰뚫어보는 데 도움을 준다. 개인과 상담할 때나 다문화 커플과 상담할 때 심리치료사들은 '집단의식을 분석해서 진단해낼 수 있을까?'라고 자문하곤 한다. 그러려면 분석하는 데 반드시 필요한 배경지식을 제공해주는 다양한 분야의 학문들을(인류학, 역사심리학, 사회학 등을) 섭렵해야 할 것이다.

집단이 공유하는 신화나 환상도 다문화 커플과 상담하는 과정에서 상당한 효과를 발휘할 수 있다. 로이드 드마우스(Lloyd deMause)는 집단 환상이 육아 방식과 불가분한 관계에 있다고 주장한다. 그 근거로 어린이에 대한 폭행과 잔혹 행위와 성적 착취가 널리 자행되는 이슬람근본주의 사회를 섬뜩한 사례를 들어 제시한다. 또 그는 독일 어머니들의 가혹한 양육 방식을 홀로코스트 같은 집단학살이나 전쟁의 원인으로 지목한다. 이 가혹한 양육 방식은 자녀의 건강한 성장 발달에 무게중심을 두지 않는 국가의 국민들에게는 친숙한 주제일 것이다.

공격성에 대한 컨버그의 연구는 부부 관계의 퇴행적인 특징을 이해하는 데 상당한 도움을 준다. 컨버그에 따르면, 공격성이 잘못된 방향으로 표출되면 시기, 질투와 같은 원시적 방어기제가 위세를 떨치면서 부부 관계를 장악해버린다고 한다. 그렇다면 집단 내에서 그와 똑같은 일이 일어난다면 어떤 일이 벌어질까? 여러 감정들과 성적 흥분으로 잔뜩 고조된 가학피학적인 유착 관계에 있는 사람들은 독립적으로 사고하는 능력을 상실할 것이다.

비온에 따르면, 이성적 사고가 아닌 집단 사고는 집단의식에 영향을 끼치는 도그마와 교육 때문에, 그리고 카리스마나 설득력이 있는 지도자들 때문에 활기를 띠게 된다고 한다. 비온은 집단을 '작업 집단(Work Group)'과 '기초적 가정 집단(Basic Assumption Group)'으로 나누어 설명하는데, 작업 집단의 구성원들은 원시적 방어기제가 그들의 주된 관심사인 업무에 지장을 초래하는 것을 원하지 않는다. 이에 반해, 기초적 가정 집단의 구성원들은 원시적 방어기제에 휘둘려 코앞에 닥친 일이 있어도 거기에 좌지우지된다. 이들은 새롭게 사고하기를 거부하고 종교 광신자들과 같은 방식으로 생각한다. 질문을 해서도 안 되고 도전을 해서도 안 되고, 또 집단의 목적, 친목, 조화를 방해해서도 안 된다고 생각한다. 이 집단의 구성원들은 집단의 지도자들과 기생적 애착 관계를 형성해 지도자들이 제공하는 거짓된 안정과 안전감을 이상화해 편승하는 경향이 있다.

문화적 차이를 이해하는 데 도움을 주는 역사심리학

역사심리학은 최근에 중요한 연구 분야로 대두되고 있다. 페터 뢰벤버그(Peter Loewenberg)는 정신분석학과 개인의 관계는 역사심리학과 신화의 관계와 같다고 말한다. 역사심리학은 여러 문화들 간의 충돌을 살펴볼 수 있는 더 넓은 관점을 제시한다.

집단이나 문화, 국가를 분석하고 진단하는 사회과학자들은 고정관념과 억측으로 중무장한 사람들에게 비난을 받곤 했다. 그럼에도 최근 몇 년 동안 사회학자, 정신분석가, 인류학자, 역사심리학자들은 자신들의 재능과 지식을 적용할 수 있는 분야를 개인의 영역에서 더 넓은 영역으로 확장했다.

지난 수십 년간 비판가들은 문화적인 문제나 정치적인 문제를 다루는 심리학자들이 과연 어떤 성과를 거두었는지 문제를 제기했다. 그리고 많은 이들이 집단을 진단하는 문제를 떠나 개인들의 차이를 구별하는 일이 얼마나 어려운지 감안하면, 개인에게 사용한 용어들로 집단을 분석하는 것은 별로 정당한 일 같지 않다고 끊임없이 말해왔다. 그래서 심리치료사들은 역사심리학이 드라마틱하기만 하고 근거는 없는 추측성 분석으로 자신들을 이끌 것이라고 주장하면서 역사심리학을 오랫동안 멀리해온 것이다.

나는 처음으로 역사심리학에 뛰어드는 모험을 감행하면서 중동 지역의 역사와 신화, 종교, 그리고 그곳에 사는 사람들의 심리를 심층적으로 연구하기 시작했다. 왜 그 지역 사람들이 해결의 실마리를 찾지 못한 채 영원히 반복될 것 같은 파괴적인 분쟁에서 벗어나지 못하는지 그 이유를 알아내야만 했다. 역설적이게도, 중동 지역에 관한 연구를 계기로 나는 아랍과 이스라엘의 분쟁이 자기애성 배우자와 경계성 배우자의 상호작용과 비슷하다는 사실을 발견했다. 이 깨달음으로 말미암아 커플치료에 관한 나의 연구는 한층 깊이 있는 작업으로 변모했다. 정치적 · 종교적 갈등을 영구화하는 원인들은 한 쌍의 커플들이 원시적인 유착 관계에서 벗어나지 못하는 원인들과 같았다.

물론 모든 아랍인들과 유대인들을 또는 다른 모든 민족적 · 종교적 집단들을 전형화하거나 일반화할 수는 없다. 그러나 정신분석가에게 환자의 꿈을 해석할 권리가 있듯이, 심리치료사에게도 한 나라의 신화나 종교, 지도자, 이데올로기, 육아 방식, 통념, 집단적 환상을 분석할 권리가 있다고 생각한다. 집단 구성원들이 계속 신화를 공유하도록 유도하는 특정 지도자들을 자신과 동일시하는 사람들은 특정한 갈등을 공유한다고 알려져왔다. 그러므로 집단 심리를 야기하는 신화나 전통문화나 집단이데올로기를 연구하는 일은 매우 중요하다. 그리고 그것이 바로 역사심리학의 정수다.

예를 하나 들자면, 사라가 이삭을 낳은 후 하갈[39]과 이스마엘[40]을 사막에 버렸다고 하는데, 그 일을 최초의 원초적 상처를 안겨준 사건이라고 말할 수 있을까? 그러면 브이스폿은 한 여인이 아이를 버린 행위, 한 아이의 생득권을 빼앗아 가버린 행위에서 비롯된 것일까? 그리고 바로 그 행위가 아랍 민족이 이스라엘 민족과 결코 화해할 수 없게 만든 최초의 상처(브이스폿)일까? 아랍 민속은 그 상실을 애도해본 석이 있을까?

다음은 『성경』과 『코란』 속에서 되풀이되는 두 가지 통념으로, 이것들은 아랍 민족과 이스라엘 민족의 분쟁을 부채질하는 역할을 하고 있다. 두 통념들 가운데 하나는 유대인들이 하나님에게 '선택받은 사람들'이라는 믿음인데, 이것 때문에 '이스라엘-유대교인' 집단은 집단적인 자기

---

39. 사라의 이집트인 몸종.
40. 사라의 남편인 아브람과 하갈 사이에서 태어난 아들.

애성 성격장애(지배적인 방어기제는 죄책감, 과장, 과도한 특권의식)를 앓게 된다. 그리고 그 통념은 아랍 민족이 '아버지 없는' 고아 집단이라는 통념을 낳는데, 마찬가지로 이것 때문에 '아랍-이슬람교인' 집단은 집단적인 경계성 성격장애(지배적인 방어기제는 수치심, 죄책감, 유기불안)를 앓게 된다. 여러 집단에게 집단적 환상을 일으키고 그것을 끊임없이 수면 위로 떠오르게 만드는 해묵은 정서와 울분과 감정들이 바로 그 통념들을 근간으로 생겨난 것이다.

아랍 민족과 이스라엘 민족의 갈등을 정신분석학과 역사심리학을 접목하여 연구한 결과, 그 갈등이 내가 치료해온 부부들의 갈등과 놀라울 정도로 닮았다는 사실을 금방 알 수 있었다. 부부들은 자신들이 성관계나 돈이나 양육권과 관련된 외부적인 사건들 때문에 싸운다고 생각하지만 실제로는 자기 정체성과 오이디푸스기의 갈등들(경계선, 의존 욕구, 유착, 애착, 배신, 유기불안, 특권의식) 때문에 대립한다.

마찬가지로 두 민족의 대립도 사실은 영토나 점령지 때문이 아니라 수치심과 체면, 배신, 의존성, 특권의식, 지배나 조종, 오이디푸스기의 갈등들, 경계선, 유착, 망상, 애착 욕구, 자기 정체성의 발달에서 비롯된다. 사람들은 보편적으로 전 오이디푸스기의 경쟁자들을 이기고 싶어하고, 자기 정체성이나 집단 정체성을 지키고 싶어한다. 개인적 자기 혹은 집단적 자기를 지키는 일은 사람들 사이에서 목숨보다 더 중요한 것이 된다.

문화적 브이스폿이 자극된 사례로 가자 지구 정착민들의 이주 사건을 들 수 있다. 모든 이스라엘 정착민들이 가자 지구에서 철수해야 한다는 명령이 떨어졌을 때, 그들 가운데 하나였던 유발과 그의 가족은 가장 늦게 철수했다. 짐 싸는 일을 미루며 기적이 일어나기를 기다리는 동안 그들은 남아 있던 정착민들과 함께 요리를 하고 기타를 치면서 노래를 불렀다.

역사심리학자는, 유발에게는 가자 지구를 떠나는 일이 집을 잃는 것을 의미할 뿐만 아니라 유대인들이 결코 극복하지 못한 '제1성전[41]의 화재'와 '제2성전[42]의 화재'를 의미한다고 해석할지도 모른다. 이 사례는 한 집단의 구성원 전체가 절대 잊지 못하는 집단적인 브이스폿이 존재한다는 것을 보여주는 본보기다. 이 이중의 문화적 브이스폿(처음에 비유대인이 유대인의 성전을 불태운 일, 후에 같은 유대인에게 배신당한 일)은 외상후스트레스장애와 별반 다르지 않다.

■ 사례 20 _ 아버지의 역할을 물려받은 언니

어느 날 아르메니아인 자매가 함께 상담을 받으러 찾아왔다. 언니는 동생이 감히 이민족 남성과 사랑에 빠져서 무척 화가 난 상태였다. "동생이 그렇게 하도록 허락하지 않을 거예요. 만약 살아계셨다면 아버지도 저처럼 허락하지 않았을 겁니다." 언니의 비난하는 소리를 회피하지 않고 나는 곧바로 이렇게 대응했다. "문화라는 허울을 쓰고 언니분은 어린 시절 자신에게 상처와 충격을 준 일들을 재연하고 있군요."

화가 많이 난다는 그녀의 말에, 나는 아무리 화가 난다 할지라도 그녀가 지금 지켜야 할 선을 넘고 있다고 대답해주었다. (이 상황이 잠깐 동안 내 브이스폿을 강렬하게 건드렸다. 내 언니도 보스 노릇을 하곤 했다. 언니는 자신이 원하는 일을 내가 할 때까지 끈질기게 몰아붙이는 사람이었

---

41. 솔로몬 왕이 건축한 성전으로 바벨론에 의해 파괴된다.
42. 스룹바벨이 건축한 성전으로 로마의 디도 장군이 파괴한다.

다. 그런 언니의 성격 때문에 하마터면 모든 걸 언니가 시키는 대로 하는 순종적인 인간이 될 뻔한 적도 있었다. 하지만 그때 나는 내가 언니의 말에 고분고분 따르는 어린 꼬마가 아님을 떠올렸고 그래서 재빨리 정신을 가다듬었다.)

 "언니분은 무슨 권리로 동생에게 이래라저래라 하는 겁니까? 당신은 동생의 부모가 아니라 언니예요." 내 말에 언니는 내가 그렇게 생각하는 건 문화적인 차이 때문이라고 대답했다. 그래서 나는 "아, 당신이 왜 이런 행동을 하는지 이제 알겠어요. 당신은 아버지의 죽음을 애도하는 대신에 아버지의 역할을 물려받았군요. 그대로 아버지가 된 거로군요. 하지만 당신은 자신이 아버지가 아니고 그 자리를 차지할 권리도 없다는 사실을 깨닫지 못하고 있어요."

다문화 관점에서 본
정신역동

다음으로 살펴볼 정신역동들은 공격성, 수치심, 죄책감, 진정한 자기, 거짓 자기, 의존성이다. 이러한 정신역동을 다문화 관점에서 살펴봄으로써 우리는 개인으로서 또는 집단의 구성원으로서 인간이 하는 행동의 원동력과 추동력을 통찰할 수 있을 것이다.

공격성

공격성이란 개인이나 단체 또는 국가나 정부가 정신적으로(무의식적으로 또는 의식적으로) 무언가를 강요하면서 사람의 의지를 파괴하려고 시도하는 진행형 작용이다. 그리고 물리적인 것이든 감정적인 것이든 사람들에게 자기 의지나 믿음이나 생각에 반하는 것을 따르도록 강제함으로써 그들을 조종하거나 지배하려는 시도다.

프로이트의 전기 작가인 피터 게이는 "공격성은 한번 즐기고 나면 쉽게 포기하고 싶지 않은 것이기에 쾌락의 원천이 되기도 한다"고 말한다. 공격성은 공격성을 먹으며 자라고 중독될 수 있기에 사람들은 그것이 없으면 편안함을 느끼지 못한다. 외부에 미워할 대상(투사 대상이 될 적이나 희생양)이 있으면, 구성원들을 애착과 단결로 뭉치게 만드는 집단의 성충동적인 유착은 더욱 끈끈해진다. 누군가를 희생양으로 만드는 일은 (현실의 혹은 상상의) '적'을 회피하려고 할 때 생기는 흔한 사건이다.

수치심

사회심리학자들은 독일 같은 서구 사회를 보상 욕구가 있는 '죄책감 사회'라고 생각하는 반면, 아시아와 중동 사회는 '수치심 사회'라고 설명해왔다. 간단히 비교하면, 죄책감은 내부에서 비롯되지만 수치심은 외부에서 비롯된다. 일본 사람들은 (죄책감이 아니라) 수치심과 체면 세우기를 중요시한다. 국제관계와 외교 문제 연구가이자 정신분석학자인 버턴 박사에 따르면, 일본에서 어머니들이 자식이 어떤 행동을 하려는 것을 제지하고자 할 때 가장 자주 쓰는 협박은 "사람들이 너를 비웃고 놀릴 거야!"라는 말이라고 한다.

서구의 기독교 사회에서는 대개 수치심이 아니라 죄책감이 위력을 발휘한다. 이에 반해 일본이나 다른 아시아 국가나 중동 사회에서는 수치심이 주요한 제지 수단이다. 그래서 그곳 사람들은 원통함을 느낀다. 죄책감은 고해와 속죄로 덜어낼 수 있지만 원통함은 그런 식으로 덜어낼 수 없다. 죄를 지은 사람은 신부나 심리치료사에게 고백함으로써 죄에서 놓여날 수 있다. 바로 이런 점 때문에 정신분석과 여타의 심리치료법이 일본에서는 인기가 없다.

수치심은 사람과 집단 사이의 문제다. 수치심은 다른 사람이 어떻게 생각하는지와 관련이 있다. 반면에 죄책감은 사람과 그 사람의 의식(초자아) 사이의 문제다. 수치심은 내면의 진정한 감정을 숨겨서 억누르게 만드는 욕구다. 아시아인들이 대체로 그렇듯이 일본인들도 '체면 세우는 일'을 중요시한다. 다른 사람들에게 순종하는 것을 최고의 미덕으로 생각한다. 일본인들은 경쟁하려고 해서도 안 되고, 감정을 겉으로 드러내 보여서도 안 되고, 경쟁심을 유도하려 해서도 안 된다고 생각한다. 또 자신만 튀는 사람이 되려고 해서도 안 된다고 생각한다. 일본에서는 부모가 아이에게 어떤 행동을 해서는 안 된다는 것을 가르치기 위해 놀리거나 창피를 준다. 수치심 사회에서는 누군가 비난받아 마땅한 행동을 저질러도 그것을 거론하는 것 자체가 수치스럽기 때문에 사람들이 침묵을 지키기도 한다.

죄책감

클라인에 따르면, 죄책감은 슬픔을 마주했을 때 잘못들을 다 바로잡고 싶다는 욕구와 더불어 생긴다고 한다. 독일 국민들이 자신들이 저지른 파괴적 행위들을 직면하고 희생자들의 죽음을 애도하고 배상하는 과정을 살펴보는 일은 매우 흥미롭다. 이에 반해, 죄책감을 받아들이는 법을 배우지 못한 일본인은 체면을 세우는 일에 급급해 진실을 감추는 일이라면 무엇이든 한다. 일본인들은 수치심 때문에 전쟁에서 저지른 범죄행위들을 감추는 걸까?

뢰벤버그는 독일인들이 유대인을 학대한 것은 자신들의 여러 모습들 가운데 자신들이 싫어하는 모습을 유대인들에게 투사한 다음, 유대인들을 폄하하고 오염물질처럼 취급하면서 고통과 굴욕감을 주는 일을 즐김으로써 자신들의 우수성을 증명하려고 애쓴 것이라고 분석한다. 독일인들은 유대인들을 모욕했고, 어떤 느낌인지 경험하기 위해 유대인의 자리에 스스로 섰다. 나는 이것을 자신들의 자녀들에게 완벽한 사람이 되어야 한다고 강요한 강박성 어머니들의 가혹한 양육 방식을 반영한 결과라고 분석한다.

진정한 자기와 거짓 자기

진정한 자기와 거짓 자기라는 말은 위니콧이 처음으로 썼다. 그는 거짓 자기란 진정한 자기를 회피하기 위한 방어기제라고 설명한다. 진정한 자기와 대립되는 자기인 거짓 자기는 심리치료에서 가장 중점을 두는 요소다. 서구의 심리치료사는 환자가 자아감이나 자기 정체성뿐만 아니라 진정한 자기를 찾을 수 있도록 돕는 데 치료 시간의 대부분을 할애할 것이다.

그런데 일본 사회에서 거짓 자기는 수치심으로부터 자기를 보호해주는 방어막이다. 일본의 저명한 정신분석가 다케오 도이(Takeo Doi)는 거짓 자기를 사회의 기대에 맞춰서 말하고 행동하는 '공적인 자기'로 규정한다. 이 공적인 자기 때문에 서구의 심리치료사들은 일본인을 치료할 때 어마어마한 혼란에 빠지는데, 일본 사람들은 '공개된 사무실(상담실)'에서는 자유롭게 어울리지 못하는 경향이 있기 때문이다.

의존성

일본에서는 아마에(甘え)를 다른 사람들과 한데 어울리고자 하는 욕구라고 생각한다. 다케오는 아마에가 일본 사람들의 성격 구조를 이해하는 데 중요한 개념이라고 역설했다. 그러면서 아마에란 "다른 사람의 자비심에 기대고 의존하는 것"이라고 설명한다. 그는 의존하고자 하는 이 열망을 어린 아기였을 때는 채울 수 있지만 성장한 뒤에는 쉽사리 채우지 못할 것임을 안다. 하지만 아마에를 원하는 마음은 사라지지 않을 것이다. 유아기 이후에도 아마에를 추구하는 것이 일본인의 특징이라고 그는 주장한다.

아마에는 매우 복잡한 개념이어서 미국과 일본의 정신분석가들 사이에 많은 논쟁을 불러일으켰다. 어떤 학자들은 유아기 이후에도 아마에를 느끼는 것을 일본 사회의 병리 징후라고 말하기도 했다. 아마에는 의존성의 한 형태로, 자녀 특히 아들이 느끼는 욕구를 어머니가 자기 것으로 받아들여 동일시하는 현상과 관련이 있다.

아마에는 평범한 모든 아이들이 엄마의 신뢰를 바라면서 느끼는 감정, 엄마에게 수동적으로 사랑받고 싶은 욕망, 안락한 모자 관계에서 분리되어 객관적인 '현실' 세계로 내던져지지 않고자 하는 의지를 보여준다. 그것은 다른 사람들에게 녹아들거나 그들과 융합되고 싶어하는 열망이라는 모습으로 나타난다.

그렇지만 그런 식의 사랑은 극단적인 양가감정과 적대감을 생산해낸다. '친밀함'이라는 가면을 쓴 엄마는 아이와 같이 자고, 목욕하고, 심지어는 아이의 발기된 성기를 풀어주는 근친상간을 하기도 한다. 융합을 원하는 이러한 갈망은 유아기에는 정상적인 것이지만, 일본에서는 그 시기 이후에도 사회적 관습과 특징으로 다양하게 나타난다.

서구인에게서 볼 수 있는 의존성은 일본이나 중동이나 다른 아시아 사회에서 보는 것과는 확연히 다르다. 서구의 심리치료사는 환자가 거리낌 없이 자기를 표현하기를 바라면서 필요한 것을 직접 요구할 수 있게 도우려고 할 것이다. 이에 반해 일본인 환자는 자신이 필요로 하는 것을 심리치료사가 제공해주기(아마에)를 기대하면서 계속 침묵을 지킬 것이다.

일본인들이 이런 태도를 보이는 것은 어린 시절 엄마와 맺은 관계와 관련이 있을 것이다. 엄마에게 기대고 싶은 아이의 욕구를 다 받아주는 엄마와 유아가 맺은 관계의 당연한 결과로서, 아이는 엄마가 자신의 비언어적인 의사 표현에 절묘하게 대응할 것이라고 기대하게 된다.

중동 사람들은 믿음, 전통, 이데올로기, 집단 환상을 똑같이 공유하고 있고 그 무엇도 자신들 사이를 갈라놓을 수 없다고 생각한다. 그래서 어쩌면 이스라엘은 아랍인들이 서로 협력해 이루어놓은 조화와 행복을 산산이 부술 수 있는 오이디푸스기의 경쟁자 혹은 침입자로 보일지도 모른다.

서구에서는 유아가 의존적으로 태어나서 분리-개별화 과정을 거친 다음 독립적인 자아 기능을 발달시킨다고 생각한다. 그러나 아시아에서는 분리-개별화 과정 대신에 상호의존성을 키우도록 장려한다. 그래서 일본 사회에서는 자기와 타인의 구분이 명확하지 않다. 일본 사회에서 자기 정체성은 집단에 대한 의존을 바탕으로 형성된다. 일본인들은 심리적인 무게중심을 '다른 사람'에게, 즉 '다른 사람'의 감정이나 생각이나 행동에 둔다. 다음 사례는 일본인들의 아마에를 이해하는 데 도움을 줄 것이다.

미국을 처음 방문한 어떤 일본인 학자가 동료 학자의 집에 초대를 받았다. 동료의 아내는 그에게 배가 고픈지, 특별히 먹고 싶은 게 있는지 물었다. 일본인 학자는 배가 고프지 않다고, 허리를 굽히며 물어봐주셔서 고맙다고 인사했다. 잠시 뒤, 스멀스멀 화가 올라오는 것을 느낀 일본인 학자는 동료의 아내가 자신에게 아마에를 해주지 않고 있음을 깨달았다. '내게 관심이 있다면, 내가 배고파하는 것을 알아채고 음식을 내왔을 텐데. 일본에서는 손님이 배고프지 않다고 말해도 항상 음식을 내오는데.'

문화적 차이가
인간관계에 미치는 영향

일본인 아내를 둔 어떤 미국 남성은 아내와 아들의 관계 때문에 답답해죽겠다고 호소했다. 아내가 아들을 계속 갓난아기처럼 다루고 생후 2년이 지났는데도 아이에게 계속 젖을 먹인다고 했다. "더 이상 보고 있을 수만은 없어요. 아내는 어디를 가거나 아이를 데리고 다녀요. 일하러 갈 때도 모임에 나갈 때도 잠을 잘 때도 말이에요. 아내는 늘 아이를 안고 있거나 젖을 먹이고 있어요. 아이가 울게 가만 놔두지를 않아요. 아이가 부리는 변덕을 모두 받아준다니까요. 저는 그게 썩 좋은 육아 방식은 아니라고 생각해요. 아내는 아이의 성장을 막고 있어요."

의존 관계의 또 다른 종류로 모성적인 융합이 있다. 그 사례로 미국 남성과 결혼한 이탈리아 여성의 이야기를 들어보자. 유대인인 남편은 자기애가 강하고, 한 기업의 중역이어서 늘 일하느라 바쁜 사람이었다. 그는 아내 때문에 편하게 일을 하지 못하겠고 출장도 다니지 못하겠다고 불평했다.

이탈리아인 아내는 남편과의 사이에서 느낀 불만을 심리치료사인 나와의 관계에서도 느꼈다. 나는 치료 시간이 끝났는데도 자리를 떠나지 않는 그녀의 태도에 대해서 말을 꺼내지 않을 수 없었다. 진료 시간이 끝나면 그녀는 자리에서 일어나 소지품을 챙기면서 이것저것 질문을 한 보따리 늘어놓곤 했다. 진료실 문 앞에 이르러서도 자신의 남편과 상처만 준 아버지에 대해 또 한바탕 불평을 해댔다. 그리고 집에 가서는 내 음성사서함을 알아먹기 힘든 어수선한 내용들로 채워놓는다거나 갖가지 사진과 문서들을 첨부해 이메일을 보내곤 했다.

결국 우리 사이에 존재하는 문화적인 차이에 대해 이야기하자, 그녀는 이렇게 말했다. "저는 이탈리아 사람이에요. 이탈리아 사람들은 모두 서로 가깝게 지내죠. 심리치료사들과도 나중에는 가족처럼 친한 사이가 된답니다. 그들과 집을 왕래하기도 하고 밖에서 사적으로 만나기도 해요. 이탈리아 사람들은 쌀쌀맞지 않아요. 그런데 선생님은 아주 냉정하게, 전혀 모르는 사람처럼 행동하고 있어요. 저는 선생님에게 내 모든 걸 말하는데, 선생님은 내게 한마디도 하지 않았어요. 저는 선생님이 더 많은 걸 주었으면 좋겠는데, 선생님은 그럴 마음이 없는 것 같네요."

상담이 끝날 때마다 나는 자신의 영역을 침해받는 것 같은 느낌을 더 심하게 느꼈다. 그 느낌을 솔직히 이야기했을 때 그녀는 이렇게 받아쳤다. "전 그렇게 하고 싶어요. 그렇게 하고 싶다고요! 이탈리아에서는 원하는 만큼 상담실에 머물면서 이야기할 수 있어요. 선생님처럼 환자를 문

밖으로 내몰지 않아요. 그곳 심리치료사들은 음료나 간식을 권하기도 하고 외투를 입을 때는 도와주기도 해요. 그런데 선생님은 커피도 권하지 않더군요. 우리 이탈리아 사람들은 무엇을 하든 좀 시간이 걸려요. 미국인들은 모두가 좀 이상해요. 늘 사람을 성급하게 다그쳐요. 선생님은 그런 미국 사람들의 본보기 같아요. 미국은 어디를 가나 차갑고 냉정한 사람들뿐이에요. 우리나라는 전혀 그렇지 않아요.”

나는 우리의 ‘문화적 차이들’ 이면에는 그녀에게 차갑게 대하고 관심을 주지 않았던 어머니가 있음을 말해주었다. 또 남동생들이 태어나면서부터 그녀가 있다는 사실조차 잊어먹은 것처럼 행동한 아버지의 태도도 상기시켜주었다. 소속감에 늘 굶주려 있던 그녀는 그러한 굶주림과 열망 때문에 엄마 같은 느낌을 주는 대상과 융합되는 것을 강박적으로 추구했던 것이다. 요약해서 말하자면, 그녀가 안고 있는 문제들은 어딘가에 소속되고자 하는 욕구의 결과로 드러난 것들이라, ‘문화적 차이’라는 잣대로 따지기에는 적절하지 않았던 것이다.

개인적 자기와 집단적 자기

아시아와 중동 지역에는 개인적 자기가 사실상 거의 존재하지 않는다. 사람들은 미국 사회를 자기 발달을 중시하는 개인적인 사회라고 생각하는 반면에, 아시아와 중동 사회를 집단적 자기를 중시하는 집단적인 사회라고 분류한다. 아시아와 중동에서는 개인적 자기보다는 문화적 자기(cultural self) 혹은 집단적 자기가 훨씬 더 보편적이다. 크리스 예에 따르면, 미국 문화는 독특함과 자기표현에 중점을 두면서 독자적인 자기를 중요시하는 반면, 아시아 문화는 집단과 다른 사람에게 심하게 의존하는 상호의존성을 중요시한다고 한다.

그렇다면 문화적 자기에 대해 말할 때, 우리는 개인적 자기를 말하는 걸까? 아니면 집단적 자기 혹은 자기가 실현된 자기 혹은 공동의 집단적 자기를 말하는 걸까? 미야모토(Myamoto)는 문화적 자기를 사심 없이 집단에 헌신하는 자기라고 설명한다. 그러면서 그 일례로 일본인들이 회사에서 허용한 휴가를 가지 않는 것과 자기학대적인 면모가 있다는 것을 든다.

임상치료를 시작한 초기에 나는 일본인 대학원생을 치료한 적이 있다. 고개를 푹 숙인 채 상담실로 들어온 그 학생은 나와 눈을 마주치려 하지 않았다. 한참 좌불안석으로 가만히 앉아 있다가 그는 자신이 동성연애자고 가족들이 이 사실을 알아챌까 봐 두렵다고 말했다. 나는 그가 어떻게 해야 좋을지 조언한 다음 가족이나 친구가 아닌 자신을 위한 삶을 살라고 말해주었다. 그리고 그가 이렇게 나를 찾아와 자아감을 키울 기회를 잡게 돼서 참으로 잘됐다고 치켜세워주었다. 그러나 그는 내 조언에 당혹감을 감추지 못하면서 마치 내가 화성에서 온 사람이라도 되는 양 쳐다보았다. 그러고는 "자아감이란 게 뭐죠?" 하고 물었다.

'우리'는 누구이고, '당신'은 또 누구인가? 서구의 심리치료사들은 상담하는 동안 두 개체가 서로 소통한다고 추정한다. 앨런 롤랜드(Alan Roland)는 그들 가운데 자아 경계가 다소 분명한 '나-자기(I-self)'가 있다고 분명히 말한다. 그러면서 일본인 심리치료사들은 '우리-자기(we-self)'에 기초를 둔 다른 종류의 자기를 상정한다고 말한다. 그리고 그 '우리-자기'가 위계질서가 확실한 일본인들의 관계에서 근간을 이룬다고 말한다. "어떻게 내가 당신과 함께 '우리'가 될 수 있죠? 우리는 동등하지 않은데 말이에요." 롤랜드는 이런 식의 사고방식은 미국의 평등주의와 상당한 차이를 보인다고 설명한다. 그러나 일본인들은 이렇게 말할 것이다. "당신과 내가 '우리'가 되면 내 느낌을 일일이 말할 필요가 없어져요. 당신은 그냥 알게 될 겁니다."

개성과 화합이라는 측면에서 일본 문화와 미국 문화의 차이를 살펴보다 보면, 일본 사람들이 부정적인 감정을 겉으로 드러내지 않으려고 조심하고 다른 사람들의 감정이나 감정 표현을 보지 않은 척하는 경향이 있음을 알게 될 것이다. 집단의 화합을 중시하는 일본 사람들은 감정을 집단의 화합을 저해하는 위험 요소로 받아들인다. 그런데 개성을 발달시키도록 장려하는 미국 사람들은 부정적인 감정을 표현하고 감지하는 능력을 모두 키우도록 격려한다.

의무적인 유착 관계가 부부를 곤경에 빠뜨릴 수 있다

중동과 아시아 사람들은 부모나 연장자를 깍듯이 예우한다. 부모를 향한 존경과 헌신은 일평생 지속되는 강한 애착이다. 다음은 이러한 의무적인 유착 관계 때문에 곤경에 빠진 이란인 남편과 미국인 아내의 사례다.

저는 특별히 시간을 내서 부모님과 형제들, 삼촌들, 사촌들을 만나야 할 의무가 있어요. 그런데 제 아내는 그들과 자연스럽게 어울리지를 못하더라고요. 아내가 이란어를 잘 못해서 그렇기도 하지만, 제 가족들이 집안 사업에 관한 이야기를 엄청 많이 하는데 아내는 그런 이야기에 관심을 보이지 않더라고요. 이란에서는 부모님을 최우선으로 생각해요. 만약 어머니가 제게 함께 살자고 하면, 저는 어머니의 의견을 제일 먼저 고려해야 해요.

다음은 의무적 관계를 우선시하는 남편의 태도 때문에 문화적인 충격과 함께 무시당한다는 느낌을 받은 아내의 사례다.

저는 캘리포니아에서 태어난 미국인이고, 남편은 스페인-포르투 갈계 유대인이에요. 남편과 저는 시부모님을 뵈러 이스라엘에 간 적이 있어요. 우리가 그곳에 도착했을 때 저는 그날이 시부모님의 결혼기념일이라는 사실을 알게 됐어요. 공교롭게도 그날은 제 생일이기도 했죠. 남편이 시부모님의 기념일을 요란스럽게 챙겨서 저는 남편에게 왜 내 생일은 챙기지 않느냐고 대놓고 물었어요. 남편의 대답은 간단했어요. "우리 부모님이 우선이니까!"

자기를 희생하며 모든 것을 주는 어머니상(像)은 내재화된 대상이 된다. 이 어머니상은 아시아에서 의존적 소통과 상호의존적 소통을 명확히 기술한 유교를 기반으로 형성된다. 유교는 아버지와 자식, 남편과 아내, 형과 아우, 고용인과 피고용인의 관계를 주요하게 기술하는데, 일본과 중국에서는 이 중에서도 아버지와 자식의 관계를 가장 중요시한다. 그리고 지시하는 사람과 지시를 받는 사람의 지위도 상당히 분명하게 구분한다. 사장과 고용인, 손윗사람과 손아랫사람, 선생님과 학생, 주인과 하인, 남편과 부인 관계에서 윗사람은 자비심, 권위와, 책임, 지혜를 갖추어야 하고, 아랫사람은 순종적인 자세를 갖추어야 한다.

일본 사람들은 가족 관계에서 생기는 의무보다 상사와의 관계에서 발생하는 의무를 더 중요하게 생각한다. 하지만 어머니와 자녀의 관계는 그와 별개로 중요한 의미를 지닌다. 여성들은 집 밖에서는 개인적인 권리와 권한을 거의 누리지 못하지만, 가정에서는 (남편에게 전적으로 의존하는 한국의 부인들과는 달리) 영향력이 세다. 클라인의 개념으로 표현하자면, 일본인 아내의 이러한 모습은 (편집-분열성 자리의) 부분대상 기능으로 해석할 수 있으며, 이 기능을 수행하는 어머니는 전체대상으로 여겨지지 않고 무언가를 제공하는 사람, 누군가를 보살펴주는 사람, 모든 것을 아우르는 젖가슴으로 여겨진다.

한국에서는 왕과 신하의 관계에서부터 부모와 자식 관계, 남편과 부인 관계, 형과 아우 관계에 이르기까지 의무적 관계가 명확하게 구분되어 있다. 자식들은 아버지를 이상화하고 존경한다. 아버지는 모든 것을 아우르는 왕이자 자애로운 군주이자 지도자가 된다. 한국인들은 가족을 보살피고 먹여 살리는 가장 중요한 임무를 수행하는 아버지를 전지전능한, 모든 것을 제공하는 존재로 생각한다.

그렇지만 이러한 환상이 깨지는 순간, 사람들 내면에는 강렬한 분열과 분노와 한국 사람들이 '한'이라고 부르는 것이 생길 수 있다. 제2차세계대전 때 일본의 침략을 받은 후, 자애로운 아버지라는 상은 거의 사라졌다. 그리고 아버지는 기대를 저버리고 실망을 안겨주는 사람이 되었다. 그래서 한국 여성들은 자신들의 아버지와 남편을 잃는 비극을 감당해야 했고, 공격적이고 복수심에 불타는 사람이 되어 가족들의 생계를 책임져야 했다.

한국에 있는 사람들보다 미국으로 이주한 한국인들이 '한'을 더 많이 쌓는다. 한국에는 그들을 도와주는 일가친척과 지역사회와 같은 집단이 있는데, 미국에는 그들을 지지해주는 후원자나 '안아주는 환경(holding environment)'이 없기 때문이다. 한국인들은 한국을 떠나는 것을 고국을 배신하는 행위로 간주한다. 거기다 한국에서는 외국인과 결혼하는 것을 '행실이 나쁜 사람'과 결혼하는 것과 마찬가지로 생각하는 경향이 있다.

혹자는 "왜 고국에서는 순종적이던 한국인들이 미국으로 이주한 뒤에도 그런 태도를 견지하지 않느냐?" 물을지도 모른다. 한국에서 가족과 지역사회는 집단의 분노와 감정을 담아주는 그릇이나 안아주는 환경으로서 기능한다. 그리고 여성들은 순종적인 태도를 보임으로써 그러한 지원을 받을 수 있다. 만약 그러한 지원이 사라지면 여성들은 격렬한 분노와 분열 상태에 빠져들 것이다. 미국으로 이주한 한국인들은 극심한 외로움과 혼란과 무력감에 사로잡힌다. 특히 '일하는 어머니'와 같은 새로운 역할들 때문에 자녀와 어머니라는 공생 관계가 무너지면 한국 여성들은 미국 생활에 적응하는 과정에서 큰 압박감을 받는다. 한국전쟁 전후에 일어난 비극적 상실로 고통을 겪은 한국 여성들은 이제 여성과 어머니에게 요구하는 새로운 정체성을 받아들이기 위해 몸부림치고 있다.

문화적 차이를 이유로
여자를 학대하는 남자들

문화라는 미명 아래 여성의 권리를 침해하는 남자들은 여성이 자기의 소유물이라고 주장한다. 그들은 여성들에 대한 특권의식과 소유 의식으로 똘똘 뭉쳐 있는 사람들이다. 그리고 부인과 다른 문화권에서 태어나고 자란 남자들은 전통과 종교를 가장해 가장 악랄한 공격을 행동으로 보여주기도 한다. "우리나라에서는 아내를 복종시키는 게 남편들이 반드시 해야 할 임무입니다."

■ 사례 21 _ 미국인 아내와 이탈리아인 남편

우리가 연애할 때는 정말 황홀했어요. 나의 로미오는 토스카나 출신의 잘생긴 왕자님이었어요. 모든 여자들이 꿈에서나 그릴 법한 남자였죠. 그 사람은 맛있는 음식과 와인과 음악과 오페라를 사랑하는 멋지고 당당한 남자였어요. 처음 보자마자 나는 그 사람에게 홀딱 빠져들었죠. 그런데 결혼해서 귀여운 두 아이를 낳고 난 뒤부터 그의 금융 관련 벤처사업에 대해 의심이 들기 시작했어요. 그 의심을 억누르지 못한 나는 남편의 계좌며 판매영수증과 이메일까지 뒤졌어요. 결국 남편이 금융 사기에 연루되었다는 사실을 알아내고 경악을 금치 못했어요. 그리고 그와 관련된 증거물들을 뒤지는 모습을 남편에게 들키고 말았어요. 그때부터 남편은 나를 때렸어요. 비명 소리가 절로 나왔지만 아이들 때문에 참을 수밖에 없었어요. 잔혹하게 폭력을 행사해놓고 그는 이탈리아에서 아내들은 남편에게 질문도 추궁도 하지 말고 무조건 복종하도록 교육받기 때문에 자신의 행동이 잘못된 게 아니라고 믿게 만들더라고요. "좋은 아내는 요리하고 아이들을 돌보는 여자야."

오늘날 세계 여성들은 매를 맞고, 강간을 당하고, 돌에 맞아 죽고, 물건처럼 팔리고, 음핵을 절제당하고, (보통 압제 정권의 지도자나 독재자의 허락 아래) 갖가지 형태로 학대를 당하고 있다. '문화가 다르다'라는 기치 아래 여성들을 학대하는 남자들은 그 학대 행위가 자신들 나라의 고유한 문화적 전통에 따른 것이라고 주장한다. 요즈음, 이런 주장에 맞서 여성단체나 인권단체들은 행동을 촉구하는 목소리를 내고 있다.

최근에 이슬람교로 개종하는 서구인들이 늘고 있다. 영국에서 이슬람교를 믿는 죄수들을 상담한 정신과 의사 시어도어 달림플(Theodore Dalrymple)에 따르면, 종교가 없는 남자들이 이슬람교에 매력을 느끼는 가장 큰 이유는 이슬람교가 여성에 대한 '가공할 학대'를 허용하기 때문이라고 한다. 『로스앤젤레스 타임스』에 실린 서구 영화를 보는 이슬람 사람들의 시각을 전하는 기사는 서구인들과 이슬람인들이 여성의 지위를 얼마나 다르게 생각하는지 잘 보여준다. 영화 〈타이타닉〉의 여러 장면들 중에서 이슬람 사람들을 가장 충격에 빠뜨린 장면은 누드 장면이 아니라 여주인공 로즈가 무정한 약혼자를 떠나는 장면이었다. 많은 이란 사람들이 그 영화를 보고 "아무리 레오나르도 디카프리오와 잘해보기 위해서였을지라도 로즈에게는 약혼자를 떠날 권리가 없다"고 말했다.

다음 사례는 다문화 부부들 사이에서 매우 자주 일어나는 사건들을 보여준다. (여성의 권리를 억압하고 침해하는) 중동 출신 남자와 사랑에 빠져 결혼하고 아이를 낳은 여성들은, 생활방식이 다른 자기 나라에서 남편이 살고는 있지만 잘 적응하지 못할 거라는 생각이 늘 마음 한구석에 있다. 다음 사례에 나오는 부인은 다정하고 매력적인 남편이 아이들을 데리고 남편의 나라인 사우디아라비아로 가서 다시는 돌아오지 않을 거라는 두려움을 안고 살아가고 있다.

■ 사례 22 _ 아랍인 남편과 미국인 아내

심리치료사: 안녕하세요, 살람! 누가 먼저 시작하겠습니까?

압둘: 저는 이곳에 오고 싶지 않았습니다. 심리치료를 별로 신뢰하지 않거든요. 우리나라에서는 아무도 이런 것에 관심을 두지 않아요. 무슨 문제가 생기면 알라신께 기도해 용서를 구하죠. 우리의 소원과 운명은 모두 그분 손에 달려 있으니까요.

메리: 남편은 늘 이런 식이에요. 이런 남편 때문에 애들과 저는 늘 참고 살아야 해요. 전 기도나 기원, 소망 같은 것은 별로 중요하지 않다

고 생각해요. 그런데 남편은 『코란』을 무슨 절대적인 진리인 양 떠받들어요. 저는 현실적인 사람이에요. 고등교육을 받고 지식도 많은 제가 이런 '간교한 말장난' 같은 걸 믿는 사람과 살다니 저도 믿어지지 않아요. 문제가 있으면 대화로 풀어야 한다고 생각해요. 문제란 항상 있게 마련인데, 남편은 알라신에 대한 이야기만 늘어놔요. 무슨 일을 하기로 해놓고 하지 못했을 때도 늘 알라신의 뜻이었다고 말해요. 그런 헛소리나 하지 말았으면 좋겠어요! 자기가 지금 미국에서 살고 있다는 것을 모르는 걸까요? 이곳은 중동이 아니라고요. 우리 부부만 살 때는 그래도 괜찮은데, 이제 아이들까지 있는 마당에 남편의 이런 태도를 무시할 수만은 없을 것 같아요.

심리치료사: 음, 문화적으로 많은 차이가 있어서 그 때문에 마음을 다치고 스트레스를 받고 있는 것 같군요.

메리: 지난해 우리 부부는 시부모님을 뵈러 애들과 함께 사우디아라비아로 갔어요. 딸들과 저는 베일(차도르)을 입지 않을 작정이었는데, 막상 미국식 차림으로 그곳에 가니 사람들이 모두 우리만 쳐다보더라고요. 그냥 낯선 이방인을 보는 시선이 아니라 우리 옷을 활활 태워버릴 것 같은 시선이었어요. 우리가 매춘부라도 된 것 같았어요. 정말 무서웠죠. 그때 저는 그 나라 방식을 따라야 한다는 것을 알았어요. 그리고 내가 그렇게 하지 않으면, 남편이 아이들을 계속 그곳에 잡아둘 수도 있겠다는 생각을 했어요. 제가 의지할 만한 것이 아무것도 없는 곳에 말이에요. 그 뒤로도 저는 늘 그런 위협감을 느껴요.

압둘: (웃으면서) 아내와 애들이 재빨리 차도르와 히잡을 입는 모습을

선생님도 보셨어야 해요. 혹시 중동에 가보셨나요? 그곳에서는 여자들에게 발언권을 주지 않아요. 그들은 어떤 의견을 가질 권리도 없어요. 내가 그렇게까지 하지 않는다는 사실이 자신에게는 얼마나 다행인지 아내는 몰라요.

메리: 그래요. 남편은 그렇게까지 하지는 않아요. 하지만 남편과 자유롭게 이야기하기가 얼마나 힘든지 남편은 몰라요. 어쩌면 이 자리에서 그것을 해볼 수도 있겠네요.

다문화 가정에서 아이들을 데리고 떠난 남편들이 다시는 돌아오지 않는 일은 흔하다.

악몽 같은 일이 실제로 벌어졌어요. 남편이 제게 말도 없이 아들을 데리고 레바논으로 가버렸어요. 일 년을 아들을 찾으며 보냈어요. 일 년이 지나서야 소송을 제기했지만 아무 소용이 없었고 이제 할 수 있는 일이 아무것도 없어요.

여성 심리치료사들은 남녀평등과 인권의 시대에 이런 일들이 벌어지고 있다는 소리를 듣고서 경악을 금치 못할 것이므로, 이 사례는 특히 임상적으로 아주 중요한 가치가 있다. 이와 반대로 남성이 지배하는 사회에서 성장한 남자들은 여성 심리치료사와 상담을 하는 것에 어마어마한 저항감을 느낄 것이다. "당신이 왜 이곳에 오고 싶어하지 않았는지 압니다. 그런데 그 이유들 중에 제가 당신 아내와 마찬가지로 여자라는 것도 있지 않을까요?"

예술에 대한 억압은
예술적 브이스폿을 낳는다

사회적 권리를 침해하는 또 다른 형태는 정부가 개인들에게 정부의 원칙을 강요하면서 창의성을 억누르는 것이다. 여러 독재 정권들은 사람들에게서 표현의 자유와 여성의 권리와 같은 사적인 권리를 빼앗는다. 또 예술가들에게서 창조적으로 표현할 수 있는 자유를 빼앗는다. 오늘날 대부분 사회에서는 음악과 미술과 춤으로 자기를 표현하도록 장려하지만, 집단적 일치를 강조하는 사회에서는 사람들에게 부당한 일들을 행한다.

예를 들어 아시아에서 미국으로 건너온 학생들은 미술 시간에 교사가 "긴장을 풀고, 연필이나 물감으로 마음에 떠오르는 것을 아무거나 그려보세요"라고 말하면, 충격을 받아서 멍하니 있곤 한다. 이렇게 일치를 요구하는 나라의 국민들은 사회적으로 묵인된 채 자행되는 예술에 대한 억압 때문에 '예술적 브이스폿'을 갖게 된다.

이전에 출간한 여러 책에서 나는 예술적 욕구란 누구에게나 있는 가장 경이로운 욕구라고 말했다. 그래서 오래된 아픔과 원초적 상처들을 자극하는 차원에서 보면, 권리를 빼앗는 부모뿐만 아니라 전체주의적 독재국가들도 자율성과 표현의 자유를 축소시킬 수 있음을 언급하는 것은 매우 중요하다.

예술 행위를 가장 심하게 탄압한 사례로 마지막 중국 왕조인 청 왕조 때 일어난 사건들을 들 수 있다. 이 시기의 부패한 통치자들은 예술적 욕구를 배출할 수 있는 모든 통로를 봉쇄하면서 국민들을 억압했다. 그리고 문학은 늘 그 공격 대상이 되었다. 통치자들은 정부에 반하는 모든 저술 활동을 금지했고, 수용 여부를 결정할 권한도 정부에게 주었다.

예술을 탄압한 이 시기의 참상을 프랑스와 지라르 감독은 1999년에 〈레드 바이올린〉이라는 영화로 그렸다. 이 영화는 유명한 바이올린이 시대의 변천에 따라 여러 사람의 손을 거치는 과정을 그린 작품이다. 이 바이올린을 제작한 사람은 17세기 이탈리아의 크레모나에서 살았던 평범한 바이올린 제작자였다. 그 후 바이올린은 18세기 비엔나에서 살았던 음악적 재능이 뛰어난 고아 소년에게 전해졌다가, 영국의 조지 3세가 통치하던 기간에는 바이올린을 연주하는 영국 귀족의 손에 들어간다. 그 뒤 서양음악을 좋아하는 애호가에게 전해졌다가 결국에 가서는 문화혁명기의 중국으로 흘러들어간다. 당시 중국에서는 악기 사용을 전면 금지했고 예술적인 표현물도 모두 검열했다. 그 바이올린은 상하이에 사는 샹페이라는 여자의 손에 들어가지만 그녀는 바이올린을 숨겨야 했다. 그것을 들키면 악기가 사람들을 타락시킨다고 생각하는 정부로부터 처벌을 받기 때문이었다.

다문화 커플을 위한
치료 기법

다양한 민족적 배경에서 자란 커플들을 치료하는 데는 거울반응과 공감이라는 기법을 활용하는 자기심리학이 가장 적합하다. 여기서 간략하게 설명하는 치료 기법은 이 장에서 기술한 다양한 정신역동들의 상호작용을 이해하는 데 많은 도움을 줄 것이다.

당연히 민족 집단이나 종교 집단을 정형화하거나 일반화할 수는 없는 일이지만, 그 집단의 정신을 낳은 신화나 풍속이나 이념을 이해하는 일은 매우 중요하다. 최근 사회학자, 정신분석가, 인류학자, 역사심리학자 들은 자신들의 기법과 지식을 개인을 분석하는 차원을 넘어서 이용하고 있다.

버턴과 나는 공동으로 기사를 쓴 적이 있는데, 그때 우리는 일본과 독일이 제2차세계대전에서 저지른 범죄행위에 서로 다른 태도를 보이는 것에 대해 논의했다. 우리는 독일은 죄책감 사회로, 일본은 수치심 사회로 묶을 수 있다는 사실을 발견했다. 그리고 이 사회문화적인 태도가 각각의 개인들에게 영향을 미친다는 것도 알아차렸다.

완전히 모순되는 가치관을 지닌 커플을 치료할 때 나는 '문화 차이의 갈고리(cultural contrast hook)'라고 이름 붙인 기법을 써왔다. 더 자세히 말하자면, 환자가 자신의 행동이 문화적인 어떤 것에서 기인했다고 주장하면, 나는 그 환자의 문화도 그가 병적인 행동을 하는 이유를 설명해주지 못한다는 것을 입증하곤 했다.

실례로 한 일본인 남편은 생활비를 관리하는 권한을 포함해 자신이 모든 권한을 가져야 한다고 생각했다. 일본인 남편 이시카와는 내게 '일본에서는 남편이 한 가정의 우두머리고 아내는 남편에게 순종하는 사람'이라는 생각을 주입하려고 노력했다. 나는 정신을 바짝 차리고 이시카와의 행동 이면에 있는, 상대방에게 어떤 권한도 주지 않고 자신이 조종하려드는 성격을 탐구할 기회를 기다렸다. 그리고 많은 노력과 연구를 통해 다음과 같은 사실을 알아냈다고 분명한 어조로 말했다. "맞아요. 당신 말처럼 일본에서 여자들은 종속적인 위치에 있어요. 하지만 일본에서도 집안 재정을 관리하는 사람은 여자던데요."

내가 자주 쓰는 또 다른 기법은 문화적 차이를 보여주는 사례들을 자주 제시하는 것이다. 그 극단적인 사례를 들어보면, 사우디아라비아에서 태어난 한 남성은 아내를 때리는 것에 대해 아무런 문제의식을 느끼지 못했다. 그는 자기 나라에서는 여자가 잘못했을 때 흔히 그렇게 한다고 항변했다. 이 중동 남성이 자기 말을 잘 듣지 않는 아내가 꼭 때려야만 말을 듣는다고 불평했을 때도 나는 '문화 차이의 갈고리' 기법을 써먹었다.

"그렇군요. 그게 당신 나라의 전통이군요. 그런데 당신 아내가 중앙아프리카에서 태어났고, 그곳 부족 사람들에게는 식인 풍습이 있다고 상상해보십시오. 그리고 아내가 당신을 한 입 베어 먹고 난 후 그건 자기 종족의 풍습이라고 말한다면, 당신은 어떤 기분이 들겠습니까? 그리고 당신은 가정이 있는 남자입니다. 자, 이제 당신이 중국에서 산다고 상상해보십시오. 그곳에서는 자녀를 한 명만 낳도록 규제하고 있습니다. 당신이 그 규제를 받는다면 어떤 기분이 들지 생각해보십시오."

남성 우위의 공격적인 사회('마초' 사회)에서 태어난 남자들이 복종적이고 순종적인 여자를 찾는 것은 충분히 이해할 수 있는 일이다. 다음은 다른 문화권 출신의 사람들을 대할 때는 문화적으로 신중해야 할 뿐만 아니라 문화와 공격성을 잘 구별할 수 있어야 한다는 것을 보여주는 사례다.

러시아의 한 과학자가 미국으로 건너온 후 몇몇 미국 여성들과 데이트를 했다. 그 여성들이 그다지 만족스럽지 않았던 그는 미국 여성들이 요구하는 것만 많고 마음이 가난하며 버릇없이 자란 사람들이라고 생각하게 되었다. 게다가 미국 여성들은 자신의 감정적인, 그리고 성적인 욕구를 채워주지 못할 것이라고 짐작했다. 그래서 그는 미국에 교환학생으로 온, 자기보다 스무 살이나 어린 중국 여성을 만났다. 그 중국 여성은 곧 그의 집으로 이사해 그와 함께 살았다.

그녀는 그가 시키는 일을 모두 해야 했다. 그가 성관계를 요구할 때마다 그를 충족시켜주어야 했고, 그의 식사를 준비해야 했고, 아침에는 커피를 대령해야 했으며, 집 안 청소도 혼자서 다 해야 했다. 그러면서도 그녀는 그에게 언어폭력까지 당했다. 그는 그녀에게 심한 욕설을 퍼부었고, 인종차별적인 말을 했으며, 빈정거리면서 멸시하는 말들을 했다. 러시아

과학자는 그녀에게 돈과 신용카드를 쥐어주고 운전면허증을 딸 수 있도록 도와주면서 그녀를 자기 손아귀에 넣었다. 그리고 그녀가 학대를 당하는 것 같고 행복하지 않다는 불평을 할 때마다, 자신이 해준 모든 것에 고마워할 줄 모르는 사람이라며 망신을 주었다.

문화 차이의 갈고리 기법 외에 다문화 부부를 치료할 때 도움을 줄 수 있는 다른 기법들이 많이 있다. 다음은 유용한 조언들을 짧게 요약한 것들이다.

- 문화적 차이가 유발하는 정신역동들을 알아내야 한다. 거울반응과 반사를 해야 한다.
- 자기심리학이 내담자의 주관적인 경험들을 이해하고 반사하는 데 가장 효과적인 방법을 제공한다는 사실을 염두에 두어야 한다.
- 내담자가 태어난 나라의 전통 음식, 명절, 풍습을 알아야 한다.
- 내담자가 태어난 나라의 말을 단 몇 마디라도 할 수 있으면 좋다. 만약 내담자가 아시아 사람이라면, 차를 대접하고 가볍게 고개를 숙여 인사를 한다. 한국인이라면 "김치를 좋아한다"고 말하는 것도 좋다.
- 문화적인 차이에 공격이 아니라 공감으로 대응해주어야 한다.
- 개인적 자기와 집단적 자기의 차이점을 알아야 한다.
- 특별한 대우를 받고 싶어하는 욕구를 인식해야 한다. 음악이나 음식이나 춤 등과 같이 무언가를 매개로 유대 관계를 맺으려고 노력하라 ("저는 아랍 음악을 좋아해요." 또는 "후무스를 만드는 법을 배우고 싶군요.")
- 내담자의 몸짓 언어를 이해해야 한다. 예를 들어, 아시아 사람들은

거리를 유지하는 것을 좋아하고, 이란인과 이탈리아인은 바짝 다가앉는 걸 좋아한다.

- 내담자들 내면에서 병적 이상을 찾는다.
- 정부 내부에서 병적 이상을 찾는다.
- 문화 속에서 병적 이상을 찾는다.
- 커플의 전이 속에서 병적 이상을 찾는다.
- 커플에게 치료를 받는 이유를 상기시킨다.
- 갈등을 해결하려 애쓰지 말고 거울이 되어 갈등을 그대로 비춰주어야 한다.
- 커플의 공격성이 아니라 취약성에 공감해주어야 한다.
- '문화 차이의 갈고리' 기법을 이용하라.
- 여러 가지 유머와 놀이를 이용하라. 그리고 많은 사례를 제시해야 한다. "만약 내가 베일을 쓰지 않고, 또는 혼전 임신을 해서 당신 나라에 간다면 무슨 일이 벌어질까요?"
- 다른 문화권에서 온 사람들은 대부분 박해불안에 사로잡혀 있음을 잊지 말아야 한다. 그들을 배려하면서 침착하게 말하는 것이 중요하다.

불화를 겪는 다문화 커플들은 자신들의 갈등에 문화가 어느 정도나 기여하고 있는지 분석할 필요가 있다. 서로 다른 민족적 배경에서 태어나고 자란 커플들을 겁주려고 이 글을 쓴 것은 아니다. 내가 이 글을 쓴 것은 다양한 문화를 뒷받침하고 있는 토대를 인식하고 이에 상응하는 감정적 학대를 치료하는 데 도움을 주기 위해서다.

이 글은 심리치료사들에게도 많은 도움이 될 것이다. 다문화 부부를 치료하기 위해 언어학자나 인류학자가 될 필요는 없다. 놀랍게도, 다른 문화권에서 태어난 사람에게 심리치료사가 '부에노스 디아스!'나 '살람!'이나 '봉주르' 하고 그 나라 말로 인사하면, 그 하나만으로도 내담자는 훈훈함을 느끼거나 유대감을 느껴서 마음을 열게 된다. 이 새로운 접근법을 자신의 치료법에 접목시켜야 한다는 사실에 조금 당황스럽겠지만, 문화적인 면이나 민족적·종교적 측면을 더는 무시해서는 안 될 것이다.

다문화 커플이 불화를 겪는 배경에는 파괴적인 지도자와 자신을 동일시하는 사회, 집단적 환상을 오랫동안 세뇌해온 사회, 희생과 피해라는 고통스러운 굴레를 문화로 받아들인 사회 등이 있을 때가 많다. 국민의 정당한 권리를 박탈하고 몰수하는 국가들이 불화의 원인을 제공할 때도 있다. 한쪽은 어머니에게서 분리되는 과정을 강조하는 사회에서 자랐고 다른 쪽은 어머니와의 융합으로 형성된 유착을 지속하도록 만드는 사회에서 성장한 탓에 갈등을 겪는 것일지도 모른다.

'문화 차이의 갈고리'라는 내가 고안한 기법을 소개하면서 다문화 커플을 치료할 때는 대상관계론과 자기심리학을 활용하는 것이 적절하다고 강조하기도 했다. 그 이유는 대상관계론이 관계의 공격적인 면과 파괴적인 면을 수용해서 치료해주고, 자기심리학은 거울반응과 공감 반응이라는 기법으로 거의 뚫을 수 없을 것 같아 보이는 방어벽을 뚫을 수 있도록 도와주기 때문이다.

과거의 상처가 현재를 집어삼키도록
허락하지 마라

지금까지 브이스폿이 자극받으면 어떤 일이 일어나는지, 브이스폿을 자극하는 가해자들과 이들을 떠나지 않고 관계를 계속 유지하는 조장자들은 어떤 특징이 있는지, 감정적 학대가 브이스폿에 어떤 영향을 미치는지 살펴보았다. 그리고 다양한 심리학 이론들을 불화를 겪는 다양한 유형의 커플들에게 어떻게 적용할지 검토해보았고, 성격 유형이 상반되는 유형을 만났을 때는 무슨 일이 일어나는지 알아보았다. 또한 우리의 마음속 가해자가 우리를 고통스럽고 파괴적인 관계에 붙잡아둔다는 점과 문화적 차이가 브이스폿으로 작용해 인간관계를 망가뜨릴 수 있다는 사실을 확인했다.

이 책을 읽으며 자신의 브이스폿이 무엇인지 어렴풋하게나마 인식한 사람도 있을 것이다. 또 사례를 보며 '어, 이건 내 이야기잖아!' 하고 무릎을 친 사람도, 창피함에 얼굴이 벌게진 사람도 있을 것이다.

그러나 혹자는 자신은 원초적 상처 따위는 없고 당연히 브이스폿도 없다고 말할지도 모르겠다. 그러나 단언컨대, 상처 없는 사람은 없다. 그리고 브이스폿이 그렇게 인식하기 쉬운 것이라면 많은 이들이 그것에 얽매여 상처를 받는 일도 없을 것이고, 내가 이렇게 한 권의 책을 써서 '브이스폿을 인식하라'고 열변을 토할 필요도 없었을 것이다. 이 책을 다 읽었는데도 자신의 브이스폿이 뭔지 도통 모르겠다면 주변 사람들에게 물어보라.

"혹시 내가 너무 민감하게 반응하는 문제라서 입 밖으로 꺼내기 힘들었던 이야기가 있어?"

"내가 너무 의기소침해할까 봐 지적하지 않았던 나의 성격상의 결함은 없어?"

"혹시 내가 특정한 상황에 처하면 평소와 달리 이상할 정도로 화를 내거나 부끄러워하지는 않아?"

자신의 감정적 취약점은 자신보다는 오히려 남들이 알아채기 쉬울 경우가 많다. 마음을 열고 귀 기울여 듣는다면 주변 사람들의 답변에서 어느 정도 실마리를 찾을 수 있을 것이다.

그러나 자신이 받은 상처는 너무나 끔찍한 것이어서 그것과 화해를 하기는커녕 직면할 용기도 없다고 말하는 사람도 있을 것이다. 이해한다. 자신의 상처와 마주하는 일은 결코 쉬운 일이 아니다. 잊고 싶은 과거를 돌이키는 일은, 충격적인 기억을 떠올리는 일은 당신을 깊은 고통에 빠져들게 할 수도 있다.

그러나 명심하라. 브이스폿을 그대로 방치하면 당신뿐만 아니라 당신의 주변 사람들, 심지어는 목숨하고도 바꿀 수 있을 정도로 사랑하는 사람들까지 아프게 할 수 있다. 브이스폿과 마주하는 일은 더 큰 고통을 받지 않도록 예방주사를 놓는 일과 같다. 예방주사를 맞는 순간은 따끔하고 얼마간 병균과 싸우느라 몸이 힘들지만 일단 한번 맞고 나면 더 큰 화를 예방할 수 있듯이, 브이스폿을 직면하는 일은 당신을 조금 힘들게 하겠지만 더 큰 상처를 받지 않도록 예방해줄 것이다.

내가 여러분께 해줄 수 있는 말은 모두 끝났다. 이제는 여러분들 차례다. 앞으로도 계속 과거의 상처가 당신의 현재를 농락하도록 놔둘 것인지, 오래된 상처와 화해해 관계를 회복하고 사랑과 인생을 충만히 할지는 여러분의 선택에 달려 있다. 부디 현명한 선택을 내리길 바란다. 그리고 그런 사람들에게는 이 책을 읽은 것이 그 어떤 일보다 가치 있고 의미 있는 일이 될 것이라고 확신한다.

옮긴이 _ 김 현 정

대학에서 국문학을 전공했고, 2002년 수개월간 유럽 공동체, 틱낫한 스님의 플럼빌리지,
퀘이커 교도의 공동체 우드부룩, 기독교 공동체 브루더호프 등을 다녀왔다. 그 후 수년간
오쇼 라즈니시의 명상법과 '가족 세우기' 등 다양한 심리치유 프로그램을 경험했고 현재
또 다른 비약을 위해 정진하고 있다. 역서로는 『나눔의 밥상』, 『엄마 없는 딸들』이 있다.

왜 가까운 사이일수록 더 상처받는가

초판 1쇄 발행 | 2013년 4월 17일
초판 2쇄 발행 | 2013년 7월 12일

지은이	조앤 래커
옮긴이	김현정
펴낸이	상효림
편 집	지태진, 김자영
디자인	채지연
홍 보	김용우
종 이	화인페이퍼
인 쇄	한영문화사
펴낸곳	도서출판 전나무숲 檜林
출판등록	1994년 7월 15일 · 제10-1008호
주 소	121-230 서울시 마포구 망원동 435-15 2층
전 화	02-322-7128
팩 스	02-325-0944
홈페이지	www.firforest.co.kr
이메일	forest@firforest.co.kr

ISBN | 978-89-97484-19-5 (03180)

＊값은 뒤표지에 있습니다.
＊이 책에 실린 글과 사진의 무단 전재와 무단 복제를 금합니다.
＊잘못된 책은 구입하신 서점에서 바꿔드립니다.

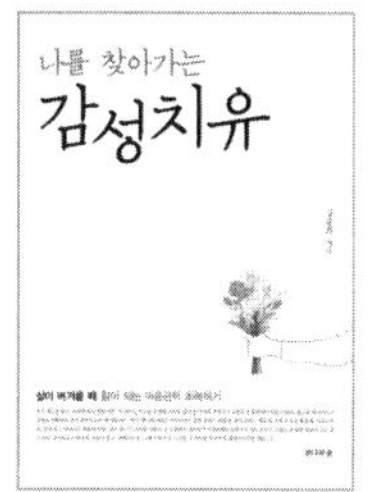

나를 찾아가는 감성치유

불안하고 우울한 시대를 살아가는 현대인을 위한 감성 회복 실전서. 감성이 무엇인지, 왜 감성치유가 필요한지, 감성을 치유하고 감성의 힘을 회복하기 위해서는 어떻게 해야 하는지를 구체적으로 제시한다. 이 책에서 제시한 감성치유의 모든 과정이 끝났을 때 마음이 한결 가벼워지고 삶에 대한 새로운 의욕이 생기는 것을 경험할 수 있다.

강윤희 지음 | 민경숙 그림 | 212쪽 | 13,000원

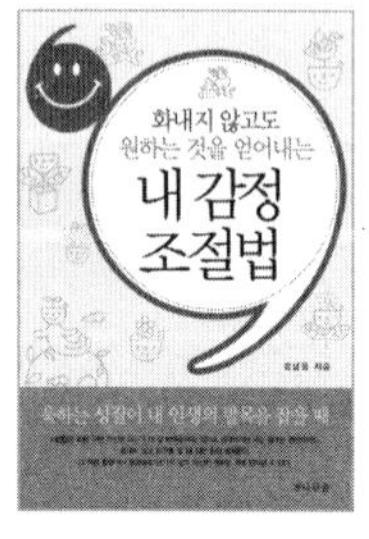

화내지 않고도 원하는 것을 얻어내는 **내 감정 조절법**

분노에 대한 다양한 상담 사례와 함께 저자가 개발한 'EEM 기법'을 통해서 어떻게 감정을 조절하고 분노를 근원적으로 치유하는지를 보여준다. 이 책에서는 분노가 자신은 물론 자신 주변에 발생한 문제의 해결을 촉구하는 신호라며 분노를 긍정적으로 다루는 방법을 제시한다.

송남용 지음 | 240쪽 | 12,000원

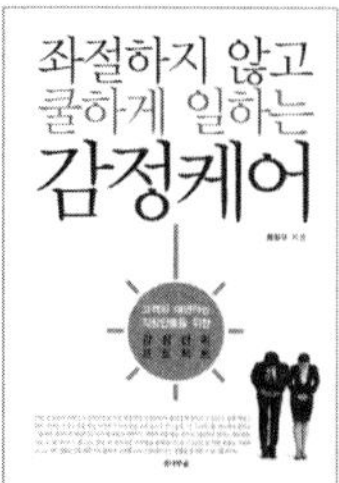

좌절하지 않고 쿨하게 일하는 **감정케어**

산업 전 분야에 서비스가 경쟁요소로 자리 잡으면서 많은 직장인들이 감정노동 스트레스를 느끼며 살고 있다. 이 책은 감정노동 스트레스에서 비롯된 좌절감을 극복하고, 그 어떤 컴플레인과 짜증에도 쿨하게 대처함으로써 행복하게 직장 생활을 유지할 수 있는 방법을 사례와 함께 아주 상세하게 제시하고 있다.

최환규 지음 | 344쪽 | 14,800원

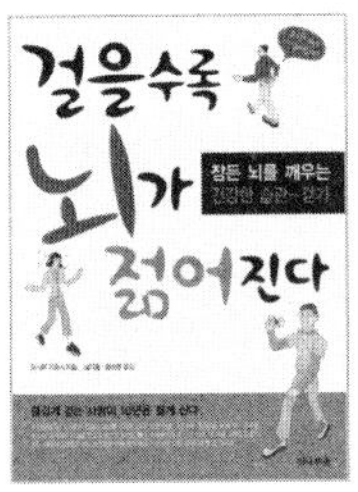

걸을수록 뇌가 젊어진다

걷기의 건강 효과와 걷기가 뇌에 좋은 이유를 과학적으로 밝혀 알기 쉽게 정리한 걷기 예찬론. 즐겁게 걷는 방법과 걸으면 왜 기분이 좋아지는지, 걷기가 어떻게 우울한 마음을 달래주는지 등 책장을 넘기다 보면 어느새 걷고 싶어진다.

오시마 기요시 지음 | 성기홍 · 황소연 옮김 | 216쪽 | 값 10,000원

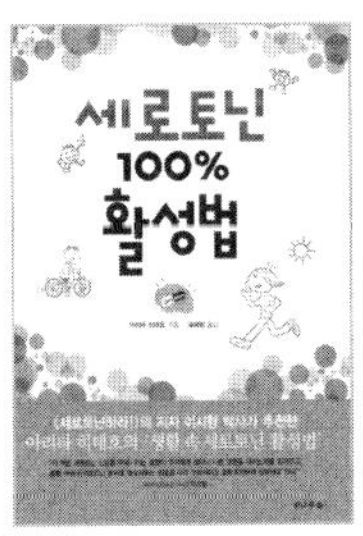

세로토닌 100% 활성법

세로토닌 연구의 세계적 권위자 아리타 히데오 박사의 세로토닌 뇌 활성법. 세로토닌이 무엇이고 어떤 경로로 우리에게 영향을 미치는지, 세로토닌을 활성화하는 방법은 무엇인지를 구체적으로 다루어 신체활동이 부족한 직장인과 학생, 우울감을 겪는 주부, 밤에 활동하는 사람 등 자신의 라이프스타일에 맞게 활용할 수 있다.

아리타 히데오 지음 | 윤혜림 옮김 | 212쪽 | 값 12,000원

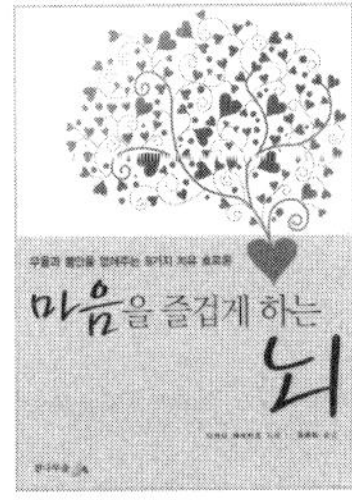

마음을 즐겁게 하는 뇌

자기 스스로의 힘으로 행복과 평화를 불러올 수 있는 방법을 알려주는 심리치유서. '뇌과학'이라는 측면에서 접근하여, 어떻게 사람의 마음이 평화와 안정을 되찾고 맑고 고요한 상태에 다다를 수 있는지를 9가지 심리치유의 원리로 객관적이고 분석적으로 설명하고 있다.

다카다 아키카즈 지음 | 윤혜림 옮김 | 212쪽 | 값 13,000원

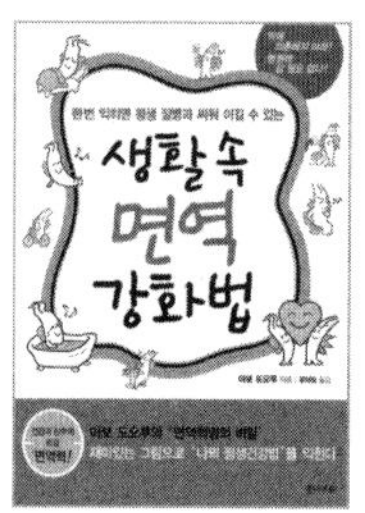

생활 속 면역 강화법

세계적인 면역학자 아보 도오루의 면역학 이론을 쉽게 풀어쓴 책. 어려운 의학 용어와 복잡한 원리를 일러스트로 쉽고 재미있게 설명하면서 생활 속에서 누구나 실천할 수 있는 면역력 강화법을 제시한다. 특히 '면역력을 높이는 10가지 방법'은 그간 아보 도오루가 제창해온 면역학 이론에서 '핵심 중의 핵심'이라는 평가를 받고 있다.

아보 도오루 지음 | 윤혜림 옮김 | 236쪽 | 값 13,000원

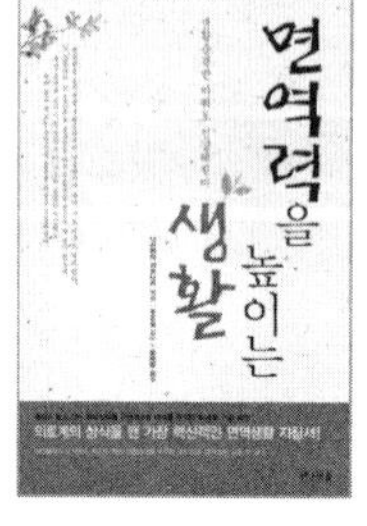

면역력을 높이는 생활

의료계의 상식을 깬 가장 혁신적인 면역생활 지침서! 인체의 균형을 잡아주고 생명을 지켜주는 면역의 원리와 생활 속에서 실천할 수 있는 면역 건강법을 알기 쉽게 소개한다. 면역력을 높이는 7가지 생활습관을 실천할 것을 강조한다.

니시하라 가츠나리 지음 | 권오길 감수 | 윤혜림 옮김 | 208쪽 | 값 12,800원

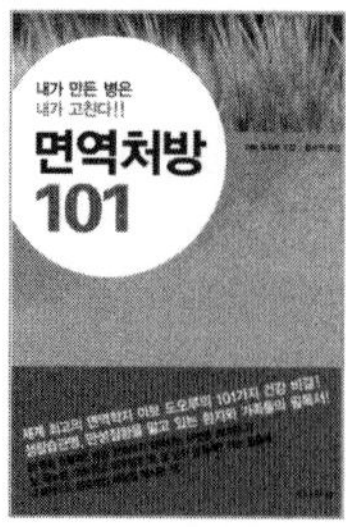

면역처방 101

내가 만든 병은 내가 고친다. 세계 최고의 면역학자 아보 도오루가 전하는 면역 강화 지침. 생활습관병은 물론 암, 고혈압, 아토피 등의 병도 자율신경 즉 교감신경과 부교감신경의 조화를 유지하고 면역력을 높여주면 병원이나 약에 의존하지 않고 얼마든지 치료할 수 있다는 점을 밝히고 있다.

아보 도오루 지음 | 황소연 옮김 | 246쪽 | 값 11,000원

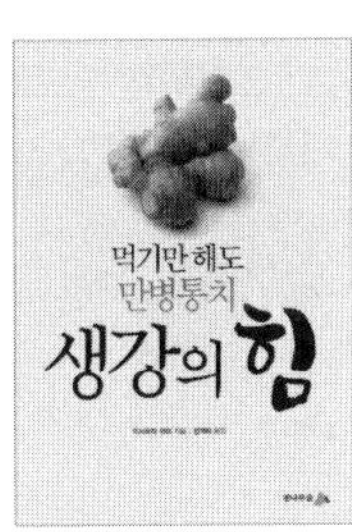

먹기만 해도 만병통치 생강의 힘

현대에는 몸이 차가운 사람이 급증하고 있다. 가장 대표적인 증상이 두통, 어깨결림, 비만, 알레르기, 우울증 등이다. 이러한 증상들은 몸을 덥힘으로써 해소할 수 있는데, 가장 효과적인 것이 바로 생강이다. 생강의 유효 성분과 효능, 생강을 이용한 음식 레시피, 생강 덕분에 건강을 회복한 사람들의 체험담이 가득 실려 있다.

이시하라 유미 지음 | 성백희 옮김 | 192쪽 | 값 12,000원

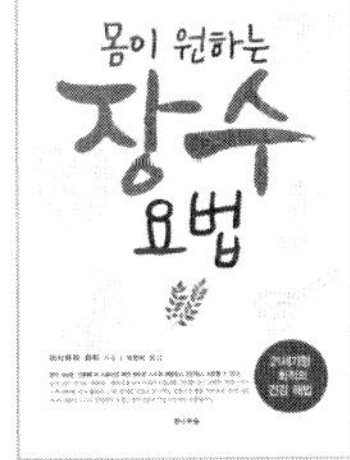

몸이 원하는 장수요법

21세기형 최적의 건강 해법을 전파하는 통합의학적 건강서. 자연치유력을 높이는 건강법은 불본 타고난 수명을 다 누리며 살 수 있는 현녕한 생활방식을 제안한다. 몸에 나타난 증상을 단편적으로만 분석할 것이 아니라 평소 혈액을 깨끗하게 만들어 병에 걸리지 않는 생활을 하는 것이 진정한 장수요법임을 강조한다.

이시하라 유미 지음 | 박현미 옮김 | 260쪽 | 13,000원

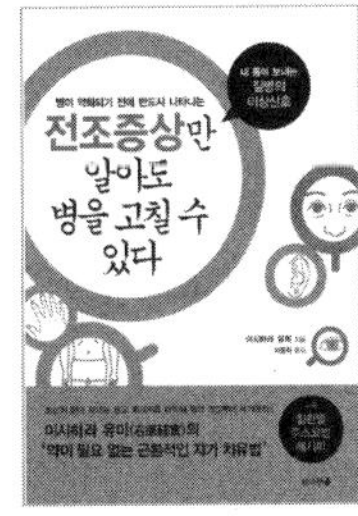

전조증상만 알아도 병을 고칠 수 있다

생활습관병의 전조증상을 인체부위별 원인과 병명, 나아가 건강을 되찾을 수 있는 대처방법까지 제시한다. 의학교육을 받지 않은 일반인들도 자신의 몸 상태를 파악해 건강을 미리 관리할 수 있는 지침서. 이시하라 유미가 제시하는 당근, 사과, 양파, 무 등을 이용한 '주스요법' 레시피로 병이 시작되기 전 건강을 되찾을 수 있다.

이시하라 유미 지음 | 이동희 옮김 | 256쪽 | 값 12,000원

전나무숲 건강편지를
매일 아침, e-mail로 만나세요!

전나무숲 건강편지는 매일 아침 유익한 건강 정보를 담아 회원들의 이메일로
배달됩니다. 매일 아침 30초 투자로 하루의 건강 비타민을 톡톡히 챙기세요.
도서출판 전나무숲의 네이버 블로그에는 전나무숲 건강편지 전편이 차곡차곡
정리되어 있어 언제든 필요한 내용을 찾아볼 수 있습니다.

http://blog.naver.com/firforest

 **'전나무숲 건강편지'를 메일로 받는 방법** forest@firforest.co.kr로 이름과 이메일 주소를
보내주세요. 다음 날부터 매일 아침 건강편지가 배달됩니다.

유익한 건강 정보,
이젠 쉽고 재미있게 읽으세요!

도서출판 전나무숲의 티스토리에서는 스토리텔링 방식으로 건강 정보를 제공
합니다. 누구나 쉽고 재미있게 읽을 수 있도록 구성해, 읽다 보면 자연스럽게
소중한 건강 정보를 얻을 수 있습니다.

http://firforest.tistory.com

 **스마트폰으로 전나무숲을 만나는 방법**

전나무숲
www.firforest.co.kr / e-mail_forest@firforest.co.kr

네이버 블로그 다음 티스토리